한 권으로 읽는

매천야록

한권으로 읽는

매천야록

초판 1쇄 인쇄	2012년 11월 28일
초판 1쇄 발행	2012년 12월 05일

지은이	황 현
옮긴이	나 중 헌
펴낸이	손 형 국
펴낸곳	(주)북랩
출판등록	2004. 12. 1(제2012-000051호)
주소	153-786 서울시 금천구 가산디지털 1로 168, 우림라이온스밸리 B동 B113, 114호
홈페이지	www.book.co.kr
전화번호	(02)2026-5777
팩스	(02)2026-5747

ISBN 978-89-98268-78-7 03910

梅泉野錄

한 권으로 읽는

매천야록

나중헌 옮김
황현 지음

원문을 수록한 번역서

대한제국의 민망한 종말과 왜인들의 교활한 침략음모
매국노와 애국자의 면면을 재치와 풍자로 풀어 기록한 국사편찬위 사료총서 제1집

book Lab

한권으로 읽는 梅泉野錄

해제

매천 황현 선생은 조선 선비의 마지막 자존심을 지키고 떠나간 한말의 지식인이며 일제가 국권을 박탈하자 "인간 세상 지식인 노릇이 어렵구나!" 절규하며 한 맺힌 절명시를 남기고 자결을 택한 자랑스러운 우리의 순국선열이다. 선생은 일찍이 청운의 뜻을 품고 상경하여 당대의 문명 높던 강위·姜瑋 이건창·李建昌 김택영·金澤榮 등과 깊이 교유하였으며, 고종 20년에 보거과保擧科에 수석으로 합격하였으나 시골 출신이라는 이유로 차석으로 밀려난 일이 있었고, 고종 25년에는 생원회시에 장원했으나 당시는 나라의 형편이 이미 외세의 간섭으로 반신불수가 되어버렸고 수구집권세력의 부정부패도 또한 극에 이르렀던 시기여서 썩어빠진 관료세계와는 결별을 선언하고 고향으로 내려가 수천 권의 서책을 수집하고 독서와 저작 역사 연구에 열중하였다. 갑오년에 동학농민운동 갑오경장 청일전쟁이 연이어 일어나자 급박한 정세변화에 위기의식을 느끼고 후세에 남기기 위한 기록으로 매천야록, 오하기문梧下紀聞 등을 저술하여 경험하고 보고들은 바를 기록으로 남기게 되었다.

매천야록은 1864년부터 1910년까지의 역사를 편년체로 기록한 한말의 역사책이다. 6권 7책으로 구성되어 있으며 1910년 8월 22일 국권이 박탈된 이후부터 선생이 자결할 때까지의 기록은 문인이 추가한 부분이다. 한말 집권세력의 비리와 비행, 외세의 침탈과정, 특히 일제의 침략음모, 우리 백성들의 처절한 저항 등이 실려 있으므로, 책의 성격상 일제가 패망할 때까지는 바깥세상에 나타날 수 없었고 저자도 자손들에게 이를 당부했다. 그러다가 부본 한 부가 상해에서 망명생활을 하던 친우 '김택영'에게 보내져서 세상에 알려지기 시작하였고, 1955년 국사편찬위원회에서 구례에 보관된 원본과 '김택영'의 교정 부본을 모아 '한국사료총서' 제1집으로 간행하게 되었다. 책의 구성은 고종 1년에서 시작되는 30년간의 기록은 1책 반에 담아 기록하면서 들은 대로 연대순으로 배열했으나 명확한 연월이 표시되어 있지 않고 발생순서가 바뀐 것도 있다. 이 기간의 기록은 대원군의 집권과 안동 김씨의 몰락, 중전과 대원군의 알력과 민씨 일족의 난정, 열강과의 관계와 일본세력의 침투, 임오군란과 갑신정변을 통한 청일간의 각축 등을 적고 있으며, 1894년 이후는 갑오농민전쟁과 청일전쟁, 일제의 침략과 갑오개혁 및 을미사변, 아관파천과 러일전쟁, 을사늑약 이후 우리나라 주권을 강탈하기 위한 일제의 간계, 친일파의 매국행위와 이에 대항하는 항일 투쟁과 의병운동 등 급변하는 사회 문화적 사실에 대하여 연월일 순으로 잘 정리하여 기록하고 있으며, 특히 중점을 두고 기술한 부분은 의병 관계 기록으로 정미 의병봉기 이후 전국의 의병활동 현황을 '의보'라 이름하여 봉기일자와 지명을 상세히 기록해 놓았다.

19세기 후반에서 20세기 초입에 들어서는 위기와 혼돈의 시대를 살아온 선생은 자신이 직접 경험하고 가까운 거리에서 보고들은 파란만장한 세월을 기록하면서 역사적 사건과 공공문건의 증빙에 서부터 단편적 일화와 해외정보에 이르기까지 모두를 총망라하고 있다. 그 가운데에는 어지러운 세상을 떠돌던 풍문에서 시작하여 나라와 세상의 흥망에 관계되는 엄청난 사건들이 뒤섞여있으니 엄격한 역사의 심판과 심층적인 검토와 분석을 필요로 하는 일이 많았다 하겠다. 본 저서를 집필한 시대적 배경의 제약으로 전통적 가치기준에 입각한 왕조중심의 역사관의 테두리를 벗어날 수 없었음은 필연의 소산이었다 하겠으나, 전체를 관통하는 선생의 정신은 어떠한 경우에도 무뎌지거나 굽어지는 일이 없는 그야말로 거리낌 없는 직필 그것이었다. 이 책은 우리의 부끄러운 역사를 숨김없이 들여다 볼 수 있고 또한 식민사관으로 얼룩진 한말의 역사를 올바른 시각으로 바라보는데 필수불가결한 귀중한 역사서가 되고 있다. 또한 역사는 늘 거울로 비유되어 왔기에 우리의 얼굴을 비추어보고 묵은 때를 씻어내어 매무새를 가다듬는 반성의 도구가 역사였으며, 역사는 교훈으로서만 그 역할을 다해 왔다고 할 것이다. 이러한 의미에서 이 책은 아직도 심심찮게 친일청산 이야기를 들어야하는 우리와 우리의 뒤를 이을 다음 세대의 귀중한 지침서가 될 것임을 믿어 의심치 않는다. 시중에는 이미 6권 전체의 국역본이 나오게 되어 반가웠으나 원문을 수록한 번역본은 내용이 너무 방대하여 전문가가 아니고서는 쉽게 접근할 수 없음이 안타까웠다. 이에 일반인도 부담 없이 읽을 수 있도록 중요한 부분을 골라 부문별로 정리하고, 소제목을 붙여 한 권으로 읽을 수 있게 꾸며보았다. 책의 뜻을 틀림없이 전달하려는 뜻으로 원문을 별도로 정리하여 싣고 '문

학과 지성사'가 출간한 '원문교주본'을 기준으로 원문의 쪽수를 표시
하여 대조할 수 있도록 하였으며, 원문 편집과정에서 발생한 오자
는 바로잡아 밑줄을 쳐서 표시해 두었다.

임진년 9월 옮긴이

| 차례 |

1 장   운현궁   17

1. 운현궁   18
2. 소년시절의 상감   19
3. 완화군   20
4. 장동 김씨   21
5. 김흥근   23

2 장   흥선대원군   27

1. 대원군의 야심   28
2. 남연군의 묘   34
3. 부대부인의 관용과 잠영록의 신선선자   37
4. 도무지   38
5. 잘한 일 세 가지   39
6. 병인양요   41
7. 신미양요   43
8. 이건창   44
9. 박규수   45

10. 몰락하는 세도   48

11. 최익현(1873년)   49

12. 대원위분부   52

13. 아쉬운 십년   55

14. 심순택   56

15. 권불십년   57

16. 지나친 토목공사   58

17. 일본의 개화   59

18. 대원군의 인기전술   60

19. 노론의 불평   60

20. 북촌에는 노론 썩은 냄새가 진동하고   62

3 장   고종의 친정과 민씨의 세도   63

1. 고종의 친정과 민승호(1874년)   64

2. 벼슬아치들의 이모저모   67
(김보현, 김병시, 윤자덕, 신정희, 정기세, 이유원, 박규수)

3. 민승호의 죽음(1876년)   74

4. 민규호   76

5. 경대 김상현   80

6. 다산 정약용   82

7. 명문의 후예들   87

8. 이어지는 민씨 세도   88

9. 포도대장 신명순   95

10. 종두種痘의 시작(1880년)   97

11. 전주의 아전은 이충신이 되고   98
12. 역적 가문의 항렬 글자를 바꾸다   99
13. 청국의 기년을 폐지하다(1895년)   100
14. 영은문迎恩門을 헐고 삼전도비三田渡碑를 엎다(1895년)   101
15. 국호를 대한으로 개정하다(1897년)   102

4 장   암행어사   105

1. 판서 이시원   106
2. 어사 이건창(1877년)   110
3. 어사 이도재   112
4. 자숙하는 이건창   113
5. 최후의 어사(1892년)   113

5 장   과거시험   117

1. 대과大科의 종류   118
2. 문란한 시험장   120
3. 소과小科의 종류와 제도   122
4. 시험제도의 대강   123
5. 장옥에서 시험보기   126
6. 초시의 매매가격   129
7. 경시관京試官의 임명   130

8. 진시장   131

9. 응제과   132

10. 신분제도   135

11. 무과武科   136

12. 세도정치의 유산(1880년)   138

13. 원방진사(1894년)   141

6 장   매관매직   145

1. 매관의 시초(1885년)   146

2. 벼락감투   147

3. 강아지 감역   151

4. 노인난리   152

5. 군왕은 무치   153

6. 벼슬 값은 예외가 없다(신축년 1901년)   154

7 장   말세풍경   157

1. 상소하는 풍경도 변질되고(1880년)   158

2. 해괴한 사건(거짓 장례) (1882년)   161

3. 해괴한 사건(감생청)減省廳   162

4. 진령군眞靈君이 된 무당   163

5. 마지막 성균관유생   166

6. 전주 감영의 아전들(기축년 1889년)   169

7. 서울에도 화적떼가 들끓고(1891년)   172

8. 제주의 민란(1892년)   175

9. 세자 이야기   177

10. 공문의 명칭변경(1895년)   178

11. 아관파천 때의 통역관 김홍륙   179

12. 고종황제 독살음모(1898년)   180

13. 귀신 이야기   182

14. 월미도를 팔아먹은 자들(1901년)   184

15. 지리산이 울다(1901년)   186

16. 왜인이 울릉도에 경찰서를 설치(1902년)   187

17. 노인에게 벼슬을 하사하다(1902년)   188

18. 서울의 전차(1903년)   189

19. 간도間島에 시찰관 파견(1903년)   189

8 장   일본의 침략   193

1. 강화도조약江華島條約(1876년)   194

2. 개항 이후의 무역 상품   195

3. 임오군란의 발단(1882년)   196

4. 군란의 책임을 조정에 돌리고   199

5. 일본공관의 신축(1884년)   201

6. 박문국을 혁파하다(1884년)   202

7. 김옥균을 단죄하다(1894년)   203

8. 갑오 동학농민봉기(1894년)   204

9. 강화도조약과 톈진조약(1875년 江華島條約, 1885년 天津條約)   208

10. 일본군의 서울 진주(1894년)   210

11. 일본외무성과 주일청국공사의 왕복문서(1894년)   211

12. 일본공사는 협박을 계속하고(1894년)   213

13. 왜인이 범궐하여 위협으로 맹약을 강요(1894년)   215

14. 시모노세키조약(1895년)   219

15. 명성황후 시해 모의의 발단(1895년)   221

16. 명성황후 시해(1895년)   223

17. 왜인이 은행권을 발행하다(1903년)   225

18. 러·일전쟁의 발단(1903년)   227

19. 당시의 신문사(1903년)   230

20. 일본군의 이동(1904년)   231

21. 일본대사 '이토 히로부미'(1904년)   232

22. 진황지의 개간 허가(1904년)   234

23. 진황지와 보안회(1904년)   235

24. 진황지 계약 철회   237

9 장   을사년과 그 이후의 역사   239

1. 최익현崔益鉉을 회유하다   240

2. 항구를 저당하고 차관을 얻다   241

3. 경운궁의 문지기는 일본헌병(1905년)   243

4. 내시의 감원   244

5. 왜인이 최익현崔益鉉을 추방   245

6. 최익현의 연행 모습   245

7. 청년회靑年會, 공진회共進會, 일진회一進會   247

8. 미국공사 '알렌'   248

9. 승전 축하사절   249

10. 정토종교회   250

11. 유민의 출국을 금지하다   251

12. 우리 군대의 정원을 감축하다   253

13. 서울 거리의 명칭을 바꾸다(1905년)   254

14. 러·일 해전   255

15. 주영공관駐英公館의 외교관 자살   256

16. 드러나는 마각   257

17. 각 도에 지금고를 설립하다   258

18. 얕은꾀 부리는 관리   259

19. 황당한 일들   260

20. 러·일의 평화협정   261

21. 일왕에게 조약준수와 한국의 독립 보장을 요구   264

22. 의복제도의 개혁(1905년)   268

23. 청국으로 건너간 '김택영'   269

24. 청국의 마지막 간섭   270

25. 을사늑약(1905년)   272

26. 황성신문의 폐간과 을사늑약의 체결 전말 기사   275

27. 전 참관 홍만식洪萬植의 자결   282

28. 특진관 조병세特進官 趙秉世   283

29. 민영환閔泳煥의 자결   287

30. 줄을 잇는 순국선열   292

31. 이준 열사(1907년)   297

32. 기유己酉년의 기록   299

1. 의병활동의 시작(1906년)   302

2. 의병장 민종식(1906년)   304

3. 최익현이 호남에서 봉기하다(1906년)   307

4. 순창의 패전   309

5. 의병장 '민종식'이 구금되다(1906년)   313

6. 의병장 '양한규'梁漢奎(1906년)   314

7. 시위대 해산명령(1907년)   316

8. 호남과 호서의 의병봉기(1907년)   320

9. 무신 융희 2년(1908, 戊申 隆熙二年)   324

10. 의병장의 최후(1908년)   329

11. 안중근 의사(1909년)   334

12. 마지막 기록한 의보   339

1장

운
현
궁

1. 운현궁

◆ 관상감觀象監을 서운관書雲觀이라고도 하는데, 금상[1]의 잠저潛邸[2]는 바로 옛 관상감 터였으므로 운현궁이라 부르게 된 것이다. 철종 초년에 서울에서는 관상감에서 성인이 태어난다는 민요가 있었고 또 운현궁에 왕기가 보인다는 말이 떠돌기도 했다. 오래지 않아 금상이 탄생했으며, 왕위에 오른 다음에는 대원군 '이하응'이 담장의 둘레가 몇 리가 되도록 새로 확장하고 사대문을 세우니 그 위용이 대궐과 같게 되었다.

◆ 청도淸道 사는 박유붕朴有鵬은 관상을 잘 보았다. 자신의 관상을 보니 한 눈을 실명하면 귀하게 될 것이라 판단되어 스스로 자신의 눈을 찔러 애꾸가 되었다. 유년시절의 상감을 배알하고서는 좌우를 물리치게 하고: "천자가 되실 징표를 외부에 누설하면 아니 됩니다." 말했다. 갑자년에 대원군이 집권한 다음에 그는 남양 부사를 거쳐 수사水使의 직함을 받기에 이른다.

◆ 觀象監, 一稱書雲觀, 今上潛邸, 直舊監之址, 故稱雲峴宮. 哲宗初, 京中有觀象監出聖人之謠, 又稱雲峴有王氣. 已而今上誕焉. 龍飛以後, 大院君昆應, 拓而新之, 周垣數里, 設四門, 儀類大內.

◆ 淸道人朴有鵬者, 善相人. 自相其貌, 謂眇一目當貴, 遂刺之. 上幼

時, 謁之, 屛人語曰: "天日之表, 願勿洩." 甲子後, 有鵬由南陽府使, 至
水使喕.

2. 소년시절의 상감

◆ 상감은 나이 열세 살에 왕위에 올랐으며, 몇 년을 지내는 동안
에 한번은 경연에서 맹자를 강학하던 시간에, '은나라의 탕 임금은
사방 칠십 리의 땅으로, 주나라의 문왕은 백 리의 땅으로도 천하를
다스렸다.'는 구절을 읽다가 시강관들을 돌아보며 탄식했다: "칠십
리와 백 리로도 오히려 천하를 다스렸는데 하물며 우리나라는 삼
천리를 가지고도 못한다는 말인가? 어떻게 하면 중원의 북방인 유
주幽州와 운주雲州 땅에서 말을 몰며, 조상의 치욕을 씻을 수 있게
된다는 말인가?"하니, 경연에 앉은 사람이 아무도 대답을 못 하고
있었다. 이때 무승지武承旨[3]로 입시한 '신정희'가 차례를 어기고: "이
는 쉬운 일입니다." 대답하니, 상감이 바로 물었다: "계책이 어디에
있는가?" 대답하기를: "원컨대 전하는 덕을 닦으십시오." 하고 말했
다 한다.

◆ 上年十三御極, 旣數年, 嘗御經筵, 講孟子, 至'湯以七十里,文王百
里', 慨然顧曰: "七十里百里, 猶可以爲政於天下, 況我國三千里者乎? 何
以則能秣馬燕雲, 洗祖宗之恥?" 筵中莫能對, 時申正熙, 以武承旨入侍,

越班對曰: "此易易爾." 上遽問曰: "策安在?" 對曰: "願殿下修德."

3. 완화군

궁인 이 씨가 완화군完和君을 낳으니 계씨季氏 성을 하사하게 되었
고, 이때 상감의 나이는 열일곱으로 매우 기뻐하며 원자로 책봉하
고자 하였으나, 대원군이 중전이 아들을 낳을 경우에 앞으로 어떻
게 처리할 것인지를 생각하고 서둘러 결정하지 말 것을 간언했다.
상감은 '박유붕'을 불러 관상을 보게 하였더니 그는 망설이며: "조금
늦추십시오." 대답했다. 상감은 크게 노어워하며 그가 운현궁의 사
주를 받아 이렇게 대답하는 것으로 의심하였고, 얼마 아니 되어 '유
붕'은 죽었다. 구례 사람 '유제관'은 무과에 급제하여 서울에 살면서
'유붕'과는 서로 왕래하고 살았다. 하루는 안부를 살피려 찾았더니
'유붕'이 몸을 웅크리고 구르며 피를 토하고 죽어가고 있었다. 놀라
서 영문을 물으니 손을 내저으며 응답을 안 하고 있다가 이윽고 절
명하고 말았다 한다. 혹자는 사사賜死되었다고 말하는 사람이 있었
다고 '제관'이 내게 말해 주었다.

◆ (p.1 1868년) 宮人李氏, 生完和君, 賜姓季. 時上年十七, 喜甚, 欲册
以元子. 大院君以中宮有慶, 則將何以處之, 諫勿倉卒. 上嘗召朴有鵬相
之, 有鵬沈吟對曰: "稍遲之." 上怒甚, 疑其受雲峴指嗾也. 未幾, 有鵬死.

求禮人柳濟寬者, 武科, 家京師, 與有鵬往來, 一日往候之, 有鵬方宛轉
求死, 九竅出血, 驚叩之, 揮手不應, 有頃絶. 或言出於賜死也. 濟寬對余言.

4. 장동 김씨

◆ 김조순金祖淳의 옛 집이 자하동紫霞洞에 있었다. 이 마을은 경복
궁의 북쪽, 창의문의 아래에 자리 잡아 북악산과 인왕산 사이에 위
치하며, 계곡과 골짜기가 자못 깊고 그윽하며 여느 시가지와는 사
뭇 다른 마을이다. 마을 이름을 부를 때 더러 음을 줄여서 자동紫洞
이라 부르기도 하고, 급하게 장동壯洞으로 부르기도 하는 곳이니,
'김조순'이 국구가 되어 조정의 권세를 거머쥔 다음에는 장동에서
교동으로 이거하였고, 인하여 나라의 명령을 스스로 집행하여 삼
대에 걸쳐 국혼을 하게 되니 조선왕조 이래로 이와 같이 외척이 융
성한 예는 없었다. 이 때문에 안동 김씨를 세상은 장동 김씨라 부
르게 된다. '조순'이 죽자 아들 '유근과 좌근', 손자 '병기'는 대를 이
어 교동에 살았다. 이어서 '문근'이 철종의 국구가 되기에 이르자 아
들 '병필'이 어리기 때문에 조카인 '병국과 병학'이 일을 맡아하게 되
었으며 그들은 모두 전동典洞에 살았고 권세가 '병기'와 비등하였으
므로 서울 사람들이 전동과 교동이라 불렀으며, 지금까지도 항간에
'전·교동시절'이라는 말이 남아있다.

장동 김씨의 선조인 선원 김상용, 청음 김상헌, 문곡 김수항, 몽와 김창집 등은 모두 높은 덕망과 훈공으로 국가에 기여한 명망 있는 인물들이며, '김조순'도 글을 잘하고 일처리도 능숙하여 후덕하다는 칭송을 받았다. 그러나 그 자손에 이르러서는 탐욕과 교만으로 실로 외척이 나라를 망치는 기틀을 이루어놓았다고 하겠다. 오랜 동안 전권을 쥐고 나라를 다스린 나머지 세상은 오직 장김 만을 알고 나라가 있는 줄을 모르게 되어버리니, 혹자는: "장김이 나라의 초석이다." 말하는 지경에 이르렀으나 어찌 그렇다할 것인가?

金祖淳舊居紫霞洞. 洞在景福宮之北彰義門之下, 北岳·仁旺之間, 溪澗林壑頗幽靜, 不類城市之內. 洞名之相稱呼也. 或省音爲紫洞, 或急呼爲壯洞. 祖淳旣爲國舅, 攬朝權, 自壯洞移居校洞, 因以代執國命, 三世國婚, 外戚之盛, 國朝所未有也. 是以安東之金, 世稱壯金. 祖淳死, 子迥根左根, 孫炳冀, 連居校洞. 及汝根爲哲宗國舅, 子炳弼幼, 侄炳學炳國用事, 而其居皆在典洞, 權與炳冀捋, 故京師稱典洞·校洞, 至今閭巷有'典校洞時節'之語.

壯金之先, 如仙源 清陰 文谷 夢窩, 皆以名德勳勞, 爲國之望. 祖淳, 亦能文練事, 稱厚德. 至其子孫, 遂貪頑驕奢, 實基外戚亡國之禍, 而但秉國旣久, 世惟知壯金, 不知有國家. 或曰: "壯金國之柱石." 豈其然哉?

5. 김흥근

◆ 장동 김씨 중에서는 오직 '김흥근'金興根이 일찍이 헌종 시절에 극력 간쟁을 하다가 유배형을 당하는 일이 있었다. 풀려나서는 양화나루 별장에 머물러 살면서 이조판서에 임명하여 일곱 번이나 패를 내어 불러도 응하지 아니하니 한 때는 항간의 존경을 받기도한 인물이다. 그러나 이윽고 조정에 나아가더니 다시는 관직을 떠나는 일이 없었고, 여러 차례 정승을 지내면서도 지금까지 밝은 일을 만들어 세상에 기여하는 일이 없이 지내고 있다.

◆ 철종은 후사가 없이 죽었다. 철종이 일찍이 금상에게 뜻을 두고 있었기 때문에 김씨들이 금상을 끌어드려 세우려하니 '흥근'은: "홍선군이 있으니 이는 두 임금이 되는 것이다. 두 임금으로 일이 되겠는가? 그만둘 수 없다면 바로 홍선군을 세움이 옳다." 말했다. '김병학'은 자신의 딸을 중전으로 간택하기로 홍선군과 서로 언약을 하였으므로, 그렇게 되면 외척의 자리는 여전히 전처럼 확고해 지는 것이라 생각하고 있었다. 그러나 상감이 왕위에 오르자 홍선군은 대원군이라는 존귀한 지위에 오르게 되었고, '병학'과의 약속을 깨고 '민치록'의 딸로 국혼을 정해버리니 이분이 바로 명성황후이다. '병학'의 딸은 후에 '조신희'에게 출가 하게 되었다.

◆ 갑자년 초에 대원군이 차츰 정권을 잡기 시작하자, 김흥근은 조정에서 목소리를 높여: "자고로 사친[4]은 정치에 간여하지 않았습

니다. 강제로라도 사가에 돌려보내 종신토록 부귀를 잃지 않게 함이 옳습니다." 외쳤으나, 오래지 않아 내외의 대권이 모두 대원군에게 돌아가고 말았다. 이 때문에 대원군은 김씨들 가운데서 홍근을 가장 미워하였으며 그의 농장 십 경^頃을 빼앗아버렸다. 홍근은 북문 밖 삼계동에 별장을 가지고 있었는데 서울에서 가장 이름난 정원이었다. 대원군이 팔기를 요청했으나 불응하니 다시 청하여: "하루 빌려서 놀기를 원한다." 말했다. 경관 좋은 정자를 가진 사람은 남이 빌려서 놀기를 청하면 주인은 허락하지 않을 수 없는 것이 서울의 오래된 풍습이었다. 그래서 홍근은 억지로 허락하고, 대원군은 상감의 거동을 청하여 자신이 배행으로 따라갔다. 군왕이 머물다 간 장소는 신하는 의리상 다시는 거처할 수 없는 일이기 때문에, 홍근은 다시는 삼계동에 갈 수 없게 되었으니 드디어 운현궁의 소유가 되고 말았다.

◆ 홍국영이 권력을 농단하던 시기 이후로 외척이 권력을 잡은 사람을 세도勢塗라 부르고, 그의 세도를 가리킬 때에는 반드시 그가 사는 마을의 이름을 들어 말했으니, 밝은 세상에서 재상을 부를 때 그들이 살던 땅을 가지고 '장사·강릉·분의·귀계'를 붙여서 부르는 것과 같은 것이다. 그래서 김 씨는 전·교동이라 부르고, 조 씨는 전동이라 불렀으며, 대원군도 운현에 살기 때문에 운현이라 부른 것이다. 비단 세도만 그러한 것이 아니고 근세에 대신을 말할 때에도 그러하였으니, 반드시 합閤자를 마을 이름에 붙여서 모 합某閤이라 불렀다. 회동에 살면 회합會閤, 승동에 살면 승합升閤이라 부른다.

◆ 壯金惟興根, 嘗以憲宗時極諫被謫, 及其放歸, 止于楊花渡別墅, 以吏判被召, 七牌不進, 一時高之, 已而赴朝, 遂不復辭官, 屢處黃閣, 汔不能有所建明.,

◆ 哲宗薨, 無嗣. 哲宗嘗屬意於今上, 故諸金欲援立之. 興根曰:"興宣君在, 是二君也, 二君可得事乎? 毋已, 則直興宣君可耳." 炳學約興宣君, 以其女揀長秋之選, 則戚里固自如也. 上既立, 興宣君尊爲大院君, 卽背炳學, 定國婚于閔致祿之孤女, 卽明成皇后也. 炳學之女, 後適趙臣熙.

◆ 甲子初, 大院君稍稍欲用事, 金興根颺言於朝曰:"自古私親不預政, 卽勒歸私第, 終身不失富貴可也." 未幾內外大權, 一歸于大院君. 大院君, 由是於諸金最嫉興根, 奪興根庄田數十頃. 興根有別業, 在北門外三溪洞, 爲京中明園第一, 大院君請買之, 興根不應. 再請曰:"願借一日之遊" 蓋有園亭者, 人請借遊, 則主人不得不許, 是京師舊俗也. 興根強許之, 大院君遂勸上駕幸之, 而陪往焉. 興根以玉趾所臨, 人臣義不敢更處, 因不復往三溪洞, 遂爲雲峴之物.

◆ 自洪國榮專權以來, 凡戚畹當路者, 謂之勢塗. 其指勢塗也, 必舉其所居坊洞之名, 如明世宰輔之舉地以號而曰長沙·江陵·分宜·貴溪之類. 故金氏稱典·校洞, 趙氏稱磚洞. 至大院君居雲峴, 故稱雲峴. 非但勢塗爲然, 近世之稱大臣也亦然, 必以閣字, 配其洞名, 曰某閣, 如居會洞, 則曰會閣, 升洞, 則曰升閣.

註

1) 금상(今上): 지금의 임금
2) 잠저(潛邸): 왕위에 오르기 전에 살던 집
3) 무승지(武承旨): 무관출신의 승지
4) 사친(私親): 사가의 어버이

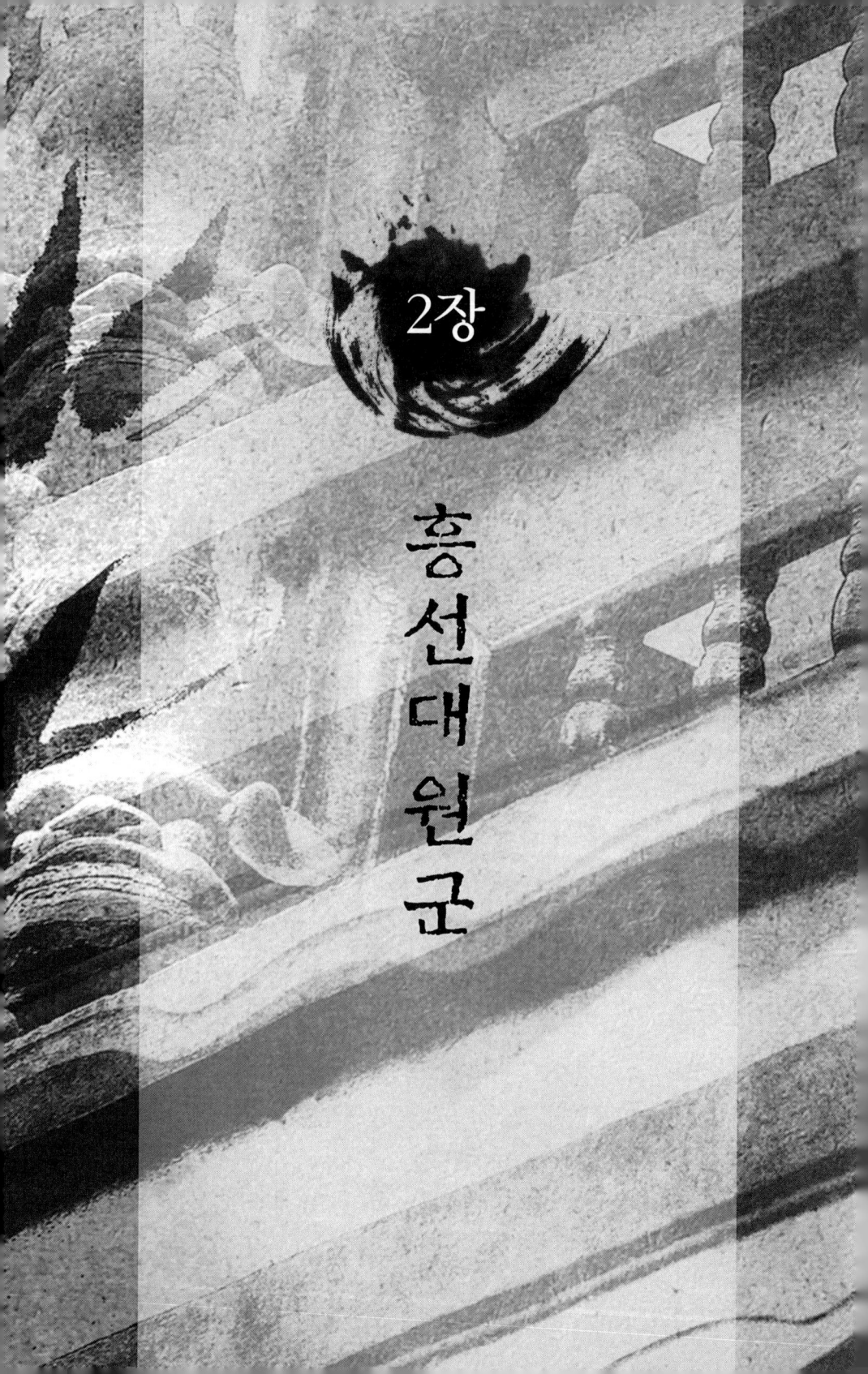

2장

흥선대원군

1. 대원군의 야심

◆ 운현궁에서 나라를 맡아 다스린 갑자년(1864년)에서 계유년에 이르는 십 년 동안은 나라 안이 두려움에 떨고 백성들은 혀를 깨물 며 서로 경계하여 감히 조정의 일을 말하지 못하였고, 항상 귀신이 문 앞을 지키고 있는 것처럼 조심하며 지냈다. 옛날의 제도는 교서 를 내릴 때에는 반드시 '왕은 이와 같이 말한다.'王若曰로 시작했는데, 이때의 십년 동안은 다만 '대원위 분부' 다섯 글자로 시작하였으며 이 제도가 안팎으로 유행하다가 갑술년 친정이 시작된 다음에야 다시 옛날로 돌아가게 되었다.

◆ 대원군이 처음 집권을 시작하였을 때 공식석상에서 성난 기 세로 대신들에게 선언했다: "나는 천리를 끌어당겨 지척咫尺을 만들 고, 태산을 깎아 평지를 만들며, 남대문을 3층으로 높이려하는데, 제공들의 생각은 어떠하오?" 하니, 모든 대신들이 대답할 바를 몰 라 입을 다물고 있는 가운데, '김병기'金炳翼가 고개를 들어 대답했다: "천리도 지척을 만들면 지척이 되고, 남대문도 3층을 올리면 3층집 이 될 것입니다. 오늘날 대감께서 무슨 일인들 못 하시겠습니까? 그 러나 태산은 스스로 태산이 된 것인데 어찌 쉽게 평지가 되겠습니 까?" 말했다. '병기'가 나가자 대원군은 한참을 곰곰이 생각하다가: "그 녀석 저만 옳다는 위인 이로구만"하고 중얼거렸다. 아마도 천리 를 지척으로 만든다는 것은 종친을 우대하는 일이며, 남대문을 3 층으로 높이는 것은 남인을 등용하는 일이며, 태산을 평지로 깎는

다는 것은 노론을 억제한다는 말이 될 것이다.

◆ 남인들은 숙종 갑술년 이후부터는 종신토록 벼슬을 못하게 자격이 박탈되어 있었다 할 것이니, 청요직[1]의 으뜸인 홍문관 대제학은 '권유'權愈 이후에는 없고, 각료와 대신이 된 사람도 '채제공'蔡濟恭 이후에는 없었다. 비록 같은 조정에 있으면서도 관직의 명의와 품계를 노론 소론과는 판이하게 계층을 두었으니, 비단 어디가 많고 적고를 따질 정도가 아니었으며, 북인은 더욱 쓸쓸하여 더부살이하는 신세와 같았다. 대원군은 인평대군麟坪大君[2]의 후예로 시작하여, 왕손 은신군恩信君[3] 앞으로 입양되었으니 그 출신이 사실은 남인계열이며, 뜻을 얻어 집권한 다음에는 남인과 북인을 숭상하고 등용했다. 이에 힘입어 '유후조'柳厚祚가 정승이 되고 '한계원'韓啓源이 그 뒤를 이으니 이들은 모두 남인이요. '임백경'任百經이 정승이 되고 '강노'姜㳣가 뒤를 이으니 이들은 모두 북인이다. '조성교'趙性教는 남인으로 대제학이 되었고, 북인 '김세호'金世鎬로 그 뒤를 이으려다가 대원군이 실권하는 바람에 이루어지지 않았다. 그 밖에도 문신과 감사 유수 등 청요직淸要職에, 한때 구름처럼 모였던 사람들이 대개 남인과 북인이었으나 그러나 이미 노론이 대대로 자리를 차고앉아 안팎을 점거하고 있었으니 갑자기 모두를 제거하기는 어려운 일이었다. 그래서 당시에도 관직에 있는 사람의 총수는 노론이 남인 북인을 합한 수보다 많았고, 전체의 삼분의 이를 점하는 실정이었다.

◆ 경평군 세보景平君世輔는 철종과는 사촌 간으로 철종 때 김씨들

에게 미움을 받아 죽을 번 한지가 여러 번이었다. 갑자년 이후에 이름을 '인응'寅應으로 개명하고 왕손에게 주어지는 경평군 칭호를 반납하고 과거를 보아 관직에 나아갔다. 대원군은 '김병기'가 고집 세고 굴복하지 않음이 싫어 당장에 그를 제거하고 싶었으나 그의 가문이 강성함을 걱정하여 은인자중하며 시일을 끌고 있었다. 이때 '병기'는 은퇴하여 여주에 살고 있었으므로, '인응'을 여주 목사에 임명하여 갖은 곤욕을 주어 보았지만 끝내 그를 해치지는 못했으니, 여기에서도 장 김의 왕성한 세력이 깊이 사람들을 두렵게 한 까닭을 볼 수 있었다 하겠다.

◆ 경복궁은 조선왕조 중엽에 이르러 자주 화재를 입었고, 임진왜란 때 병화에 불탄 이후로 황폐한 채 보수하지 않았으니 남은 것은 기초와 돌계단 뿐 이었다. 금상 을축년에 중건을 시작하여 몇 해 만에 끝마치고 정묘년1867년에 상감이 거처를 옮기니 웅장한 외관이 동방에서 처음 보는 궁궐이었다. 건축 하는 동안 재원부족으로 일을 마칠 수 없게 되자 팔도의 부자들을 골라 간축비용을 할당하여 징수했는데 이 때문에 파산하는 사람이 줄을 이었다. 당시에 이를 '원납전'이라 부르며 거뒀지만, 백성들은 입술을 삐죽이며: "바치기를 원하는 원납願納이 아니고, 원망하며 바치는 원납怨納이다." 말하게 되었다.

철종 말년에는 빚쟁이 두목과 같은 부패한 관리들이 백성의 고혈을 짜내어 세도가에게 바치는 바람에 백성들은 살아갈 길이 없어

임술민란壬戌民亂을 일으키게 되었으며, 대원군은 그 폐단을 통감한 나머지 부패한 관리는 아무리 가까워도 용서하는 일이 없었다. 이 때문에 욕심 많고 속이 검은 관리의 수가 조금은 줄었다.

◆ 만동묘萬東廟는 청주 화양동에 있다. 이 사당의 창건은 우암 송 시열의 뜻이었으며 옆에는 우암사가 있고 이것을 화양동서원이라 부른다. 이 서원을 주관하는 사람들은 모두가 충청도를 쥐락펴락 하는 사람들의 자제이며, 묵패4)를 내어 백성들을 붙잡아다 쥐어짜 는 바람에 남쪽지방의 병폐가 되어온 지 백년이 넘었으나, 수령들은 그들의 배후가 두려워 감히 책망해보지도 못하는 형편이었다. 대원 군이 젊은 시절에 그 곳에 갔다가 서원을 맡은 선비에게 곤욕을 당 하고 이를 매우 한스러워하며 지내다가, 정권을 잡은 다음에 그 선 비는 죽이고 서원을 철폐해 버렸다. 이러한 처분이 치우친 처사가 될 것을 염려하여 전국의 서원과 사당을 함께 훼철해 버리고 48군 데만을 남겼으니, 남은 곳은 모두가 문묘에 배향된 명현이거나 국가 에 큰 공훈이 있는 분들을 모신 서원만을 남겨 두었으며 만동묘도 혁파하여 그 위판을 대보단大報壇에 옮겨서 봉안하고 화양동서원은 폐지해 버렸다.

◆ 서원의 설치는 그 시작은 매우 아름다운 의도였으나 세월이 지나 면서 흐려지고 문란함이 도를 넘어, 능히 심경心經5)이나 근사록近思錄6) 을 읽을 수 있어 조금이라도 자신의 행실을 닦은 사람이거나, 외적의 침범에 대항해 무기를 들고 나아가 싸운 사람에 대해서는, 그들의 자

손이 곡식 백여 섬 이상의 여유가 생기게 되면, 서원을 세워 요란하게 단청을 하고 낭자하게 희생을 잡아 바치지는 일을 하지 않는 사람이 없게 되었다. 만물이 극에 이르면 변하는 것은 불변의 이치인 것이니, 서원철폐 명령을 어찌 그만 둘 수 있었겠는가? 운현궁에서 나온 명령이라 하여 싸잡아 비난해서는 아니 될 일이다. 당시의 백성들은 구습에 젖어있어서 비상한 변고를 당한 것으로 느껴졌으며, 서원에 소굴을 만들어 지내던 유생들은 하루아침에 거처를 잃고 더욱 미친 듯이 울부짖으며 대궐문 앞에 나아가 상소하기를 그치지 않았으나 이런 일은 식자들의 비웃음을 살 뿐이었다.

◆ 雲峴當國, 甲子(1864년)至癸酉十年之間, 邦內震恐, 小民咋舌相戒, 不敢談朝廷事, 常如鬼扑臨門. 舊制, 敎令之下, 必以'王若曰'起頭, 而伊時十年, 但以'大院位分付'五字, 風行內外. 至甲戌親政, 始復舊制.

◆ 雲峴之始得政也, 嘗因公會, 盛氣向諸宰曰: "吾欲引千里爲咫尺, 吾欲刻泰山爲平地, 吾欲高南大門三層. 於諸公何如?" 衆不知所以爲對, 金炳冀奮首言曰: "千里亦咫尺則咫尺矣, 南大門亦三層則三層矣. 大監今日, 何事不可爲? 若泰山則自泰山也, 豈易平地哉?" 炳冀出, 雲峴凝思久之曰: "渠自可兒." 蓋千里咫尺者, 右宗親也, 南大門三層者, 闡南人也, 泰山平地者, 抑老論也.

◆ 南人, 自肅廟甲戌後, 無異廢錮, 文衡自權愈後無之, 閣臣大臣, 自蔡濟恭後無之. 雖處同朝, 其仕宦名品, 與老論少論, 截然有階級, 不啻軒輊已也. 北人尤寥寥如附庸然. 雲峴始以麟坪之裔, 出後於三王孫, 其根源肺肚, 固南人也. 及得志, 崇進南北. 於是, 柳厚祚爲相, 而韓啓源繼之, 皆南人也, 任百經爲相, 李姜洺繼之, 皆北人也. 趙性教以南人爲大提學, 而北人金世鎬將繼之, 會雲峴廢, 不果. 其餘翰閣監留淸要之職, 一時雲蒸, 大抵多南北. 然老論旣奕世騰蠹之餘, 蟠踞中外, 有難猝去. 故其時占仕籍者, 老論猶居南北三分之二.

◆ 景平君世輔, 哲宗之從父兄弟也. 哲宗時, 見惡於金氏, 瀕死者數, 甲子後, 改名寅應, 罷君登第. 雲峴忌金炳冀屈强, 欲除之, 畏其宗强, 隱忍久之. 時炳冀退居驪州, 乃以寅應爲驪州牧使. 窘辱之備至, 終不能害, 可見壯金之勢焰, 所以讐人者深矣.

◆ 景福宮, 在國朝中葉, 嘗屢火. 壬辰倭燹後, 遂廢不修, 存者階礎而已. 今上乙丑重建, 數年乃畢, 以丁卯移御, 宏傑之觀, 東方所創有也. 方役之時, 財絀無以集事, 抄八路富戶, 派錢科斂, 破家者相望. 其行會也, 稱以願納錢, 民反脣曰:"非願納也, 怨納也."

哲宗末, 債帥贓吏, 割剝媚權貴, 民不聊生, 馴致壬戌民擾, 雲峴痛究其弊, 犯贓者, 雖甚昵, 不貸. 是以貪墨少戢.

◆ 萬東廟, 在淸州華陽洞, 廟之創, 蓋尤庵意也. 故傍有尤庵祠, 世稱華陽洞書院. 爲院任者, 率湖中武斷子弟也, 以墨牌捕獲平民, 椓皮吮髓, 爲南方之蠹, 其來且百年, 而守令畏其城社, 莫敢加詰. 雲峴, 少

時嘗入院, 爲院儒所辱, 甚恨之, 及得政, 中其儒殺之. 遂令廢其院, 而
患其偏, 凡國中書院祠廟, 悉令折毁, 所留者四十八所, 皆陞廡名賢及有
大忠勳於國家者也. 革萬東廟, 其位版, 移奉于北苑大報壇, 而華陽洞
書院遂廢.

　書院之設, 其始蓋美意也, 旣久, 淆濫日甚, 能讀心經 近思錄, 稍自
修飭者, 及方隅有警, 能自荷戈充伍者, 其子孫積粟百許石, 則無不狡焉
啓心, 丹靑輪奐, 牲牢狼藉. 物極則變, 固其理也. 撤院之令, 烏得已哉?
不可以其出於雲峴而幷非之也. 方是時, 民狃習熟, 如遇非常之變, 儒生
輩之窟宅於院者, 一朝失所, 尤猖狂叫號, 伏閤相屬, 識者笑之.

2. 남연군의 묘

　남연군南延君[7] 이구는 아들 4형제를 두었으며 흥선대원군은 그의
막내아들이다. 흥선이 부친상을 당하여 열여덟의 나이로, 명당을
찾아 지관을 따라 덕산 땅의 대덕사에 이르렀는데, 지관이 낡은 탑
을 가리키며 "저곳은 대길한 땅이며 그 존귀함을 말로는 표현할 수
없는 곳입니다." 말했다. 흥선은 서둘러 돌아와서 전 재산을 팔아 2
만 냥을 만든 다음 그 반을 주지승에게 뇌물로 주어, 절에 불을 지
르게 했다. 이리하여 절은 타버리고, 흥선은 상여를 모시고 와서 불
탄 재를 쓸어내고 그곳에 상여를 멈추었다.

밤이 되자 형들이 모두 일어나 꿈 이야기를 하는데 하얀 옷을 입은 노인이 꾸짖기를 "나는 탑신이다. 어찌하여 내 거처를 빼앗느냐? 만약 이곳에 매장을 한다면 삼우가 끝나기도 전에 너희 사형제가 폭망할 것이니 속히 떠나거라." 했다고 말한다. 삼형제가 모두 같은 꿈 이야기를 하자, 홍선이 분연히 일어나 말했다. "과연 그렇다면 참으로 길한 곳입니다. 운명이란 주인이 있는 법, 귀신이 어찌 빌미가 된다는 말입니까? 종실은 날로 쇠약해가고 우리 형제가 장동김씨 대문 앞에서 허둥지둥 소매를 끌고 비럭질하며 구차하게 연명하기 보다는 한때라도 홀연히 시원한 일이 생기는 것이 낫지 않겠습니까? 형님들은 자식이 있지만 혈육 한 점 없는 나는 죽어도 두려울 것 없습니다. 형님들은 여러 말 하지 마십시오." 했다.

이튿날 아침 탑을 부수고 보니 바닥이 모두 돌이어서 도끼질을 해도 튕기기만 하고 깨부술 수가 없었다. 이에 홍선이 직접 도끼를 들쳐 매고 하늘을 향해 크게 외치며 내리치니 그제야 비로소 도끼날이 튀지 않아 돌바닥을 깨부술 수 있었다. 그리하여 하관을 마치게 되었고 후일에라도 이장하지 못하도록 무쇠 수 만근을 녹여서 고정시키고 그 위에 백토를 첨가했다. 인하여 돌아오는 길에 주지를 대리고 수원 대포나루를 건너는데 주지가 배안에서 불이야 하고 크게 외치더니 머리를 찧고 불에 타죽는 모양이 되어, 순식간에 물에 뛰어들어 죽고 말았다 한다. 모두들 남연군의 묘는 꿩이 알을 품고 앉은 복치형伏雉形의 명당이라 말하며, 그 14년 후에 금상이 탄생하게 된다.

갑자년(1864년)이 된 다음에 나라에서 대덕 북쪽에 사찰을 짓고 보덕報德이라 이름 하니 토목과 채색이 매우 화려했고 토지와 재물을 후하게 하사했다. 병인년 겨울 서양의 도적들이 강화에서 퇴각하는 길에 사교에 물든 백성들이 그들을 인도하여 덕산에 와서 묘를 파헤치려 했으나 발굴이 불가능하자 봉분에 불을 지르고 달아난 일이 있었다. 대원군이 일찍이 '이건창'에게 장례 당시의 일을 말하면서 "탑을 부수니 그 속에 2개의 백자찻잔과, 2개의 병과, 팥알만 한 사리 3알이 있었는데 매우 맑고 투명했다. 물에 담가 마시려할 때 실낱같은 연기모양의 푸른 기운이 물을 꿰뚫고 지나가더라."고 말했다 한다.

◆ (p.11.)南延君球有四子, 興宣其季也, 初南延卒, 興宣年方十八, 隨地師, 至德山大德寺. 師指一古塔曰: "被大吉壤, 貴不可言." 興宣卽返, 盡賣其産, 得錢二萬兩, 携其半, 賂寺之住持僧, 使火之. 於是, 寺盡焚, 興宣奉喪至, 掃灰而停焉.

夜半, 諸兄皆蹶起話夢, 有白衣老叟, 怒罵曰: "我塔神, 汝何奪我居, 若遂葬, 未虞卒, 四兄弟暴亡, 速可去." 乃三人一夢也. 興宣奮曰: "果爾則誠吉矣, 命有主焉, 神何能祟? 且宗室日替, 我兄弟棲棲, 與其日曳裾壯金之門, 冀添丐以苟活, 毋寧一時溘然爲快乎? 諸兄皆有子矣, 無一塊血者我而已, 然死則無畏, 諸兄毋多談."

詰朝打塔, 則地皆石也, 使斧之, 斧輒自躍, 遂自荷斧, 向空大喝, 斧不復躍. 旣窆, 恐後或遷也, 鎔鐵數萬斤錮之, 重加莎土焉, 因携僧還京, 渡水原大浦津, 僧於舟中忽大呼救火, 搶頭作灼爛狀, 須臾躍入水以死. 其與衆稱南延君墓爲伏雉形. 後十四年, 今上誕焉.

甲子後, 以國力創一寺於大德之陰, 名報德, 而土木金碧, 極其壯麗, 賜與土田貨寶甚厚, 丙寅冬, 洋寇自江華遁, 我民之染邪者, 導之至德山, 欲發墓, 而錮不可開, 但火其塋而走. 大院君嘗語李建昌, 以葬時事曰: "塔旣折, 中有二白磁, 團茶二餠, 舍利珠三枚, 珠如小頭, 甚明瑩, 沈水以吞之, 靑氣貫水, 如縷烟云."

3. 부대부인의 관용과 잠영록의 신선선자

◆ 운현궁 부대부인 민 씨는 민치구의 여식이며, 대원군과는 금슬이 매우 좋았다. 갑자년 이후의 일이다. 때때로 재상가의 내명부와 사대부 집안의 과부들을 불러들여 질탕하게 노는 자리를 마련하여 주고 대원군이 이들을 엿보아 요염한 사람을 골라 음욕을 채우도록 하는 일이 있었다. 그렇게 되자 그들 중에는 부끄러운 줄을 모르고 뻔뻔스럽게 돌아가기를 잊는 여인이 생기기도 하고 혹은 이를 기화로 달라붙어서 남편이나 자식의 벼슬자리를 얻어내는 여인도 있게 되어, 세상의 눈총을 받는 일이 있었다.

◆ 지방출신으로 서울에 와서 벼슬살이하는 관료들 중에는 서양 군함이 침범해 들어오자 도망치는 사람이 속출했다. 운현궁에서는 이들을 염탐하여 【잠영록】簪纓錄[8])에 기록된 그들의 이름 옆에 선仙자를 써넣었다. 이것은 사망했음을 확인하는 것이며, 난이 평정된 다음에도 다시 등용하지 않고 말았다.

◆ (p.12.)雲峴府大夫人閔氏, 致久之女也, 琴瑟甚諧, 甲子後, 往往邀致卿宰命婦及士夫家寡居者, 甚輒流連, 使大院君覘之, 擇其艶而淫之, 其無恥者, 靦然忘歸, 有或寅緣虱附, 官其夫與子者, 朝野皆目之.

◆ 鄕人之旅宦京師者, 因洋警逃亡相屬, 雲峴訶之, 按簪纓錄, 皆署仙字於其傍, 蓋認之以死也. 亂定, 擯不用,

4. 도무지

◆ 요즘 사투리에는 "도모지都某知(도무지)." 라고 하는 말이 있다. 이 말은 말을 시작하는 첫머리에 '한마디로 말해서 대체 누가 알 것인가.' 모르는 게 옳으니 논하지 말라, 말하는 뜻으로 사용 된다. 운현궁에서 실권을 잡으면서 형벌시행이 과감하여 천주교도와 화폐를 밀주조하는 사람 이외에도 비방에 연좌되거나, 잘못에 연루되어 죽는 사람이 수천 명에 이르렀다. 포도청의 형리들은 살인에 염증을

느낀 나머지, 범법자들에게 백지 한 장을 접어서 얼굴을 덮고 물을 뿜어 얼굴에 달라붙게 함으로써, 숨이 막혀 순식간에 절명하게 만들었다. 이 일을 풀이하여 말하면서 사람들은 "도모지라는 말은 얼굴에 종이를 바른다는, 도모지塗貌紙가 되는 것이다." 하고 해석 했다.

(p.13.)近世方言, 有'都某知'三字, 做話頭, 猶曰:'蔽一言, 謂大都誰某知. 不知可, 勿論云爾. 雲峴當國, 果於誅戮, 邪學, 盜鑄以外, 坐誹謗·絓 誤羅織死者, 又千百數. 捕廳刑卒, 厭於殺人, 凡坐者, 至以白紙一張, 摺以掩其面, 噴水傅之, 因息不通, 須臾便絶, 解之者曰:"都某知者, 塗 貌紙也."

5. 잘한 일 세 가지

◆ 군역과 징병에 관한 세포稅布 징수는 그 폐단도 가지각색이어서 백성들에게는 뼈에 사무치는 원한이 되고, 편히 노는 사대부들에게는 종신토록 군역의 의무가 없는 편안한 제도가 되었다. 지난날 명망 있는 신료들 또한 여러 차례 개혁을 논의해 보았지만 오래된 관습에 얽매어 끝내 시행되지 못하고 지내다가, 갑자년 초에 와서 운현궁이 민중의 원한을 떠맡아 귀한사람 천한사람 구분 없이 모두가 균등하게 장정 한 사람당 해마다 두 냥을 납부하도록 개혁하고 동포전洞布錢이라 불렀다.

◆ 환곡을 수납하고 방출하는 과정에 고질이 쌓여 온지는 오래
된 일이며 백성들이 다 죽어나가는 것을 빤히 바라보면서도 구제하
지 못하는 일 중의 하나였지만, 동포전이 시행된 후에 드디어 개혁
을 논의하여 현금으로 바꾸어 징수하게 되었으며, 곡식 한 섬당 3냥
으로 한정하였다. 수납과 방출은 곡식으로 하던 환곡처럼 하고 이
시기에 발생하는 고을의 비용을 지급하되 이것을 와환臥還이라 불
렀다. 동포와 와환이 시행되면서 백성들은 차차 숨을 돌릴 수 있게
되었으나, 헐뜯는 자들은 병역이 사족士族에게까지 미쳐 천민과 다
름이 없게 된 것을 비난하며, 명분이 날로 문란해지는 것은 동포전
때문이라 하기도 했다.

◆ 정묘년(1867년) 가을 팔로에 사창社倉9)을 설치했다. 그 제도는 매
호당 2냥씩을 관에서 지급하되, 그 돈을 밑천으로 백성들은 쌀 한
섬씩을 수납하여, 마을에 저장하고 백성들이 맡아서 관리하게 하
며, 관리들의 손에 맡기지 않고 봄에 방출하고 가을에 수납함을 환
곡과 동일하게 하였다. 이때에 나누어주는 돈은 당백전으로 쌀 한
섬은 돈 두 닢의 값어치가 되었다. 백성들이 처음에는 원망했으나
시행한지 수년 만에 좋은 제도임을 알게 되었다. 운현궁에서 집권
하여 여러 가지 제도를 시행한 것 중에서, 이 세 가지는 조금 낳은
편에 속하는 것 들이다.

◆ (p.18.)軍役簽丁收布, 流弊萬端, 爲小民切骨之冤, 而士族遊閒, 終
世無身役, 前輩名臣, 亦多有議及者, 而牽於流俗, 終莫之行. 甲子初, 雲

峴力任衆寃, 移而均諸貴賤, 一丁歲納錢二緡, 謂之'洞布錢'.

◆ 還穀斂放, 積痼已久, 民將盡劉, 而熟視無救之者. 洞布行後, 遂
有釐革之議, 折色徵錢, 每穀一斛, 限三緡, 斂放如還穀時, 以支營邑之
用, 謂之臥還. 洞布·臥還行, 民稍稍息肩, 而議者, 或訛以身役, 及於
士族, 無異賤流, 名分之日紊, 洞布崇之云.

◆ 丁卯秋, 設社倉于八路, 其法, 每戶俵錢二緡, 官給之, 爲其本, 而
民納米一斛, 儲之村閭, 掌之以民, 而不落吏手, 春散秋斂, 一如還穀之
日. 是時所俵者, 當百錢也, 米斛直二文, 民始怨之, 行之數年, 認爲良
法, 雲峴制作紛紛, 而此三者, 稍善.

6. 병인양요

◆ 병인년(1866년) 9월에 불란서 군함이 강화에 정박했는데 순찰
중인 군함으로 침입 약탈할 의사는 없었다고 하기도 하고, 혹자는
'장경일' 등을 죽이고 양인들을 엄히 금하니 보복하러 오게 된 것이
라고도 한다. 유수 '이인기'가 겁을 내고 도망쳐버려 성이 함락되었으
며, 양인들은 열흘 동안을 점령하고 실컷 약탈하여 돌아갔다. 나라
에서는 강화를 천혜의 요새로 알고 양곡과 기계 그리고 진기한 보
물을 다수 저장했다가 이에 이르러 몽땅 털리고 말았다. '이경하'를

순무사로 '이원희'를 중군으로 삼아 도감의 오천여 병력을 인솔하여 문수산성에 나가 진을 쳤으나 강화를 바라만 볼 뿐 감히 건너질 못하고 있었다. 천총 '양헌수梁憲洙'가 나가 싸우기를 청하니 '원희'는 군령을 어긴다고 처형하려 하였으며, '헌수'는: "죽을 바에는 적에게 죽고 싶습니다. 한 무리의 병력을 원합니다." 말했다. '원희'는 하는 수 없어 포수 삼백을 내주었다. '헌수'는 그날 밤에 손석포에서 지름길로 바다를 건너 정족산에 진을 쳤다. 날이 밝자 양인들이 강화부에서 나와 배를 타려다가 조수가 낮아 산성에서 잠시 휴식하고자 천천히 남문 밖에 이르렀을 때 갑자기 복병이 일어났다. 적들이 황급히 퇴각하니 총을 쏘며 추격하여 30여 인의 수급을 베고 개선하게 되었다. '헌수'는 황해병사에 발탁되고 일 년 만에 대장이 되었다. 난이 끝난 다음에는 사학을 금지하고 개화를 반대하는 '위정척사'의 왕명을 반포하였다.

◆ (p.13.)丙寅九月, 法舶泊江華, 蓋其游徵兵艦, 而無意寇掠也. 或曰 因張慶一等死, 而洋禁且嚴, 故來報也. 留守李寅夔, 惻怯遽走, 城遂陷. 洋人據之旬日, 飽掠而歸. 國家視江華爲天險, 儲峙糧械 珍貨甚殷, 至是盡焉. 李景夏爲巡撫使, 李元熙以中軍, 率都監卒五千餘人, 出陣文殊山城, 俯江華而不敢渡. 千摠梁憲洙請進戰, 元熙以違令, 欲誅之. 憲洙曰: "等死, 寧死賊, 願得一枝兵." 元熙不得已配以砲手三百. 憲洙卽夜, 自孫石浦渡徑, 據鼎足山城. 明日洋人自府出, 將下船, 因潮淺, 欲小憩于山城. 徐行至南門外, 伏兵突起, 賊遽退, 追而砲之, 馘三十餘級凱旋. 擢憲洙爲黃海兵使, 朞年至大將. 亂後, 禁邪學, 頒斥邪綸音.

7. 신미양요

신미년(1871년) 여름 미군이 강화를 침범하니 전 병사 '어재연'魚在淵이 순무중군으로 이를 방어하다가 싸움에 지고 전사했다. '재연'은 금군을 인솔하고 광성보에 들어가 배수의 진을 치고 척후를 두지 않았다. 적들이 안개를 틈타 성체를 넘어 난입하니 '재연'은 칼을 뽑아 격투하다가 칼이 부러지자 탄환을 들어 내리치니 적들은 맞는 족족 꺼꾸러졌다. 탄환이 떨어지자 적들이 어지럽게 총검으로 찌르고 덤볐지만 한 발짝도 물러나지 않고 그 자리에서 죽으니 적들이 목을 베어 달아났다. '재연'이 죽었으나, 적들은 방비가 있음을 알고 달아나 버렸다. 패전 소식이 전해지자 조정과 백성 모두가 놀라고 병조판서를 추증하여 '충장'의 시호를 내렸다. 상여가 돌아올 때 대원군은 조정에서: "어병사의 장례를 맞지 않는 자는 모두 천주학쟁이다."하고 호통을 쳤다. 이 때문에 온 조정이 출영하여 말과 수레의 행렬이 수십 리에 달했다. 늙은이들이: "순조 계유년의 '정 충장공 시'著(홍경래 난의 충신) 이후로는 없었던 일이다."말했다. '재연'의 아우 '재순'은 백의종군했다가 형과 함께 전사하여 그도 이조참의에 추증 되었다.

◆ (p.16.)辛未夏, 美人犯江華, 前兵使魚在淵, 以巡撫中軍禦之, 戰敗死. 在淵率禁旅, 入廣城堡, 背水而陣, 不置斥埈. 賊乘霧掩之, 踰堡闌入. 在淵奮劍格鬪, 劍折, 搊鉛丸搏之, 中者立倒. 丸盡, 賊亂槊之, 不離跬步而死. 賊割首而去. 在淵旣死, 賊亦知有備, 遂走. 敗報至, 朝野

震駴, 贈兵判, 諡忠壯. 喪返, 雲峴倡言于朝曰: "不迎魚兵使喪者, 皆爲
天主學者也."由是, 傾朝出迎, 車馬延數十里. 耆老言: "純祖癸酉鄭忠壯
薯後, 所未有也." 在淵弟在淳, 白衣從軍, 與兄俱死, 亦贈吏議.

8. 이건창

◆ 병인양요의 병화를 겪은 다음에 강화에서 과거를 시행하라는
명이 떨어졌다. 대원군은 시험관에게 당부하기를: "이건창이 시험답
안을 제출하면 선발하지 않을 수 없지만 만일 제출하지 않으면 그
만 두어라." 했다. 이때 '건창'의 나이는 열다섯이며 조부가 지조를
지키고 순절한 것을 슬퍼한 나머지 과거를 보지 않으려다가 모든
사람의 강권에 의하여 응시하여 선발되었으며, 성장하여서는 항상
이 일을 후회하고 한탄하였다. '건창'이 급제하여 대원군을 알현하
는 자리에서 대원군은 농으로: "나이가 아직 어리니 돌아가 책을 읽
으라. 오년이 지나면 한림으로 등용할 것이다." 했으나, 오년이 지나
도 아무 소식이 없자, '건창'은: "어째서 나를 한림으로 등용하지 않
는가?" 불평했다. 대원군은 그가 경박하다 하여 등용하지 않았으나,
갑술년 이후에 그의 관직생활이 거리낌 없음을 보고 자못 후회했
다 한다.

◆ (p.22.)丙寅洋燹後, 命設科於江華. 雲峴屬考官曰: "李建昌若呈券,

則不可不取, 否者已之." 建昌時年十五, 其祖甫抗節, 建昌悲疢不赴, 衆
强之, 遂中選. 旣長, 常自懊恨, 建昌旣登第, 謁雲峴, 雲峴戲曰: "年尙
幼, 且歸讀書, 後五年當以翰林相處." 過五年, 竟寂然. 建昌曰: "何不翰
林我也?" 雲峴謂其輕薄, 不果用. 甲戌後, 見其歷官不苟, 頗悔之.

9. 박규수

◆ 박규수朴珪壽의 자는 환경瓛卿, 호는 환재瓛齋이며 연암 박지원의
손자이다. 큰 재주를 지니고서도 어려서부터 집이 가난하여 독서로
날을 보내고 있었다. 익종은 대리청정을 하면서 신분을 숨기고 암
행을 즐겼다. 하루는 밤에 '자하동'을 지나다가 허물어진 담장 밑 해
어진 봉창에서 흘러나오는 옥구슬 같이 낭랑한 글소리를 듣고 기
쁜 마음으로 바로 그 집에 들렀다. 무예별감이 손을 휘저으며: "어
가가 이르셨다." 하니, '규수'는 허둥지둥 달려 나가 엎드렸다. 익종은
고개를 들라 명하고, 읽는 책이 무엇인가 묻고 하나하나 살펴 본
다음: "독서를 즐기니 마땅히 너를 등용할 것이다." 말했다. 이튿날
장안에는 어가가 밤에 '박규수'집에 들렀다는 소문이 무성했고 '규
수' 또한 분발했다. 그러나 이 해에 익종이 돌아가 버리니 그는 너
무 슬픈 나머지 소리치며 삶의 의욕을 잃을 지경이 되었고 신정왕
후도 이 소식을 듣고 슬픔을 이기지 못했다. '조병귀'가 집권함에 이
르러서야 신정왕후가 힘껏 도와 드디어 등용을 보게 되었는데, 갑

자년 초에는 자신이 회시의 시험관이 되어: "금연촉金蓮燭을 걷어 사인원舍人院에 돌아가는 소학사蘇學士에게 주어 보내다." 하는 시험문제를 냈으니, 이는 소동파蘇東坡와 선인宣仁과의 일을 인용하여 자신을 비유한 것이다.

무진년1868년에 '박규수'가 평양감사로 있을 때 미국인 '최란헌'푸레스턴이 군함 한 척으로 밀물을 타고 대동강에 들어왔다가 썰물을 당하여 움직이지 못하고 있었다. '규수'가 이들을 붙잡을 사람을 공모했더니 한 군교가 응모했다. 그는 어민의 쪽배 수백 척을 징발하여 장작에 불을 붙여 싣게 하고, 또한 쇠뇌 쏘는 병사를 선발하여 배에 주살을 달아 일제히 발사하게 했다. 배는 가볍고 쇠뇌는 사나워 서양군함에는 고슴도치모양이 되도록 쪽배가 엉겨 붙고 배안의 인화물질에 일시에 불이 붙어 군함이 전소되고 말았다. 한 떼의 적도들이 화염 속에서 뛰쳐나와 파도를 타고 도주하니 추격하며 총을 쏘아 4·5인을 꺼꾸러뜨렸다. 이일이 보고되어 '규수'는 직급이 오르고, 군교는 공을 인정받아 진장鎭將이 되었다.

'규수'는 행정능력이 뛰어나고 문장이 아름다워 당시에 쓸 만한 인재로 추앙받았으나 다만 대원군이 집권할 때에는 힘써 서양을 배척했다가, 갑술 년 이후에는 힘써 왜인과 통상할 것을 주장하여, 우물쭈물 시의에 영합하니 사람들이 의심하기 시작했다.

◆ (p.22.)朴珪壽, 字瓛卿, 號瓛齋, 燕巖趾源孫也. 有俊才, 年少家貧,日讀書. 翼宗代理時, 好微行, 嘗夜至紫霞洞, 聞書聲寥亮如碎玉, 出于頹垣破牖之間, 欣然徑入, 武監擧手揮曰:"駕至矣." 珪壽顚倒拜伏. 命起之, 問所讀何書, 諦視之曰:"好讀書, 當用汝也."明日, 都下盛傳, 車駕夜幸朴珪壽家. 珪壽亦自奮. 是歲, 翼宗上仙, 珪壽痛號, 如不欲生. 神貞王后聞之, 益悲不自勝. 及趙秉龜秉政, 神貞力右之, 遂擢第. 甲子初, 以會試考官, 出試題曰:'撤金蓮燭送蘇學士歸院', 蓋引東坡對宣仁事自况也.

戊辰, 朴珪壽爲平安監司, 美國人崔蘭軒, 以艦一隻, 乘潮直入大同江, 潮退不能動. 珪壽, 購能掩捕者, 有一校應募, 及選, 漁戶瓜皮船數百隻, 載束薪點火. 又選弩手, 繫繒於船, 一齊發射, 弩猛船輕, 蝟集洋艦, 艦內引火之物, 一時延熱, 全艦皆燒. 一賊迸出烈焰中, 飛步躡波而走, 追砲之, 四五乃倒. 事聞, 珪壽陞資, 校敍功爲鎭將.

珪壽練達吏事, 賁之以文學, 時推可用. 但在雲峴時則力主斥洋, 甲戌後力主通倭, 首鼠兩截, 迎合時議, 人始疑之.

10. 몰락하는 세도

◆ 종전의 세도정치는 비록 한 사람이 주관한다 하더라도 또한 지름길이 많았으니 자질들이나 인척들이 때때로 스스로 서로 주관하고 간섭하여 부족한 부분을 보충하며 오로지 실족하지 않기를 바랐다. 그러나 대원군에 이르러서는 홀로 권력을 틀어쥐고 한 자리의 음직蔭職이나 변장邊將도 대원군 모르게는 임명할 수 없었다. 인사행정이 있을 때마다 미리 품의서에 점을 찍어 올리면 상감은 그대로 낙점하여 내려 보냈으니, '아들 재면, 사위 조경호, 처남 민승호' 등도 감히 넘볼 수 없어 속으로만 원망하고 지냈으며, 상감도 나이가 들어감에 따라 그 독단에 차차 염증을 느껴 불평하기 시작했다. 거기에다 '재면' 등 모두의 불만이 점점 쌓여가고 계유년에 이르러 '최익현'의 상소가 나오게 되어, 드디어 시국이 크게 변하게 된 것이다.

◆ (p.23.)從前勢塗, 雖一人主之, 亦多旁蹊, 子侄姻黨, 往往能自樹, 故互相管攝, 以補其不逮, 惟恐其顛蹶. 至雲峴時, 獨攬權柄, 雖一蔭階·一邊將, 雲峴不知, 不能差也. 每當政批, 預自注擬塡窠以進, 則上依而點之. 其子載冕, 婿趙慶鎬, 妻弟閔升鎬等, 不敢沾丐, 私竊怨之. 上亦年稍長, 厭其顓, 頗不平之. 於是, 載冕等, 共媒孽之積漸. 至癸酉(1873年)之末, 會崔益鉉疏出, 而時局遂大變.

11. 최익현 (1873년)

◆ <u>최익현은 경주 사람이다.</u> 대대로 포천에 살며 '이항로'의 문하에서 학문을 배웠고 철종 때에 명경과明經科에 급제하여 신창군수가 되어 선정을 폈고, 집에 오래 머물며 다른 직위에 뽑히지 못하고 지냈다. 계유년(1873년) 겨울 대원군을 배척하는 상소를 올렸는데 심지어 권신이라 지목하는 문구가 있었으나 상감은 온건한 비답을 내릴 뿐이었다. 대원군은 분함을 이기지 못하여 문을 닫고 일을 사절하였지만 상감은 모르는 체했고, 이윽고 스스로 상감 앞에 나아가 일의 수고로움을 설명해도 상감은 아무 말이 없었다. 이때 '서석보'徐碩輔 등이 무리를 지어 '익현'을 공격하면서 골육을 이간질하여 상감이 천륜을 박대하도록 핍박한다 하였으며, 그들의 상소에 '요순의 도는 효제孝悌일 따름이라.'는 말이 들어있었다. 이에 상감은 격노하여 '석보'를 친국하고 임자도에 위리안치 하라는 엄명을 내리고 '익현'을 호조참판에 발탁하였으나 익현은 상소를 올려 간곡히 이를 사양하였다.

'익현'의 상소 이후에 '목래선·한효순·이현일, 睦來善·韓孝純·李玄逸에 대하여 다시 추탈 환수조치를 하였으며 청전淸錢을 혁파했으니 모두 상소내용에 열거된 내용들이다. 갑술년 봄에 대원군은 운현궁에서 나와 양주의 직동直洞으로 가버리고, 상감의 예우도 갑자기 끊기어 버렸다. 이에 '민승호'가 정권을 잡게 되었고 청요직의 남인들은 모두 도태되었으며, 분견어사分遣御史와 남인과 북인 그리고 운현궁의 빈객으로 수령이 된 사람들은 모두 파직되어버렸다. 이로부터 남인은 더욱 쇠퇴하여 어미 잃은 자식 같은 신세가 되었으며, 관학의 선비들과 밖으로는 팔도의 유생들까지 궐문 앞에 나아가 원통함을 호소하는 일이 끊이지 않았으나 모두 엄히 물리쳐버렸다. 칠월에 이르러 영남의 '유도석'과 호남의 '조병만' 등이 '만인소'를 올리니 상감이 몹시 화를 내어 그들을 잡아 포청에 가두고 처형하려 하였다. 대원군은 직동에서 바로 대궐에 달려오고 따지는 말이 너무 격렬하고 절절하여 스스로 목숨을 끊어버릴 것 같은 기세였다. 하는 수 없이 상감은 모두를 석방하고, 대원군에 관계되는 상소를 다시는 봉입하지 말도록 승정원에 하명하니 이로부터 원통함을 호소하는 상소는 없어졌다.

◆ 청전중국주화의 철폐는 갑술년(1874년) 정월에 있었다. 이때는 서울이나 시골이나 오직 청전만으로 교역이 이루어졌는데 하루아침에 철폐령이 떨어지니 온 나라가 돈 공황이 들어 상품유통이 이루어지지 않아 생업을 잃는 자가 많았으며 상평통보를 비축해둔 사람은 앉아서 수 배의 이익을 농단했다. 몇 달이 지나서야 차츰 상품유통이 시작되었다.

◆ (p.23.)崔益鉉, 慶州人也. 世居抱川, 遊李恒老之門, 哲宗中明經科擢第, 守新昌郡, 有惠政, 家居久不調. 癸酉冬, 抗章斥雲峴, 至以權臣目之, 上卽溫批. 雲峴不勝憤怒, 闔門謝事, 上不之省, 旣又自至上前, 歷陳勞勤, 上嘿然. 於是, 徐碩輔等, 群攻益鉉, 謂離間骨肉, 逼上薄於天倫.

徐疏有'堯舜之道孝弟而已'等語, 天怒甚激, 親鞫碩輔, 縛而懸之幾絶.
嚴旨荐棘荏子島, 連擢益鉉, 至戶曹參判, 益鉉上疏懇辭.

益鉉疏後, 睦來善·韓孝純·李玄逸, 復從追奪, 罷淸錢, 皆疏中所列
也. 甲戌春, 大院君自雲峴徑出, 往楊州之直洞, 上恩禮頓衰. 於是, 閔
升鎬當國. 南人在淸班者, 一切汰之, 分遣御史, 南·北人及雲峴賓客之
爲守令者, 論罷殆盡. 自是, 南人益衰, 如失慈母, 館學之士, 外及八道
儒生, 叫閤相屬, 爲之訟冤, 而倂嚴斥之. 至七月, 嶺南柳道奭 湖南曺炳
萬等, 萬人疏出, 上大怒, 命拿二人, 囚捕廳, 將戮之. 雲峴自直洞, 直詣
闕, 言甚激切, 若將自裁者, 上不得已, 盡行蕩釋, 命政院, 凡事係大院
君陳疏者, 勿復捧入. 於是, 訟冤者, 遂絶.

◆ 淸錢之罷, 在甲戌正月. 是時, 京鄕交易, 惟淸錢而已, 一朝令下, 擧
國錢荒, 商貨不行, 失業者衆, 蓄常平錢者, 坐籠數倍之利. 至數月後, 稍
稍流通.

12. 대원위분부

◆ 대원군이 집권한 십년 동안은 안팎으로 위엄이 행해져 '대원위분부'大院位分付 다섯 글자가 번갯불처럼 삼천리를 휩쓸었으니 관리나 백성이나 항상 법에 저촉되지 않을까 두려워하며 떨고 지냈다.

서울 올라간 시골사람은 잡혀가면 바로 죽는다는 헛소문이 돌기도 하였으니, 궁벽한 산속 마을에서 바닷가에 이르기까지 어수선하여 삶을 즐기려는 마음을 잊고 지내야 했던 형편이었으므로, 몰락한 지금에 이르러서는 혼연히 서로 돌아보며 반기게 된 것이다. 논객은 말한다. 운현궁이 몰락하지 않았더라도 국가가 망하는 일은 오늘을 기다리지 않았을 것이라고! 민씨들의 집권 이래로 백성들이 가렴주구를 감당할 길 없어, 때때로 탄식하며 도리어 대원군의 정치를 생각했던 일은, 바로 한漢나라 사람들이 이른바 민심이 술렁거려 다시 왕망王莽의 조정을 생각했다는 종류이니, 이것은 사랑을 남겨주어서 그렇게 된 일은 아닌 것이다.

◆ 최익현의 상소는 여러 차례 있었다. 두 번째 상소에서 상감은 일부러 운현궁의 반응을 보려고 '익현'을 의금부에 하옥해 버렸다. 출옥하는 날에 장안의 남녀들이 술을 들고 향을 피우며 최충신의 다시 태어남을 축하하는 행렬이 거리를 가득 매웠다. 이에 '최충신'崔忠臣 이라는 이름이 나라 안을 떠들썩하게 하고, 그의 상소문은 옛날의 이름난 문장처럼 집집마다 전하며 암송했으니 일시에 종이가 귀해질 지경이었다. 그러나 지식인들은 대원군을 권신이라 칭하여 크

게 윤리를 해친 일을 책망하였으니, 그 이후로 상감이 사친을 심히 박절하게 대접한 것을 세상은, 최익현의 상소를 구실로 삼아 그렇게 한 것으로 여기고 있다.

◆ 예로부터 권신이란 인척, 환관, 훈공이 있는 귀족을 벗어나지 않았으니 모두가 타인들이었다. 그러나 운현과 상감은 부자간이니 다른 사람이 그 사이에 끼어들 수 없다고 보았고 운현궁의 세도는 그가 죽어야 끝나는 것으로 알고 있다가 하루아침에 배척을 당하고 보니 문 앞에 풀이 우거지는 일이 다른 사람이 권력을 잃었을 때보다 더했다 하겠다. 아마도 얻을 때 몹시 뜨거웠으니 잃을 때도 몹시 추운 것이 만물의 이치인가 보다.

세상은 '최익현'이 갑자기 상소를 올려 바로 발탁되는 것을 보고 누군가의 사주를 받아 그렇게 한 것으로 짐작하고 있었다. 그러나 병자수호조규가 논의되자 그는 '우탁과 조헌'의 고사를 인용하여 지부상소持斧上疏를 올리며 척화를 역설하다가 흑산도에 유배를 당하니, 이에 의심이 풀리게 되었다.

'익현'은 집이 가난하여 정성을 다해 늙은 아버지를 봉양했다. 날이 추워지면 아버지의 방에 손수 불을 때며; "대신할 사람이 없는 것이 아니나 어버이 섬기는 일이 쉬운 일이 아니기 때문이다." 말하며, 밭 갈고 나무하는 일 채마밭 가꾸는 일을 손수 하며, 서울에 일이 있으면 걸어서 왕래하였다. 만년에 이르러 물러나려 할수록 지위는 더욱 높아지니, 한 때 태산북두와 같은 무거운 위망을 얻게 되었다.

◆ (p.24.)雲峴十年當國, 威行內外, '大院位分付'五字, 風行三千里, 如雷霆湯火, 吏民惴惴, 恒憂收司之律. 朝夕橫發訛言, 鄕人入京者, 掩捕輒戮, 窮山遐澨, 囂然喪樂生之心. 至是, 胥欣欣相賀. 論者, 謂雲峴不廢, 國家之亡, 不待今日. 及諸閔以來, 民庶不堪誅求, 往往咨嗟, 反思雲峴之政. 正漢人所謂民心嗷嗷, 復思莽朝之類, 非遺愛使然也.

◆ 崔益鉉疏, 凡數度. 其再疏也, 上故意, 欲伺雲峴俯仰, 下益鉉于禁府. 及出獄也, 都民士女, 齎酒戴香火, 塡街巷, 慶崔忠臣再生. 于是, '崔忠臣'之名, 喧國中. 其疏家傳戶誦. 類古名臣章奏, 一時紙爲之貴. 然識者, 咎其稱雲峴以權臣, 大碍倫理. 其後, 上待私親甚薄, 世以崔疏爲口實.

◆ 自古, 權臣不出戚姻·宦寺·勳貴數者之外, 皆他人也. 乃雲峴之於今上, 則父子也, 人無得以間之, 故擧謂雲峴世塗終其身乃已. 及一朝見斥, 門徑草合, 甚於他人之失勢者. 蓋得之甚炎, 故失之甚凉, 亦物理然也.

世見崔疏猝發, 而遽被獎擢, 遂意其受嗾. 及丙子和倭之議, 益鉉引禹倬·趙憲故事, 持斧上章, 斥和甚力, 至有黑山之命. 於是, 疑者乃釋.

益鉉家甚貧, 奉養老父, 極其誠孝. 每天寒, 其父寢堗, 必手燃之曰: "非無代勞者, 溫淸難適也." 躬耕食, 力樵蘇, 藩圃之役, 身自爲之, 有事京師, 輒徒步往來. 至其晚年, 志愈退而位益加, 負一時山斗之望.

13. 아쉬운 십년

◆ 대원군은 국태공의 신분으로 총재冢宰의 업무를 행하였으니 바로 남면하여 통치한 것은 아니나 엄연한 섭정이었다. 십 년 동안 나라에 큰 일이 없었으니 이는 바로 천년에 두 번 올 수 없는 기회였으며 큰 업적을 이룰만한 시기였던 것이다. 주공周公처럼 분주히 어진 선비를 구하여 유능한 인재를 등용하고 좋은 제도를 연구하고 찾아서 씀씀이를 절약하고 백성을 사랑하며, 그들을 측은히 여기는 마음을 길러서 법과 제도를 넘어 뭉게뭉게 피어오르도록 하기를 '사마광司馬光'이 '원우元祐'를 대할 때처럼 했더라면 태평성대를 추구함에 있어 바로 최고의 경지에는 이르지 못했다 하더라도, 하늘이 복을 내려 인재가 모여들게 되었을 것이며, 이들을 가르쳐서 십년을 시행했다면 천하에 또한 못할 일이 있었겠는가! 그러나 대원군은 '장동 김씨'의 부귀에 침을 흘리다가 하루아침에 뜻을 얻자, 무절제하고 교만하며, 멋대로 날뜀이 '장 김'을 능가하여 근본을 손상하며 백성에게 원한을 심어주고, 토목사업과 당파 편들기로 십년을 보냈으니, 세월 탓인가. 운명 탓이더란 말인가? 천년이 지난 다음에도 반드시 이점에 대하여 크게 탄식하고 한스러워 하는 이가 있게 될 것이다.

◆ (p.25.)雲峴, 以太公之親, 行冢宰之事, 直不南面耳, 儼然攝踐也. 十年之間, 國家無事, 此正千載不二之會, 而可以大有爲之時也. 使其奔走吐握, 側席賢豪, 講求良法, 節用愛民, 慈讓惻怛之意, 藹然光於文法之外, 如司馬光之處元祐, 則氣化所趨, 至治雖不能遽復, 上天降祥, 人才應期, 生聚敎訓, 行之十年, 而天下亦有不可爲之事乎. 乃雲峴者, 流涎壯金之富貴, 一朝得志, 淫侈驕狼, 猖狂自恣, 視壯金而又過之, 斵傷元氣, 結怨黔黎, 徒以窮心土木, 左袒色目, 爲十年事業. 嗚呼! 時耶運耶? 千載之下, 亦必有嘆息痛恨於斯者

14. 심순택

◆ 대원군이 젊은 시절에는 곤궁하였으므로 자못 청탁을 일삼을 수밖에 없었다. 일찍이 '김좌근'의 집에 갔다가 돌아오는 길에, 판서 【심의면】沈宜冕이 '김좌근'에게: "궁도령은 궁이나 지킬 일이지 어찌하여 쉬지 않고 재상집을 찾는답니까?" 말하는 소리가 밖에 까지 들려왔다. 방언으로 봉군을 받은 종친을 궁도령이라 부른다. 대원군은 이때에 깊은 원한을 품게 되었다. 갑자년 후에 '심의면'은 후환이 두려워 공주의 고향집에 엎드려 살다 죽었으며, 그의 작은 아들 '이택'履澤은 의주부윤을 하면서 많은 불법을 저질러 갑자년에 어사를 보내 곤장을 쳐서 재주에 유배시켰고, 큰아들은 두려워서 나오지 못했다. 갑술년이 된 다음 민 씨들과 심 씨는 사이가 좋았음으로 힘써 끌어들여 【심이택】은 여러 차례 감사를 역임하고 【심순택】은 마침내 20년간 수상의 지위에 있게 되었다.

◆ 雲峴少時貧匱, 頗事干謁. 嘗至金左根家, 及其退, 沈判書宜冕, 謂左根曰: "宮道令, 當守宮而已, 何至累累曳履于宰相家?" 聲聞于外, 方言稱宗室封君者, 曰宮道令. 雲峴深啣之. 甲子後, 宜冕恐不免, 跧伏公州鄉廬以死. 其次子履澤, 爲義州府尹, 多不法, 甲子, 遣御史, 決杖流濟州. 長子舜澤, 畏約不出. 甲戌後, 諸閔與沈雅相善, 力爲援引, 履澤屢典藩臬, 舜澤竟二十年爲首相.

15. 권불십년

◆ 우리나라 속담에 '세도는 십 년을 넘지 못한다.' 는 말이 있다. 【박종경· 김조순· 조만영】朴宗慶·金祖淳·趙萬永 이래로 비록 한 가문 안에서 서로 경쟁하여 부자·형제·인척들이 번갈아 들고 났다 하더라도 대략 한 사람당 십 년 내외로 끝이 났으며, 대원군에 이르러서도 또한 그러했다 할 것이다.

(p.26.)東人諺稱, '勢塗不過十年.' 自朴宗慶 金祖淳 趙萬永以來, 雖一門之內, 互相爭競, 父子兄弟 姻婭戚黨, 迭爲出入, 大略一人之身, 止十年內外, 至雲峴亦然.

16. 지나친 토목공사

◆ 경복궁의 준공을 마치고 다시 크게 토목공사를 일으켜 서울의 모든 관청청사를 일신했다. 관리들은 넌지시 전해지는 뜻을 잘 받들어 서로 다투어 공사를 하였으므로 먼 시골의 구석진 성곽과 망루까지도 환연히 빛을 발하게 되었으며, 또한 해마다 군사 설비를 점검하니 매우 견고하고 예리하였다. 그러나 운현궁이 세력을 잃고 보니 십년이 못되어 선혜청의 담장은 무너지고 동학군이 일어났을 때 각 고을의 무기고를 열어보니 모두 녹슬고 무디어 사용할 수 없게 되어 있었다.

◆ (p.18)景福宮役旣竣, 遂大起土木, 京中百司廨宇一新. 官吏承望風旨, 競相營葺, 窮鄕遐陬城郭, 亭臺, 煥然照耀. 又年年點檢武備, 極其犀利. 及雲峴廢, 未十年, 宣惠廳門垣頹圮, 東匪起, 發州縣武庫, 皆銹鈍不堪使.

17. 일본의 개화

◆ 왜인들은 무진년(1868년)에 서양의 제도를 도입하고 관백關白을 폐지하여 정치를 일신하고 우리나라와도 강화조약을 다시 맺고자 하였으나 모든 일을 처음 시작하는 때라 미처 원대한 계략을 세울 틈이 없어 다만 구휼미를 받지 않았다는 구실로 핑계를 만들어 왜 관에 머물던 인원이 차츰 돌아가고 있었으나 조정은 막연하여 그 실정을 살피지 못하고 있었다. 정현덕鄭顯德을 동래부사로, 김세호金 世鎬를 경상감사로 삼아 두 사람 모두 7년을 그 자리에 두었으니, 그들의 능력과 기량이 왜인을 감당할 만하다 믿었기 때문이다. 그러나 '세호'는 조용한 문신이었고 '현덕'은 3년에 걸쳐 축성공사를 하는 동안에 사람을 죽여 위엄을 세우니 크게 세상인심을 잃고 있었으며 식자들은 이를 우려했다. 만일 이 시기에 저들의 정세를 살필 수 있는 인물을 골라 외교사절을 삼아 이 일을 전담하게 하고 환란에 대비했더라면 결코 후일에 궤멸하는 지경에 이르지는 않았을 것이라 할 것이다.

◆ (p.19)倭人以戊辰, 勾洋人廢關白, 政治一變, 與我國欲更定和約. 而庶事草刱, 未暇遠略, 但不受餉米, 藉以開釁, 館倭稍自引歸, 而朝廷漠然, 不測其情形. 鄭顯德爲東萊府使, 金世鎬爲慶尙監司, 皆七年不遷, 以二人才器可仗, 必辦倭也. 然世鎬雍容文吏, 顯德築城三年, 殺人立威, 大失物情, 識者憂之, 謂若以此時, 擇能覘國者, 專价聘問, 爲陰雨之備, 則必不至後日之潰裂也.

18. 대원군의 인기전술

◆ 대원군은 처음 정권을 잡으면서 인심을 위로하고 당시의 인망을 얻으려고 여러 조정의 죄인들인 신임옥사 그리고 시파와 벽파의 분쟁 이래의 죄인명부에 적힌 모든 사람을 일제히 사면하고 관직을 회복시키며 그 자손에게도 품계를 주었다. 이에 심환지沈煥之, 이서구李書九 등이 차례로 신원되었으며, 또한 풀어주지 않아야할 사람을 풀어주는 경우가 있게 되었다.

◆ (p.19)大院君始當國, 欲慰悅人心, 以收時望, 凡累朝罪人, 自辛壬時僻以來, 名在丹書者, 一併蕩滌, 復官敍其子孫, 於是, 沈煥之, 李書九諸人, 次第伸雪, 亦有不當釋而釋之者.

19. 노론의 불평

◆ 정조는 호당을 규장각으로 바꾸고 제학·직제학·부제학·직각·대교 등의 관직을 두어 귀족 집안의 학문하는 신료들을 대우하니, 명망이 높고 청백한 관직으로 다른 어느 자리와도 비교할 수 없는 부러운 자리이며 이를 모두 합해 각신閣臣이라 부른다. 처음에는 남인도 더러 뽑혔으나 순조 이후로는 노론이 아니면 소론 뿐 이었다. 운현궁 집권기에 한기동韓耆東이 대교가 되고 홍은모洪殷模가 직

각이 되었으니 모두 남인이요, 김규식金奎軾이 대교가 되고 강찬姜贊이 직각이 되니 모두 북인이다. 노론이 이를 불평하여 이들을 운각雲閣(운현궁의 각신)이라 지목했다.

◆ 현종과 숙종 시기에 서인들이 송우암을 추대하여 대로大老라 불렀다. 일찍이 대원군이 스스로 자신을 일컬어 "나 또한 대로다."하며 우암을 조롱했다. 계유년 최익현의 상소가 있은 다음에 태학생 '이세우'가 대원군을 '대로'로 높일 것을 청하니 상감이 얼른 재가하여 겉으로 우대하는 뜻을 보였는데 이는 '세우'가 상감의 의도를 미리 짐작하고 행한 짓일 것이다.

◆ (p.26)正宗, 改湖堂爲奎章閣. 設提學·直提學·副提學·直閣·待教等官, 以待閤閱家文學之臣, 望峻秩淸, 百僚莫比. 統謂之'閣臣'. 其始也, 南人猶或預選, 純祖以來, 非老則少而已. 雲峴時, 韓耆東爲待教, 洪殷模爲直閣, 皆南人也, 金奎軾爲待教, 姜贊爲直閣, 皆北人也. 老論不平之, 目之曰雲閣.

◆ 顯·肅之際, 西人推宋尤庵, 號爲大老. 雲峴嘗自號曰: "我亦大老也" 以嘲侮尤庵. 至癸酉, 崔益鉉疏後, 太學生李世愚者, 請尊大院君爲大老. 上亟可之, 外示優崇之意, 蓋世愚揣上旨也.

20. 북촌에는 노론 썩은 냄새가 진동하고

◆ 남인 '최우형'은 연이어 청요직에 발탁되어 이조판서·홍문관대제학과 봉군을 받기에 이르고 충훈부를 겸임하였다. 한 번은 '남여'를 타고 북촌을 지나다가 부채를 들어 코를 가리며; "노론 썩은 냄새가 어찌 이리도 진동한가?' 했다. 서울의 큰 거리를 종각 이북은 북촌이라 부르고 노론이 거주하며, 남쪽은 남촌이라 하여 소론을 포함한 세 개의 당파가 섞여 살았다.

◆ (p.15)南人崔遇亨, 連擢清要, 至吏判·弘提·封君, 兼管忠勳府. 嘗乘䡇至北村, 擧扇掩鼻曰: "老論腐臭, 何其薰也?" 京師大路, 鐘閣以北, 謂之'北村', 老論居之, 南曰'南村' 小論以下三色, 雜居之.

註

1) 청요직(清要職): 중요한 고위직
2) 인평대군(麟坪大君): 선조의 제3왕자
3) 은신군(恩信君): 장헌세자의 아들이며 정조의 이복동생 흥선대원군의 조부
4) 묵패(墨牌): 서원에서 발급하던 문서, 백성을 호출 또는 잡부금 부과 시 사용
5) 심경(心經): 성현의 心을 논한 학설을 모은 책, 송 진덕수 지음
6) 근사록(近思錄): 주렴계 정이천 정명도 장횡거의 수신 제가 치국에 긴요한 학설을 모은 책 주희 여백공 공저.
7) 남연군(南延君): 선조의 아들 인평대군의 6대손, 장헌세자의 아들인 은신군에게 입양된 흥선대원군의 아버지.
8) 잠영록(簪纓錄): 고위관직자 명부
9) 사창(社倉): 기근에 대비 빈민구제위해 설치한 미창

3장

고종의 친정과 민씨의 세도

1. 고종의 친정과 민승호 (1874년)

◆ 갑술년에 상감의 친정이 시작되자, 안에서는 명성왕후가 주관하고 밖에서는 민승호가 받들어 시행하였으며, 왕후는 총명하고 지략이 풍부하여 항상 상감을 보필하며 부족한 부분을 보완했고, 처음에는 상감의 힘을 빌려 자신의 좋고 싫음을 표하더니, 얼마 아니 되어 날로 방자하여지고 상감이 도리어 제약을 받는 지경에 이르게 되었다.

◆ 민승호는 운현궁이 독단을 일삼다가 실권한 선례를 바로잡으려고 상감에게 권하여, 조정의 직위가 높고 인망 있는 관료를 골라 차례로 입직하여 조정대사에 참여하게 하고 이를 별입시別入侍라 불렀다. 이에 '김병시·김영수·김보현·정범조·윤자덕·조인희' 및 그의 아우 '민겸호' 등이 참여하였으며, 정·윤·조는 소론이었다. 남인과 북인이 물러났으니 또 소론을 내친다면 모든 비난이 노론에 모일 것이기 때문에 안으로는 상감의 독단을 막는다는 핑계를 대고 겉으로는 소론을 끼워 넣음으로써 세도의 흔적을 가리고 비난을 분산시키고자 한 것이다.

◆ 홍인군 '이최응'李最應은 그의 아우 대원군과는 평소에도 잘 화합하지 못했다. '민승호' 등이 그를 끌어들여 영의정으로 추대하고 대원군과 맞서게 하였으며, 상감에게 보고하기에 난처한 일들은 모두 그로 하여금 탑전에 나아가 아뢰도록 하니 '최응'은 즐겨 이 일을

맡았고 거기에서 얻어지는 혜택을 즐겼다. 운현궁에서는 이 일을 매우 한스러워했으며, 하루는 곧장 침실로 달려 들어가 장막을 걷어 올리고 뚫어지게 바라보며: "형님이 오래도록 출입이 없으니 아마도 수양대군 같은 음모를 꾸미는 것 아닙니까?" 말했다. 이때 '최웅'은 병을 핑계하고 집에 누어있었다.

◆ 민승호閔升鎬는 천성이 유약하고 어리석으며 건망증 또한 심했다. 하루아침에 조정대사를 맡고 보니 이를 총괄하고 기강을 새우지 못했으며, 아래서는 두려움이 없어 어지럽게 서로를 속이게 되니 반년이 못되어 모든 법규가 해이해지고, 보는 이마다 이를 매우 심란하게 여겼다. 얼마 아니 되어 생모의 상을 당하게 되고 시묘를 살며 조정에 나갈 수 없게 되어 봉서로 왕래하였으니 모든 일을 시기와 형편에 맞출 수 없었다. 별입시하는 무리들 또한 여기에 끼어들어 정권을 전단하니 정치판에는 쥐구멍이 생겨 권력은 옆길로 새어나가게 되었다.

◆ 원자가 탄생하면서부터 궁중의 무절제한 푸닥거리는 팔도의 명산에 두루 번지고, 상감 또한 잔치하며 상주고 하사하기를 아끼지 않아 두 분 전하가 하루에 천금을 써버리니, 내수사가 가진 것으로는 지탱할 수 없어, 드디어 호조와 선혜청에서 공식적으로 가져다 사용하였지만 재무를 맡은 관리는 한 사람도 반대하는 사람이 없었으며, 일 년이 못되어 운현궁에서 십 년 동안 비축한 것을 다 써버렸으니, 벼슬을 팔고 과거급제를 파는 여러 가지 폐단이 이로부터 시작되었다.

◆ (p.27.) 甲戌初, 上始親政, 而內則明聖王后主之, 外則閔升鎬奉行之. 后聰敏饒權略, 常左右上, 補其不逮, 始猶藉上, 以售其愛憎, 旣而專恣日甚, 上反爲所制.

◆ 升鎬懲雲峴專擅而廢, 勸上選朝貴有時望者, 輪次入直, 參預機務, 謂之別入侍. 於是, 金炳始·金永壽·金輔鉉·鄭範朝·尹滋悳·趙寅熙·及其弟謙鎬等, 咸與焉. 鄭·尹·趙, 則少論也. 蓋南北旣退, 又詘少論, 則謗讟之至, 咸萃老論, 故內則誘上獨斷, 外以少論參錯其間, 欲掩其勢塗之跡, 而以之分謗也.

◆ 興寅君最應, 與其弟大院君, 素不協. 升鎬等推挽之, 爲領議政, 以敵大院君. 凡事可陳白, 而有難處者, 必使最應達之榻前, 最應甘爲之倀, 而餂其餘潤. 雲峴, 甚恨之, 嘗徑至其寢, 褰帷熟視曰: "兄久不出, 豈有首陽大君陰謀乎?" 時最應呈病在告也.

◆ 閔升鎬, 性柔和闇劣, 又善忘, 一朝當大政, 不能摠攝紀綱, 下無所畏, 謾讕相蒙. 未及半年, 百度墮弛, 觀者殊憒憒焉. 未幾, 又遭生母憂, 俔守苫廬, 不能詣闕, 封書往來, 不能悉合機宜, 別入侍之徒, 又從中用事, 政門如鼠穴, 權多旁落.

◆ 自元子誕生, 宮中祈醮無節, 遍及八道名山. 上亦恣意遊宴, 賞賚不貲, 兩殿日費千金, 內需司所藏, 不能支敷. 遂公取戶惠廳而用之, 掌財之臣, 無一人違忤者. 不舂年, 雲峴十年之積, 蕩然矣. 賣官賣科諸弊政, 繼是而作.

2. 벼슬아치들의 이모저모

◆ 【김보현】金輔鉉은 사계 '김장생'의 후손이다. 어려서부터 교묘하게 아첨을 잘하고 약관에 급제했으며, 나귀를 사면 사흘 만에 죽으니 청탁하려고 방문하는 곳이 너무 많아 태우고 다니느라 힘이 다해 죽는 것이었다. 장동 김 씨를 무람없이 방문하는 빈객이 되어 철종 때에 이미 대교를 거쳐 참판이 되었으니, 대원군은 그 사람됨을 비루하게 여기고 십 년을 지켜보고 있었다. 일찍이 부친상으로 복을 입었는데, 대원군의 조문을 받지 못하면 부끄러운 일이 될 것을 염려하다가, 대원군은 장난으로 남 욕보이기를 즐기는 버릇이 있으니, 자신에게 욕보일 거리가 있으면 반드시 조문을 받게 될 것이라 생각하고, 운현궁을 출입하는 빈객에게: "내 선친의 아명이 강아지인데 그대는 이 일은 결코 운현궁에 가서 말하지 말아주오. 그분이 사람 욕보이기를 즐기시니, 거듭 욕을 당할까 두렵소." 하고 말했다. 그 빈객은 돌아와 대원군에게: "김보현의 아버지 아명이 강아지입니다. 대감은 모르셨습니까?"했다. 대원군은 크게 기뻐하고 탈것을 대령하여 상청으로 달려가 거적문을 열어젖히고 '오요 오요' 두어 마디를 하고는, 보현을 돌아보며: "나는 가오." 하고 다른 말 한마디 건네는 일 없이 떠나버렸다. 그러나 보현은 오히려 흔연스럽게 조객록에 서명하기를: '모일에 대원군이 상청에 들려 곡을 하다.' 하고 기록하니 듣는 사람들이 배꼽을 쥐었다. 대개 '오요'라는 말은 방언으로 강아지를 부르는 소리이며, 지금의 풍속에 조문하는 곡소리도 어이소리를 잇달아 내며, '오요와 어이'는 음이 서로 비슷하다.

지금에 이르러서는 '민승호'와의 인연으로 궁중에 출입하여 크게 은총을 입고 한 달 만에 이조판서 겸선혜청당상이 되고 얼마 아니 되어 경기 감사가 되었다.

호조와 선혜청은 국가의 금전과 곡식을 맡은 기관이나, 선혜청이 곡물과 포목을 전담하기 때문에 더욱 공물貢物을 받는 관청으로 일컬어진다. 때문에 청렴검소하고 근신해도 봉록이 매우 두둑하였으며, 예부터 호조판서와 선혜청당상과 훈련대장은 회계를 하지 않는다 했으니, 이 세 곳의 벼슬자리는 맘대로 비용을 써도 다시 검사를 하지 않음을 말하는 것이다. '보현'이 선혜청을 맡은 수년 동안에 창고지기 및 운송담당 군졸들과 짜고 농간을 부려 혹은 배가 침수되었다 속여서 곡식을 개인 창고에 저장하고, 혹은 비싼 값에 내다 팔아 돈으로 쌀을 대납하니, 이에 선혜청의 비축은 차츰 줄어들고 도성의 백성들은 먹고살아갈 길이 없었으나, '보현'은 전원과 기름진 땅이 즐비했고 정자에서 즐기는 풍악은 당대의 으뜸이었다.

◆ 【김병시】金炳始는 판서 '김응근'金應根의 아들이다. 부귀한 환경에서 낳고 자라서 성정이 편안하며, 대원군이 집권한 갑자년 이후에도 권력에 아부하지 않으니 대원군이 바른 선비로 중히 여겼다. 경오·신미년 사이에 충청감사가 되어 선정을 베풀었고, 별입시에 선발되어서는 힘써 일에 임했으며, 상감의 하문이 있을 때마다: "신은 모르옵니다."하고 사양했다. 반면 윤자덕尹滋惠은 상감의 하문에 바로: "그러하옵니다."하고 대답하니, 궐내에서는 '병시'를 '모르옵니다.'

'자덕'을 '그리하옵니다.'로 불렀다.

◆ 【윤자덕】尹滋惠은 명재 '윤증'明齋,尹拯의 후손이며, 정원용鄭元容의 외손이다. 자못 글재주가 있고 영합하고 아첨하기를 잘했으며, 호는 현호玄湖이다. 헌종 때 총애를 받아 대과에 발탁되고 대교에 올랐으며, 금상이 친정을 펼 때에 이르러 전 참판으로 정경(판서)에 올랐고, 두 아들 '상만·상연'이 연이어 대과에 발탁되었다.

◆ 【신정희】申正熙의 자는 원중原仲이며, 신헌申櫶의 아들이다. 용모가 단정하고 민첩하며 매우 용감하여 헌종 때 별군의 직책으로 대궐에서 독서하다가 크게 은총을 입었다. 나이 들어서 고향 집에 살면서도 헌종 탄신일을 당하면 반드시 서울에 들어와 진전다례(영모 앞에서 제사함)에 참여했으며, 당시의 일을 말할 때는 번번이 오래도록 오열했다.

◆ 【정기세】鄭基世는 정원용鄭元容의 아들이다. 정 씨 가문에는 재상이 많으나 온화하고 상냥하며 삼가고 조심함을 대대로 가풍으로 삼았으니, 비록 화려한 겉치레는 당세에 으뜸이었으나 칭송받을 만한 기개가 없었다. 이 때문에 세상이 그들을 얕보게 되었으며, 더욱이 '기세'는 겸손하고 스스로 지키며 남의 뜻을 거스르지 않고 남의 기쁜 소식 말하기를 즐기니, 당시에 좋은 소식을 알리는 '까치판서'라 불렀다.

◆ 【이유원과 박규수】갑술년 이후 이유원李裕元과 박규수朴珪壽
는 서로 번갈아가며 좌의정과 우의정을 역임했다. '유원'은 탐욕스럽
고 교활하여 나이 들어서도 노쇠해지지 않았으며 소론의 갑부로 일
컬어지고 뇌물에 싫증을 낼 줄을 몰랐다. 담소에 능하고 행동과 용
모가 우아하며 볼품이 있어 이 때문에 임금의 예우를 받았다. 상
감 앞에서 손뼉치고 기뻐하며 여염집 부자처럼 조용히 즐기는 모습
은, 궁궐을 제집처럼 출입하는 외척의 거물들도 미칠 수 없었다. '규
수'는 학문을 잘하고 풍채가 아름다웠으며 지혜와 계략에 능하여
때로 굳센 기상을 드러내니 널리 대중의 칭찬을 받았다. 일찍이 두
사람이 어전에서 상감을 모시고 논쟁을 하기로 약속하고 '규수'가
먼저 논쟁을 시작했는데 삼감이 입을 다물고 난색을 표하자 '유원'
은 감히 논쟁을 계속하지 못했다. 그러자 '규수'가 크게 외쳤다: "사
관은 어디에 있는가? 모월 모일 '이유원과 박규수'가 어전에서 정사
를 논의하기로 약속했는데 '유원'은 위축되어 감히 말을 못하고 있
다. 너희는 이 일을 특별히 기록하라."하고, 인하여 유원을 돌아보
며: "공은 소인이 되는 것을 면치 못할 것이니, 아마도 '이산해'와 '유
성룡'의 인품을 지녔다는 평을 듣게 되지 않겠습니까?" 했다.

'유원'의 호는 귤산이며,裕元 號橘山 양주의 가오곡에 별장을 가지고
있었는데 서울과의 거리가 80리 이며 그곳을 왕래하는 길은 모두
가 그의 밭두둑 길이고 남의 땅을 한 뼘도 밟지 않아도 되었다. 심
지어 세간에서는 그의 전답의 넓음과 정원의 아름다움은 근세에는
일찍이 없었던 규모이며 계집아이를 남장을 시켜 심부름을 하게하

고 그밖에도 이에 어울리는 사치와 음행을 다한다 말했다. 그의 아비 '계조'가 연경에 사신으로 갔을 때 '유원'의 수명을 점쳐보니 점쟁이가: "만약 정승의 자리에 있게 되면 천수를 다하기 어렵습니다."했다. '계조'가 임종 때에 거듭 경계하였기 때문에 여러 번 정승에 임명되었으나 그때마다 눈물을 흘리며 사양하다가 계유·갑술년 무렵 상감의 간곡한 강요로 더 이상은 사양을 못하였고, 정승이 되어서는 상감의 돌봄이 더욱 융숭하여 '승호'와 함께 도합 12 개의 직책을 겸했으니 대문 앞이 시장바닥 같아 남촌세도南村世塗라 불렸다.

이건창의 아버지 '상학'象學이 건원능健元陵을 수호할 때 '유원'이 서울 가는 길에 능을 지나다가 방문했다. 마침 은어를 선물 받아서 아직 요리하기 전이라, 심부름하는 사람을 불러: "은어를 속히 회를 만들어 오라, 대감 술안주로 드려야겠다."하니, '유원'이 놀라며: "이 근방에 어찌 은어가 있는가? 회치지 말고 가져오게."하고 버들가지를 꺾어오라 하여 손수 정성스레 포장하여: '내수사개탁內需司開坼 신하 유원이 엎드려 증정하나이다.'라 써서 따르는 노복에게 바로 진상하도록 명하고 떠나갔다. '상학'은 천성이 정직하고 소박하여 돌아와서 여러 아들에게: "이 일이 어찌 대신이 할 짓인가? 나랏일 되어가는 꼴이 두렵구나!"하고 하루 종일 한탄했다 한다. 나는 이 말을 '건창'에게서 들었다.

◆ (p.28. 29. 30)【金輔鉉】,沙溪長生後也. 自小巧佞, 弱冠登第. 買驢, 三日卽斃, 以其請謁夥, 而所騎力盡也. 爲壯金狎客, 哲宗時, 已官待敎至參判. 雲峴鄙其人, 十年停望. 嘗守制, 以雲峴之不見弔爲可恥, 而雲峴諧謔, 善辱人, 謂己有可辱之資, 則必見弔. 乃語雲峴客曰: "吾先人小名狗子, 君愼勿向雲峴道. 此爺善辱人, 吾恐重被其辱." 客歸告雲峴曰: "金輔鉉父, 小名狗子. 大監其不知乎?" 雲峴大喜, 卽命駕, 往披靈幄, 作'獒獠獒獠'數聲而止, 顧輔鉉曰: "吾去矣." 不交一言而去. 輔鉉反欣然, 署弔客錄曰: '某日大院君入哭.' 聞者絶倒. 蓋'獒獠'者, 方言喚狗子之聲, 而今俗弔人之哭, 連呼哀哀, 獒獠與哀哀, 音相近也. 至是, 夤緣升鎬, 出入禁中, 大被寵渥, 朞月擢吏判 兼管宣惠廳上, 未幾, 又領京畿監司.

戶曹與惠廳, 爲國家錢穀之司, 而惠廳專管米布, 尤稱財賦衙門. 故雖廉約自守, 而俸祿甚厚. 舊稱戶判·惠堂及訓將, 爲無會計. 三窠謂隨意挪用, 不復句檢也. 輔鉉管惠廳數年, 與庫胥·漕卒, 表裏作奸, 或掩稱船洿, 米入私藏, 或縱賣牟利, 以錢代米. 於是, 惠廳之儲漸耗, 都民無仰哺之路, 而輔鉉田園膏腴相望, 亭臺絲竹之娛, 冠絶一時.

◆ 【金炳始】, 判書應根之子也. 生長富貴, 而性稍恬靜. 甲子後, 亦不趨附, 雲峴雅重之. 庚午 辛未間, 爲忠淸監司, 有善政, 別入侍之選, 黽勉應之, 上每有問, 輒辭曰: "臣不知也" 尹滋悳對上問, 輒曰: "然然也." 故闕內, 號炳始爲'不知的', 滋悳爲'然然的'.

◆ 【滋悳】, 爲明齋拯後, 而鄭元容外孫也. 頗有文藝, 善迎合取媚, 號玄湖. 憲宗時有寵, 擢科爲待敎, 及上親政, 以前參判躋正卿. 二子相萬·相衍, 連擢大科.

◆ 【申正熙】,字原仲, 櫶子也. 容姿端妍, 才敏穎厲. 憲宗時, 以別軍職, 讀書禁中, 大被恩寵. 年老後, 雖在鄕廬, 遇憲宗誕日, 必入京, 參眞殿茶禮. 語及當時事, 輒嗚咽久之.

◆ 【鄭基世】,元容子也. 鄭氏多宰相, 而和易謹愼, 爲世守家範, 雖奕葉冠冕, 毋風節可稱. 世以此薄之, 基世尤遜順自守, 不忤人意, 好報人喜事. 時謂之'鵲判書'.

◆ 【李裕元과 朴珪壽】甲戌後, 李裕元 朴珪壽, 相次爲左右相. 裕元貪鄙狡猾, 至老不衰, 稱少論甲富, 而黷貨無厭. 善談笑, 進退容止, 都雅可觀, 以此結人主之知. 在上前, 抵掌謔洽, 如家人父子, 雍容自得, 雖戚里巨姦處禁闥如私寢者, 皆不逮也. 珪壽長於文學, 風彩映發, 任智術, 時露倔強之氣, 以博衆譽. 嘗與裕元, 約至上前有所爭, 珪壽先之, 上嘿然有難色, 裕元不敢繼, 珪壽大言呼曰: "史官安在? 某月某日, 李裕元與朴珪壽, 約上前論事, 裕元畏縮不敢發. 汝其特書之." 因顧裕元曰: "公難免小人之歸, 公豈有聞於李山海 柳成龍之風者乎?"

裕元, 號橘山. 別墅在楊州之嘉梧谷, 距京師八十里, 時稱其所往來八十里, 皆其田畔路, 不踏他人片地, 甚言其占田之廣也, 園林花石之勝, 近世所未有, 選童女作男子裝, 以應呼喚, 其他奢淫稱是. 其父啓朝, 奉使燕京, 叩術者以裕元命, 術者曰: "若居相位, 必難令終." 啓朝臨終, 申戒之.

故屢有枚卜之命, 而輒涕泣力辭, 癸·甲之際, 被上敦逼, 不敢復辭, 旣居相位, 上眷注甚隆, 遂與升鐥, 合兼佩十二符. 門庭如市, 號爲南村勢塗.

李建昌父象學, 嘗爲健元陵令. 時裕元入京師, 路出陵下, 爲訪之. 適有饋象學銀魚者, 尙未饌也. 呼侍者曰: "銀魚可速膾之, 爲大監下酒." 裕元驚詑曰: "此近那有銀魚來! 其勿膾持來也." 命摘柳枝, 手裹之惟謹, 署曰: '內需司開坼, 臣裕元伏呈.' 卽令從奴進之, 旋別去. 象學天性樸直, 歸語諸子曰: "此豈大臣事耶? 國其不兢乎!" 歎惋彌日. 余從建昌聞之.

3. 민승호의 죽음 (1876년)

◆ 병자년 봄에 경복궁에 화재가 발생하여 상감이 창덕궁으로 이어하고, 동시에 '민승호' 집에 불이나 '승호'가 타죽었으며, 흥인군 '이최응'의 집에도 화재가 발생했다. 당시 '승호'는 복을 입고 있는 몸으로, 승려로 하여금 아들의 복을 빌도록 하고 조용히 거처하며 이를 기다리고 있었다. 하루는 외부에서 역참을 통하여 상자 하나가 배달되었는데: "기도하는 곳에서 보내온 것이며, 승려가: '밀실에서 열어보되 이 속에 복이 들어있으니 외부인이 참여해서는 안 된다.' 말했다."고 했다. '승호'가 가지고온 사람을 찾아보니 이미 가버리고 없었다. '승호'는 의심스러웠으나 그 말에 따르기로 하고, 상자를 살펴보니 열쇠구멍이 있고 열쇠가 옆에 매달려있었다. 열쇠를 열었더

니 상자는 굉음을 내며 불을 뿜었다. 열 살 된 그의 아들이 할머니와 함께 그 자리에서 숨지고 '승호'는 몸이 솟구쳤다가 떨어지며 온 몸이 꺼멓게 그을려서 말도 못하게 되어 다음 날 죽었으며, 죽을 때 재삼 운현궁 쪽을 가리켰다 한다. 세상에서는 운현궁을 지목하는 소문이 자자했으나 그러나 끝내 상자가 어디에서 온 것인지는 알아내지 못했다. 대전과 내전은 크게 애도했고 명성왕후는 운현궁을 향해 이를 갈았으나 분을 풀 길이 없었다. 홍인군의 집에도 화재가 발생한 때에, 왕후는 운현궁이 홍인군을 원망해서 한 짓이니 두 번의 화재도 모두 그의 모의에서 나온 것이라 보고, 은밀히 정탐하여 장가 성을 가진 자를 체포하고 보니, '신철균'의 빈객이었다. '철균'이 옛날 운현궁을 출입했기 때문에, 드디어 억지로 죄를 얽어 옥사를 일으켰다.

【신철균】申哲均의 초명은 '효철'이다. 병인년에 영종첨사로 서양인 유격병 몇 명의 목을 배어 진주 병사에 발탁되었다가, 대원군이 실권한 갑술년 이후에는 바깥출입을 않고 집에 있으면서 선술仙術 점술占術등 방술을 좋아하니 잡다한 손님이 많았다. 얼마 전에 장씨 성의 손이 '철균'에게 아무 날 홍인군의 집에 불이 날것이라 하더니, 조금 지나니 과연 그러했다. 이 말이 퍼져, 두 사람은 함께 체포되고, 엄한 국문으로 '철균'이 거짓 자복을 하니, 3건의 화재를 통합해 동일 죄안罪案을 꾸미고 대역죄로 몰아 참수하고 가산은 적몰, 처자는 멀리 보내 노역형에 처하고 노비를 만들었다.

◆ (p.31,)丙子春, 景福宮火, 上移御于昌德宮. 時閔升鎬第室, 又火, 升鎬燒死, 已而, 興寅君最應第又火. 時升鎬守制, 使山僧, 爲子祈福, 靜處以俟之. 一日, 自外遞獻一函, 曰: "自祈處來, 僧言: 密室開見, 此中齋福, 勿許外人參也." 升鎬覓獻者, 已去矣. 升鎬疑信, 且從其言, 見函有隱穴鎖, 而牡鑰懸于傍. 試鑰之, 轟然火發. 其子方十歲, 與祖母俱立死. 升鎬騰而墮, 渾體煤炭, 啞不能言, 經宿乃死. 死時, 指雲峴宮者再三. 外議藉藉, 目雲峴, 然竟不知函從何來. 兩殿震悼, 明成后, 又切齒雲峴, 然無以雪也. 會興寅君第又火, 后意雲峴之恨興寅也, 以兩火皆出其謀, 遂密詗之, 捕張姓人, 乃申哲均客. 而哲均舊出雲峴門, 遂鍛鍊成獄.

【申哲均】初名孝哲, 丙寅間, 以永宗僉使馘洋人遊兵數級, 擢拜晉州兵使. 甲戌後, 杜門家居, 而好方術, 門多雜客. 至是, 客張某對哲均言, 某日興寅君第當火, 而已果然. 言頗洩, 並逮嚴鞫之. 哲誣服, 遂以三火滾成一案, 坐以大逆論斬, 籍其家, 妻子徒遠, 充奴婢.

4. 민규호

◆ '민승호'의 시호를 충정忠正으로 정했다. 승호가 아들이 없자 명성왕후가 후사를 세우려 하니 당시 민씨 가문의 겸호·두호·관호가 모두 아들이 있어 이를 바랐지만 왕후의 맘에 드는 사람이 없었으며, 태호台鎬의 독자 영익泳翊이 촌수는 조금 멀지만 뛰어나게 총명

하고 어른스러워 왕후가 그를 맘에 들어 하고 권해 보았으나, '태호'가 거절하고 따르지 않았다. 이에 '태호'의 아우 '규호'가: "하늘의 뜻을 어찌 어기겠습니까? 함께 부귀를 도모함만 같지 못합니다." 하고 협박하니 '태호'가 그 말을 따랐다. 드디어 '영익'이 '승호'의 아들이 되고 왕후는 크게 기뻐하였으며, '규호'는 이조판서 겸 도통사가 되었다.

◆ 규호형제는 아들이 하나뿐이었는데 이미 승호에게 입양되었으니 형제가 모두 아들이 없게 되었고, '태호'가 '영익'의 생부이니 '승호'를 이어 권력을 잡을 사람은 마땅히 '태호'가 되어야할 것이나, '규호'는 재간과 지략 그리고 문장이 모두 형보다 뛰어났으며 또한 왕후는 '영익'을 입양한 것이 규호의 뜻에 말미암은 것이라 하여 그를 매우 두둔하였으므로 드디어 형의 자리를 훔쳐갖게 된 것이다.

◆ 민규호閔奎鎬는 젊은 시절 매우 가난하여 형과 함께 살며 아침저녁으로 콩죽을 사다가 형제가 마주앉아 먹고 아버지가 죽어도 관곽이 없어 거적에 쌓아 장사했다. 안악 군수安岳郡守가 되었을 적에 한번은 그의 부인이 모시 베를 샀더니 규호가 들어와 보고는: "이같이 거친 베가 어찌 외명부의 복장에 적합하겠소? 바꾸는 것이 옳을 것이오."하고 핀잔을 주자, 처는 "서방님은 정동의 퇴락한 집에서 죽을 먹던 시절을 잊었습니까! 이것이면 족합니다. 어찌하여 바꾼다는 말입니까?"하였다. 규호는 자신을 모욕한다 하여 크게 화를 내고 발길질을 하고 나갔고 이로부터 내실 출입을 끊어 아들이 없게 되었다.

◆ 근래에는 권력은 황산黃山을 추앙하고 글씨는 추사秋史를 추앙
했으니, 황산은 김유근金逌根이며 추사는 김정희金正喜이다. '규호'는
이들을 사모하여 스스로 호를 '황사'黃史라 했으니 권력은 황산 같고
글씨는 추사와 같고 싶다는 말일 것이다.

◆ 명성왕후는 씀씀이 부족이 걱정되어 드디어 수령 자리를 팔
기로 하고 '규호'에게 가격을 정해 올리도록 했다. 규호 또한 백성을
다스리는 관직을 파는 것은 불가하다 여기고 응모자가 없기를 바
라면서 녹봉이 만 냥이면, 이만 냥으로 가격을 정해 올렸으나 응모
자들의 경쟁은 더욱 심하고 벼슬을 얻어 부임하면 악독하게 긁어
모았으니 백성들은 거듭 어려움을 겪었고, '규호'도 비로소 이를 후
회했다.

◆ 【민태호】閔台鎬가 해주 판관으로 재직할 때 조석여曹錫輿가 감
사로 부임했는데 매우 사나웠다. 하루는 사무적인 일로 엄하게 꾸
짖으니 '태호'는 분하고 원통하여 방에 돌아와 문을 닫아걸고 상심
하고 있었다. 마침 '규호'가 승지를 역임하고 형의 관아에 머물고 있
던 판이라 주먹을 불끈 쥐며: "저것이 어찌 감히 이럴 수 있는가!"
하고 선화당으로 달려갔다. "조석여야! 너는 세상에 민규호가 있는
줄을 모르느냐? 사대부가 비록 보잘것없는 음직에 있다 해도 어찌
쥐새끼 같은 너희들의 발길질 대상이 된다는 말이냐?" 하고 외치며
그의 갓을 부수고 상투를 틀어잡고 주먹질을 해대니 '석여'는 어찌
할 도리가 없었고, 이윽고 이 일을 심히 부끄러워하다가 드디어 해

임되어 돌아가고 말았다.

◆ (p.32, 33)特諡閔升鎬曰忠正. 升鎬無子, 明成后謀立嗣. 時諸閔若謙鎬·斗鎬·觀鎬, 皆有子, 欲立之, 而后意無可者. 台鎬有一子, 曰泳翊, 屬稍遠, 而穎慧夙成, 后意屬之. 台鎬拒不從, 台鎬弟奎鎬, 脅之曰: "天意安可違也? 不如共圖富貴." 台鎬從之. 泳翊遂爲升鎬子, 后大喜. 於是, 奎鎬爲吏曹判書兼都統使.

◆ 奎鎬兄弟, 只一子, 旣後升鎬, 兄弟並無子. 台鎬爲泳翊生父, 則代升鎬當路者, 當在台鎬, 而奎鎬幹略文筆, 皆過于兄, 且后以泳翊之出, 由奎鎬意也, 甚右之. 遂攘其兄位.

◆ 奎鎬少也. 甚貧, 與兄同居. 朝夕買豆粥, 兄弟對啜, 父死無棺槨, 藁薦裹之. 及爲安岳郡守, 其妻嘗貿細苧布, 奎鎬入見之, 嘆曰: "此布甚麤, 豈合命婦服? 可易之." 妻曰: "夫子不記貞洞敗屋中啜粥時乎! 此足矣, 何易爲?" 奎鎬大怒, 謂侮己, 蹴而出. 自是, 不入內, 遂無子.

◆ 近世權門推黃山, 黃山者, 金逌根也. 筆家推秋史, 秋史者, 金正喜也. 奎鎬慕之, 自號曰'黃史', 言權欲黃山, 筆欲秋史也.

◆ 明成后患用絀, 遂賣守令, 使奎鎬定價以進之. 奎鎬亦以近民之官, 不可賣, 欲其無應者, 如俸可萬緡, 則定二萬緡. 而應者愈競, 到官掊剝, 民重困, 奎鎬始悔之.

◆ 閔台鎬嘗爲海州判官時, 曹錫輿以監司臨之頗厲, 一日, 因事切責
之, 台鎬忿憤歸閉閣自傷, 奎鎬以前承旨, 留兄衙, 挼腕曰:"彼惡敢乃
爾!"徑奔宣化堂, 呼曰:"曹錫輿! 汝不知世有閔奎鎬耶? 士大夫縱蔭官
落拓, 豈汝鼠輩所藉蹴之物耶?"碎其冠巾, 倒其髻, 而拳毆之, 錫輿無
如之何, 已而深恥之, 遂解任歸.

5. 경대 김상현

◆ 김상현의 자는 위사요, 호는 경대이니,金尙鉉,字渭士,號經臺 사계 김
장생金長生의 후손이다. 대산 김매순臺山,金邁淳의(麗韓十大家의 한사람인
뛰어난 문장가) 제자이며 약관에 재주가 뛰어나 아름다운 문장으로
이름났으니, '김매순'의 시에서 '위사가 글을 지으면 붓끝에서 꽃이
나온다.'고 칭찬한 사람이며, 그때 신석희申錫禧가 북촌에 살며 호를
위사葦史라 하고 그도 글을 잘했기 때문에 당시 노론의 재사를 추대
할 때는 '북위사北葦史·남위사南渭士'라 말하곤 했다. '상현'은 거만하고
잘난 체하며 온 세상에 사람이 없는 것으로 알았으나 그러나 그의
글은 결함이 많고 시는 거칠었으며 사륙병려문四六騈儷文에 다소 능
한 편이었다. 대제학이 되어서는 나이도 많고 재주도 무디어지니 후
배들이 모두 따르지 않았으며, 평양감사 시절에는 뇌물로 인하여 청
렴하지 못하다는 비난을 받았다.

◆ 경대(김상현)는 어려서 광주에 살며 정다산丁茶山에게 수업했다. 차츰 나이가 들자 다산이 예의를 갖추어 돌려보내면서 말했다: "그대는 노론의 명문가로 어찌 나를 스승으로 삼아 동료들의 비방을 들으려는가? 북촌의 김대산金臺山이 진정한 그대의 스승이니 그분을 스승으로 삼으라."하였다. 경대는 드디어 대산의 뛰어난 제자가 되었으나, 그러나 그가 지도를 받은 연원은 바로 다산이다. 늙어서 후배들에게 대산을 부를 때는 반드시 선생이라 하고, 다산을 부를 때에는 바로 다산이라 부를 뿐이었으니 세상은 이 때문에 그를 얕잡아보게 되었다.

◆ (p.36)金尙鉉, 字渭士, 號經臺, 沙溪之後也. 出臺山金邁淳之門, 弱冠穎秀, 藻章播譽, 邁淳詩有曰: '渭生吐詞花生筆'者也. 時申錫禧居北村, 號韋史, 亦能文. 故一時推老論才子曰: '北韋史·南渭士.' 尙鉉簡亢自高, 視擧世無人也. 然文多疵纇, 詩麤疎, 稍工四六, 及爲大提學, 年老才又退, 後輩甚不服. 其按箕營也, 又有簠簋之謗.

◆ 經臺少時居廣州, 受業于丁茶山. 年秒長, 茶山謝遣之曰: "子老論名家也, 何可師我以速儕類之譏? 北村有金臺山, 眞子師也. 子其師之." 經臺遂爲臺山高弟. 然指授淵源, 則固茶山也. 旣老, 對後輩, 稱臺山, 則必曰先生, 茶山直曰茶山而已, 世由此薄之.

6. 다산 정약용

◆ 정다산丁茶山의 이름은 약용若鏞이니 남인이다. 정종 조에 등과하여 관직은 승지에 그쳤지만 일찍이 초계문신抄啓文臣으로 내각에 들어가 크게 기량을 칭찬받았고 이 때문에 많은 사람의 시샘을 받게 되었다. 형 【정약종】의 옥사에 연좌되어 강진에서의 19년의 유배생활 끝에 풀려났다. 유배생활 동안 하는 일이 없으니, 고금의 서적을 연구하고 민생과 국가정책에 더욱 뜻을 두었으며 그 토론과 저술은 처음부터 끝까지 한 가지도 빠뜨린 것이 없어서, 유용한 학문이 되었고 모두 후세에 본받을 만한 것이 되었다. 목민심서牧民心書·흠흠신서欽欽新書·방례초본邦禮草本·전제고田制考 등이 그렇다 할 것이다. 우리나라에 있어서 아마도 전무후무한 것이 될 것이며, 유번계柳磻溪 이성호李星湖의 학문에 비교해도 오히려 더 방대하고 막힘이 없다 할 것이다. 그 시문과 잡저로 또 여유당집與猶堂集 200권이 있으며, 또한 의학부문에도 매우 밝았다.

◆ 다산이 그의 형의 죄에 연좌 체포되어 범죄사실을 진술할 때: "군왕을 속일 수 있습니까? 군왕은 속일 수 없습니다. 형을 고발할 수 있습니까? 형을 고발할 수는 없습니다."말하니, 세상에서는 공과 사의 윤리와 의리를 다하고, 말하기 힘든 묘법을 함께 갖추었다 평했다. 다산은 귀양살이 19년 동안 괴롭고 험한 일을 빠짐없이 맛보았으나 아무 낌새도 보이지 않았으며, 일찍이 북으로 돌아가는 유배객을 전송하며 시 한 수를 지어 부채에 적어 기증했는데 그 첫

구절은: '역참에 가을비 내려 송별은 늦어지고' 다음 구절은: '이릉李陵이 한나라에 돌아갈 날은 기약이 없다네.' 하고 적은 다음 붓을 놓고 길게 탄식하며 처연히 눈물지었다. 그 사람이 서울에 이르러 정승을 알현하는 자리에서 무심코 부채를 보였더니 정승이 놀라서 하는 말이: "정 아무개가 아직도 살아있단 말인가?" 하더니 이윽고 석방되었다 한다.

◆ 다산의 뛰어난 기억력을 세상은 계곡 장유谿谷,張維와 비교한다. 강산 이서구薑山,李書九 정승이 일찍이 영평(抱川,永平)을 출발하여 대궐에 가는데 길에서 한 소년을 만났다. 그는 말에 책을 한 짐 싣고 북한산 사찰을 향해가고 있었다. 열흘 남짓 지나서 집에 돌아가는 길에 또 그 소년이 책을 한 짐 싣고 오는 것을 만나게 되어 괴이하게 생각하고: "너는 무엇 하는 사람인데 책은 읽지 않고 부지런히 오가기만 하느냐?"하고 물었더니, 소년이 대답했다: "이미 다 읽었습니다." 정승은 놀라서: "싣고 있는 책이 무엇이냐?"하니, "주자강목입니다."하고 대답한다. "강목을 어찌 열흘에 읽을 수 있단 말이냐?"했더니, "읽기만 한 것이 아니라 외울 수도 있습니다."한다. 정승은 수레를 멈추고 여기저기 뽑아서 시험했더니 책을 보지 않고 돌아앉아 거의 다 외웠다. 소년은 바로 다산이었다.

◆ 다산은 타고난 재주가 뛰어나 제자백가에 달통했으나 실용의 학문에 힘썼기 때문에 그의 저술은 자질구레한 것까지 옛 성현과 부합하기를 추구하지 않았으니 어렴풋이나마 잡박한 병통이 있

었다. 비록 마단림馬端臨이나 고염무顧炎武 등에게는 부끄럽지 않았다 하더라도 그의 문장은 마침내 명·청明淸이래의 여러 이름난 문장가에는 미치지 못했다. 그러나 이것을 가지고 그를 쉽게 볼 수는 없는 일이다. 큰아들 유산 【정학연】이 일찍이 추사 【김정희】를 맞이하여 여유당집을 검토하여 그 버리고 취할 곳을 정하려 했다. 살피기를 마친 추사가 유산에게: "선공의 평생대업은 참으로 위대합니다. 지은이에 대하여 실로 나는 감히 알지 못하니 어찌 버리고 취할 수 있다 하겠습니까? 어찌 원고 전체를 보존하여 후세의 자운(子雲, 漢의揚雄) 같은 대 문장가를 기다리지 않으시렵니까?"말했다. 추사의 글은 까다로워 소품과 서간문에 그쳤지만 재주가 뛰어나고 박학하여 확실한 안목을 갖추고 있었다.

◆ 사대부들이 사색으로 분당되고부터는 비록 명석하고 유능한 큰 선비라 하더라도 모두가 붕당과 출신에 구애되어 논의가 자못 치우쳤으나, 오직 다산은 마음이 트이고 넓어 바르고 어진 이를 스승으로 삼고 선배들에게 결코 좋고 싫은 선입견을 갖지 않았으니 이 때문에 남인들마저 크게 꺼리고 박대했다.

◆ 상감은 한마음으로 나라의 부강을 바라 어지럽게 제도를 바꾸어 보았으며 여러 신료들 가운데 의지할 사람 없음이 한이 되었다. 을유·병술 년(1885~6년)에는 여유당집을 들이라는 명을 내리고 같은 시대에 태어나지 못한 것을 한탄했으며, 이윽고 그의 증손 【정문섭】을 대과에 발탁하였다. 지금 시행하고 있는 13부(道)제도

는 다산의 의도를 미루어 시행한 것이다.

◆ 다산의 저술은 하나도 간행을 보지 못했으니 사사로이 서로 필사하여 단행본으로 돌아다닌다. 흠흠신서·목민심서는 지방행정과 소송을 처리하는데 절실히 필요한 책임으로 비록 논의와 가는 길이 다른 사람들도 보물로 소장하지 않은 사람이 없었으니, 이미 수백 본에 이르렀으나 필사과정에 오자와 탈자가 많아 읽기 어려우며 더구나 '정문섭'이 무식해서 원고전체를 팔아버렸다.

◆ (p.36, 37, 38)丁茶山, 名若鏞, 午人也. 正宗朝登科, 官止承旨. 嘗以抄啓文臣, 入內閣, 大被器賞, 由是猜嫉者衆. 坐兄若鍾獄. 竄康津十九年, 始宥. 謫居無事, 研究古今, 尤留心民生國計. 討論著述, 窮源極委, 要爲有用之學, 而皆可爲後世法. 若牧民心書 欽欽新書 邦禮草本 田制考等諸書, 是也. 在東方, 殆可謂曠前絶後, 而比諸柳磻溪 李星湖之學, 抑亦益大以肆者也. 其詩文雜著, 又有與猶堂集二百卷. 又於醫理甚精.

◆ 茶山坐其兄被逮也, 陳供曰:"君可欺乎? 君不可欺也. 兄可證乎? 兄不可證也." 世以爲公私倫義兩盡, 儘具難言之妙. 茶山在謫十九年, 備嘗艱阨, 而無幾微色. 嘗送一遷客北歸者, 題一詩扇面贈之, 起句曰:'驛亭秋雨送人遲. 又曰:'李陵歸漢遂無期.' 擲筆長吟, 悽然流涕. 其人至京師, 謁時宰, 因無意以示其扇, 宰瞿然曰:"丁某尙游戲人間也?" 已而得釋.

◆ 茶山記性絶倫, 世擬之谿谷. 李薑山相國, 嘗自永平赴闕, 路遇一少年, 馱一擔書, 向北漢山寺, 旬餘還鄕, 又遇向者少年馱一擔書而出. 怪問之曰:"子何人, 不讀書, 但屑屑往來爲?" 少年對曰:"讀已了矣." 相國愕爾曰:"所馱者云何?" 曰:"綱目也" 曰:"綱目, 豈一句可讀者乎? 曰:"匪直讀也, 誦亦可能." 相國遂停車, 錯抽以試之, 略能背誦. 少年乃茶山也.

◆ 茶山天才旣高, 掩貫百家, 只務實用, 故其著述, 不規規求合古人, 而微有駁雜之病. 雖無愧於馬端臨 顧炎武諸人, 而其文章, 終不逮明淸以來諸名家. 然不可以此而易彼也. 胤子酉山學淵, 嘗邀秋史, 考校與猶堂集, 定其去就. 閱畢, 秋史語酉山曰:"先公百世大業, 固偉矣. 其於作家,吾實未敢知, 何以能去就乎? 闔存全稿以待後世之子雲?" 秋史文性硬澁, 止於小品尺牘, 而雋才博學, 眼目固自有也.

◆ 士大夫分黨以來, 雖稱通才大儒, 類皆拘攣門戶, 言議偏頗. 惟茶山, 心期坦蕩,惟善是師, 於先輩絶無愛憎, 由是大爲午人所厭薄.

◆ 今上銳志富强, 紛紛變更, 恨群臣無可仗者. 乙酉·丙戌間, 命進與猶堂集, 慨然有不同時之歎. 已而, 擢其曾孫文變大科. 今所定十三府制, 亦推演其意也.

◆ 茶山所著, 一未刊布, 而私相鈔寫, 單種各行. 至於欽牧兩書, 尤切於吏治獄訟. 故雖論議異趣之家, 無不珍藏, 今已數百本, 而但魚魯訛缺, 不可讀. 文變又頑鄙無識, 賣其全稿.

7. 명문의 후예들

◆ 충무공의 종손 【이문영】은 왜소한 외모에 못난 위인이었다. 병자년(1876년) 봄에 구로다黑田가 강화도에 정박하고 있어 조야가 두려워하고 있을 때, 마침 그가 대원군을 배알했다. 대원군이 농으로: "그대는 훌륭한 할아버지의 후손이니 왜놈을 물리칠 좋은 계책이 있는가?"물었더니, 대뜸: "대감 걱정 마십시오! 쉽게 막을 수 있습니다."한다. "무슨 계책으로?"했더니,

하는 말이: "충무공의 8세손이 이같이 못났는데, '기요마사'의 8세손이 무슨 뛰어난 용맹이 있겠습니까?"하여 듣는 사람들이 배꼽을 쥐게 했다. 당시 전하는 말로는 '구로다'는 '가토 기요마사加藤淸正의 8세손이요, '문영' 또한 충무공의 8세손이 된다 했다.

◆ 유학자로는 '우암'尤庵을 추앙하고 충훈으로는 충무공을 추앙했기 때문에 조정에서는 그 후손들을 매우 융숭히 대우하였으며 다른 명신의 후예와는 비교할 수 없었다. 다만 두 가문의 후손들은 관직에 있으면서 욕심 많고 깨끗하지 못해, 청렴결백으로 소문난 사람이 없었다.

◆ (p.47)忠武公祀孫文榮, 貌寢氣不揚. 丙子春, 黑田淸隆, 泊江華, 朝野震懼, 文榮適謁雲峴, 雲峴戱之曰: "君乃祖孫也, 破倭, 有何良策?"文榮應聲曰: "大監勿憂! 此易禦爾." "計將安出.?"曰: "忠武公八世孫, 乃爾屛劣; 正八世孫, 有何英勇?" 聞者絶倒. 時傳淸隆爲淸正八世孫, 而文榮距忠武公亦八世也.

◆ 先儒推尤庵, 忠勳推忠武, 朝家所以待其後者, 甚渥, 他名臣家無 與爲比. 但兩家雲仍, 居官貪汚, 無以廉白聞者.

8. 이어지는 민씨 세도

◆ 【민영익】閔泳翊이 과거에 합격하다. '영익'이 복을 입고 있을 때, 명성왕후는 손가락을 곱아가며 하루가 급하게 끝나기를 기다리고 있었으며, 과거를 보게 되어서는 '영익'이: "시험관이 【김병덕】金炳德이 아니면 응시하지 않겠습니다."하였으니, '병덕'이 청렴하고 인망이 있어 공정하게 선비를 뽑는다는 소문이 있었기 때문이다. 드디어 '병덕'을 시험관에 임명했고 그는 지시한대로 '영익'을 뽑았다. 그리고 지나는 길에 호신래呼新來까지 해주어 그의 평소 인망은 갑자기 떨어지게 되었다. 대원군이 듣고 탄식하며: "사람들은 성일聖一이 기재起哉보다 낫다 하더니 바른 생각이 아버지에 미치지 못하는 구나."했다. 기재는 '병덕'의 아버지 '흥근'의 자요, '성일'은 '병덕'의 자이다.

◆ 호신呼新은 고려 말에 권문세가의 나이어린 합격자에게 행하던 데에서 시작되어 우리 조정에 와서도 고쳐지지 않았다. 과거에 오른 사람이 있으면 명망 있는 선배 관료가 문 앞에서 불러내어 손짓해 부르고 나아가고 물러나며 꾸짖고 욕하여 심히 괴롭히며 이를 호신래呼新來라 부르며 일명 묵회墨戱라고 도 한다. 과거에 합격하고도

호신래 하는 사람이 없으면 이를 부끄럽게 여기고, 비록 선배라도 반드시 문벌이 서로 같아야 부를 수 있고 그렇지 않으면 불러도 나가지 않는다. 문과를 거치지 않은 선배는 문과합격자를 부를 수 없고, 오직 문과를 거친 사람만이 대소과를 겸해 부를 수 있다. 소과 출신은 소과합격자를 부를 수 없으며 반드시 세 사람이 연합해야 한 사람의 소과를 부를 수 있고, 무과는 역시 무과가 불러낸다.

◆ 시골 사람이 등과하면 문과무과 대과소과를 가리지 않고 집에 당도하는 날에 잔치를 하고 이를 도문到門이라 하며, 선영의 산소를 배알하는 것을 소분掃墳, 친지를 방문하며 마을을 도는 것을 유가遊街, 유가할 때 광대들이 피리를 불며 앞에서 인도하는 것을 솔창率倡, 가난한 합격자에게 친지들이 돈을 걷어 비용을 대주는 것을 과부科扶, 문려門閭와 선묘先墓에 화표문을 세우는 것을 효죽孝竹이라 하는데, 효죽은 영호남에서 성행하고 서북지방에는 없으며, 서울에서의 유가는 3일을 넘지 않는다.

◆ 상감은 스스로 노론으로 자처하며 여러 신하들을 삼색으로 구별하여 차등을 정했다. 참하관의 출육出六이(7품에서 6품관으로 승진) 가장 화려한 것인데 노론은 대교待敎, 소론은 한림翰林, 남인 북인은 주서注書를 시키는 등, 차별이 심했으며 다른 관직도 이와 비슷했다. 대과 합격자의 호명을 들을 때마다 노론은 그 친구, 소론은 그쪽, 남인 북인은 그놈이라 했다.

◆ '민영익'은 관직에 들어가 다음날에 대교待敎, 그 다음날에 한림翰林, 또 그 다음날에는 주서注書가 되어 모든 화려한 자리를 거치지 않은 곳이 없었고 일 년 만에 통정通政의 직급에 뛰어올랐다. 전하 내외가 극히 사랑하여 들어주지 않는 말이 없었으니 하루에 세번 대궐에 들렀다. 퇴청하면 빈객들로 붐벼 뒤에 온 사람은 종일을 기다려도 배알을 못하는 형편이었다. '민규호'가 상감에게: "젊은 애는 독서하고 수양함이 마땅하며 요직에 있어서는 아니 됩니다. 나라 일을 그르치면 사람들의 비방을 받기 때문입니다."말했다. '영익'이 이를 전해 듣고 언짢아하여 '규호'가 일을 아뢸 때마다 방해하고 어지럽히니 드디어 틈이 생기게 되었다.

◆ 겨울에 '민규호'가 죽었다. 그는 문자를 알고 지혜와 계략이 뛰어나 전하 내외의 뜻을 잘 받들었음으로 심히 그를 의지했다. '영익'이 나타나서 권력이 나누어지자 그는 이를 매우 분하게 여기고 화병을 얻고 날마다 석고 두 냥을 복용하다가 죽었다. 죽기 며칠 전에 정승 이름 얻기를 원하니 당일에 인사행정을 열어 우의정에 임명하고 일족 중에서 '영소'를 후사로 세우고 다음날 대과에 발탁했다. 대원군이 책상을 치며: "정승이 되고 싶으면 정승이 되고, 대과를 하고 싶으면 대과를 하니 오늘날이 바로 '규호'의 세상이란 말이냐?"하고 소리쳤다.

◆ '규호'가 죽자 황해감사 '태호'를 불러들여 '규호'와 똑같이 의지했다. '태호'는 자상하고 신중하여 감히 전단을 못하고 왕왕 빠지고

지체된 것을 명확히 기록하여 칭찬을 받기도 했다. 그러나 '승호'의 아우 '겸호'가 세도로 자처하고, '영익'도 그 사이에 끼어들었으니 이 때문에 권력이 옆으로 새어나가 '규호'에 미치지 못했다.

◆ 【민겸호】는 욕심 많고 비루하며 무식하여 집과 정원의 외관을 지극히 아름답게 꾸미고 뇌물과 청탁을 거르는 날이 없었으며, 벼슬을 팔고 뇌물을 받고 형벌을 경감하도록 상감을 유도하는 일을 모두 주관했다.

◆ 【민영목】閔泳穆은 '영익'의 먼 친척이다. 문장이 화려하고 방향을 알며 다른 민씨들 보다는 다소 뛰어나 초고속으로 발탁되었고 몇 해 안에 판서에 이르렀다. 이에 영위·영규·영상泳緯,泳奎,泳商의 무리가 줄지어 요직에 앉고 밖으로 수령방백과 실속 있는 자리는 모두 민 씨들이거나, 아니면 그들의 인척이었다. 또한 명성왕후는 사가에 탐닉하여 민씨 성이면 멀거나 가깝거나 한결같이 보아주었으니, 몇 년 사이에 먼 시골까지 모든 민씨 성을 가진 자는 기세가 등등하여 사람을 물어뜯을 기세였다. 그러나 모든 민 씨들은 모두 입양된 사람들로 민정중·민유중閔鼎重,閔維重의 혈손은 '영익' 부자와 '영위' 뿐 이다.

◆ 문정공 송준길宋浚吉은 우복 정경세鄭經世의 사위가 되고, 민유중閔維重은 문정공의 사위가 된다. 명성왕후는 송 문정공의 가문의 외손이 되고, 이로 미루어 정씨도 외척과 같이 보았으니, 두 가문의

후예들이 크게 은혜를 입어 과거급제와 벼슬자리가 줄을 이었다. 당시 상감은 운현궁의 일로 골육을 꺼리고 싫어하여 사이가 나빴으니, 어떤 이는 "내전은 도탑고 화목함을 덜어내고, 상감은 도탑고 화목함을 더했으면 좋겠다."고 말했다. 왕후는 '경세'를 우복 할아버지라 불렀다.

◆ 왕후는 총명하고 기억력이 뛰어나 조정의 기강과 전례, 당색의 근원과 파벌, 문벌의 높고 낮음을 모두 암기하고 있었으니, 모든 소론과 남인의 엄격한 논의를 일으켰던 가문은 일체 배척하고, 인현왕후에게 충성을 바쳤던 인물의 자손은 비록 영락했더라도 끝까지 찾아 발탁했다.

◆ (p.47, 48, 50, 51)閔泳翊登第. 翊之守制也, 明成屈指急一日. 及將科之, 泳翊言:"恩門, 非金炳德不科." 以炳德有淸望, 試士稱秉公也. 遂差炳德主考, 炳德不能違, 擢泳翊. 又過而呼新, 素望頓減. 雲峴聞之嘆曰:"人云聖一勝起哉, 正自不及." 起哉, 炳德父興根字, 聖一, 炳德字也.

◆ 呼新, 昉自麗末紅粉榜, 入我朝不改. 遇登科者, 先進名宦, 到門呼出, 招之魔之, 進退罵辱之, 極其困苦, 名曰新來, 一稱墨戲. 登科而無呼新來者, 世以爲羞. 雖先進, 必門地相等, 乃敢呼, 不然, 呼之不出. 先進非由文科進者, 不敢呼文科, 惟文科者, 兼呼大小科, 小科不能呼小科, 若呼之, 必三小科聚列, 乃呼一小科. 武科亦武科者, 呼之.

◆ 鄉人登科 不揀文武大小, 以抵家日, 設宴曰到門, 謁先墓曰掃墳, 歷訪知舊行閭里曰遊街, 遊街時, 優倡簫笛以導前曰率倡, 貧者, 知舊釀錢資給曰科扶, 建華表門閭及先墓曰孝竹, 孝竹, 兩南人盛行之, 西北則無. 京中遊街, 不過三日.

◆ 上以老論自處, 對群臣區別三色, 殊貶薄. 若參下官之出六也, 極其青華, 老論則待教, 少論則翰林, 南北則注書, 以此軒輊, 他官類是. 每聞大科臚唱, 老論則曰親舊, 少論則曰彼邊, 南北則曰厥漢.

◆ 泳翊旣釋褐, 明日爲待教, 明日爲翰林, 明日爲注書, 凡淸貫華啣, 無不周流, 一歲間超通政. 兩殿絶愛之, 言無不從, 日三詣闕, 退則賓客塡咽, 後至者, 終日不得謁. 奎鎬言于上: "年少輩宜讀書晦養, 不可使之當塗, 以僨事於國, 取譏於人." 泳翊聞之不悅, 每奎鎬奏事, 泳翊從而沮撓, 遂與有隙.

◆ 冬閔奎鎬卒. 奎鎬解文字, 饒智數, 善伺兩殿, 而巧承之, 兩殿甚倚之. 至泳翊出, 權爲之岐, 奎鎬愼之, 病火, 日服石膏二兩而死. 死前數日, 乞得政丞名, 卽日開政, 拜右議政. 立族人子泳韶爲嗣, 明日擢大科, 雲峴拍案叫曰: "欲相則相, 欲科則科, 今日直奎鎬世界耶?"

◆ 奎鎬死, 台鎬以海伯召入, 上倚毗一如奎鎬. 台鎬詳愼不敢專, 往往甄錄遺滯, 頗得時譽. 然謙鎬以升鎬之弟, 自處勢途, 泳翊又介其間, 由是威權旁落, 不及奎鎬之時矣.

◆ 謙鎬尤貪鄙無識, 治園第, 窮聲色, 圖囑賄賂, 無虛日. 凡導上賣官
鬻獄諸秕政, 皆主之.

◆ 閔泳穆, 泳翊疎族也, 有文華, 識方嚮, 於諸閔, 稍佼佼. 亦被超
擢, 數歲至正卿. 於是, 泳緯·泳奎·泳商之徒, 列居華要, 外至方伯守
令, 腴窠皆閔也, 非閔則閔之戚婭也. 又明成溺於私家, 姓閔則無疎近
一視之, 數年之間, 延及遐鄕, 凡閔姓者, 揚揚凌厲, 有囓人之勢, 然諸
閔, 皆出螟養, 其爲鼎重 維重血屬者, 泳翊父子及泳緯而已.

◆ 宋文正公浚吉, 爲鄭愚伏經世之婿, 閔維重爲文正之婿. 明成於文
正家, 有彌甥之義, 又推之鄭氏, 視如外戚, 兩家之裔, 大被恩眷, 科宦
相踵. 時上以雲峴之故, 疎忌骨肉, 如嫌隙然. 或者曰:"內殿減敦睦, 大
殿增敦睦, 則好矣." 后呼經世爲愚伏祖.

◆ 后聰慧有記性, 朝章典故, 黨色源派, 門閥高下, 皆闇識之. 凡少論
南人峻論之家, 一切擯斥之, 效忠於仁顯王后者子孫, 雖流落, 必窮搜
而拔擢之.

9. 포도대장 신명순

◆ 서울의 동쪽과 서쪽의 교외·남산·북한산 비탈에는 절집이 많다. 무뢰배들이 머리 깎고 승복을 걸치니 외모는 승려 같으나, 움집에서 부녀자를 희롱하고, 더구나 액정서 관리나 궁인들과 친압하여 강도를 끼고 재물을 강탈하기도 했다. 더러 체포되는 일이 있어도 바로 밀지가 내려와 석방되었으니, 이 때문에 도둑 검거령이 엄하게 내려와도 도둑은 끝내 수그러들지 않았다. 신명순申命淳이 포도대장이 되어서, 일찍이 13명의 도둑을 잡았더니, 바로 석방하라는 왕명이 내려왔다. 그는 이에 불응하고 한꺼번에 도둑들을 박살내버리고 성난 목소리로: "소굴을 뿌리 뽑지 않으면 분이 풀리지 않는다."소리치며 포졸들을 시켜 그들의 암자를 불태우고 불상을 묶어 오도록 하니, 불상 4·5구를 밧줄로 꽁꽁 얽어매 종로 거리를 뚫고 지나갔는데 구경꾼이 거리에 가득했다. '명순'은 대장의 인수를 풀어들고 탑전에 나아가: "신은 왕명을 받들지 못했으니 그 죄가 만 번 죽어 마땅합니다."하고 아뢰었다. 이윽고 면직되어 바깥출입을 끊고 소요하다가 몇 해만에 죽었다.

◆ '신명순'은 관직을 거치는 동안 명성과 업적이 매우 두드러졌으며, 선비를 가까이 하고 우아하게 시 읊고 수작하며 가벼운 갖옷과 느슨한 띠로 상징되는, 여유 있고 느긋한 풍모를 지녔으나, 의리와 용기가 필요한 곳에서는 결연히 다른 것을 돌아보지 않았다. 정승 '이경재'의 일족이 정승 집의 노비에게 욕을 당하고 정승에게 호소

했더니: "네 스스로 조심하면 그럴 리가 있느냐?"하고 비웃으며 살펴주지 않았다. 그는 더욱 분해 스스로 결단하기로 하고 '당세에는 오직 신 모 씨에게 이 일을 말할 수 있으니 그분도 다스려주지 않으면 그때 죽어도 늦지 않다.'생각하고 찾아가 곡절을 말했더니, '명순'이 웃으며: "이는 그대 집안의 정승이 할 일인 것을, 어찌 나까지 번거롭게 하는가? 가서 책이나 읽으라."했다. 그는 문을 나서며: "운명이로다!" 한탄하며 집에 와보니 노비는 이미 잡혀갔고 잠시 후에 죽었다는 소식이 왔다. 그의 풍모의 과감성은 이와 같음이 많았다.

◆ (p.52)京師東西郊 南山 北漢之麓, 多僧院. 無賴輩, 剃頭被緇, 貌直僧耳. 窟室淫婦女, 尤狎挾鬟, 或挾强盜剽掠, 往往被捕, 而旋有中旨放釋. 是以, 戢盜之令雖嚴, 盜終不衰. 申命淳之爲捕將也, 嘗獲十三盜, 上遽命釋之. 命淳不聽, 一時撲殺之, 悉曰: "窩不刬, 則憤不泄." 遂命捕卒焚其菴, 縛佛以來. 佛四五軀, 累累帶徽索, 穿鐘街而去, 觀子塞巷. 命淳解將符, 進楊前曰: "臣不能奉旨, 罪合萬死." 已而被逮, 杜門逍遙. 數年卒.

◆ 命淳歷職前後, 聲績甚著, 親近儒士, 雅歌勸酬, 有輕裘緩帶之風, 而義勇所激, 決然不顧. 李相景在族子某, 被李相家奴所辱, 訴諸李相, 李相嗤之曰: "汝自愼飭, 安有此理?" 漫不省. 某愈忿, 欲自裁, 念當世惟申某可以語此, 申又不理, 死何晚, 往告之故, 命淳笑曰: 此君家相國事也, 何煩我爲? 第去讀書. 某出門嘆曰: "命也夫!" 抵家則奴已逮矣, 須臾報死. 其風裁果敢, 多此類也.

10. 종두種痘의 시작 (1880년)

◆ 우리나라에서 천연두의 존재는 어느 시기에 시작된 것인지 모른다. 자연으로 전염되는 것을 시두時痘라 부르니 때가 되면 감염되기 때문이다. 백 년 전부터 사람의 기술이 점점 늘어 옮겨 심는 법을 창안하여 종두라 불렀으니, 심어서 감염시키기 때문이다. 시두는 증세가 심해서 요절하는 사람이 줄을 이었지만, 종두는 독이 점점 줄어서 치료하기가 비교적 쉽다. 근세에는 우두법牛痘法이 서양에서 시작되어 전 세계에 파급되어 이미 수십 년을 성행했으나 우리나라는 아무소리도 듣지 못하고 지냈다. 서울의 '지석영'은 통역하는 가문 출신으로 시와 서화를 공부하고 일본에 유학하여 우두법을 배웠고, 기묘·경진년(1880년)에 서울에 사무소를 만들고 외도 사람들을 영입 교습하여 차츰 팔도에 두루 시행하게 되었다. 종두는 시두에 비하면 가히 완전하다 하겠으나 그러나 뜻밖에 죽는 자도 간혹 있었다. 우두가 나와 한사람의 실패도 없게 되자 종두를 폐지하게 되었지만, 우두도 시초에는 종두의 시작과 같이 의심하는 사람이 많았다.

◆ (p.57.)東方之有痘疹, 不知始于何代. 其天行傳染者, 謂之時痘, 以時至則染也. 百年來, 人巧漸通, 始刱傳種之法, 謂之種痘, 以種之則感也. 時痘證多險, 殤夭相屬. 種痘毒漸殺, 捄治較易. 近世牛痘之法, 自泰西延及五洲, 盛行已數十年, 而我國漠然未之聞. 京師有池錫永者, 象胥之家也. 攻小詩解書畵, 遊日本, 學牛痘, 以己卯·庚辰間, 設局京中, 延外方遊手教習之, 漸次行于八域. 種痘比之時痘, 可稱十全, 然橫折者間亦有之. 牛痘出而萬無一失, 種痘遂廢. 然方其始也, 人猶疑之, 如種痘之始.

11. 전주의 아전은 이충신이 되고

◆ '이봉구'李鳳九는 전주의 아전이었다. 풍수기술에 의지하여 '민영익'을 만나 '민치구'의 묘를 이장하게 되었다. 이윽고 급제하여 옥당玉堂에 들고, '박영교'가 어사가 되어 그의 재주를 추천하여 승지로 승진했다. 다시 '위엔스카이'를 알현하여 갑신정변의 역적토벌에 공로가 있었으며, 일이 끝나자 참판에 승진하고 우영사右營使에 제수되었다. 상감은 그를 이충신李忠臣이라 부르고 '위엔스카이' 또한 그에 관해 말하니 총애가 일세를 뒤흔들어 '남여'가 종가를 지나면 따르는 무리가 구름같이 모여들고 발자국소리가 땅을 울렸다. 시중에서는 사람들이 그를 손가락질하며: "저 사람이 전주의 장신將臣이다."하며 비웃었다.(많은 졸개를 몰고 다니는 대장에 비유한 것.) '봉구'는 교만하고 사대부를 무례하게 대접하니 다수가 미워하여, 모두가 "죽일 놈"이라 했으나, 여러 해를 넘겨 고향에 돌아와서 생을 마쳤으며 시호를 충절이라 했다.

◆ (p.87)李鳳九, 全州吏家也. 挾堪輿, 干閔泳翊, 遷閔致久之墓. 已
而登第, 內批玉堂, 朴泳敎御史時, 薦其才諝, 遷承旨. 至是, 謁袁世凱,
有敵개之勞, 事定, 陞參判, 除右營使. 上呼之李忠臣, 世 凱亦言之, 寵
傾一時. 籃輿過鐘街, 驪徒如雲, 足響殷地. 市人指而笑曰:"彼全州將臣
也." 鳳九驕溢, 接士大夫無禮. 衆嫉之, 皆曰:"可殺" 逾年歸以卒, 特諡
忠節.

12. 역적 가문의 항렬 글자를 바꾸다

◆ 여러 역적들은 모두가 명문거족 출신으로 일시에 기이한 역적
의 출현이 겹치니 문중에서는 이를 치욕으로 여기고 항렬 글자를
바꿨다. 김씨는 균均을 규圭로, 박씨는 영泳을 승勝으로, 서씨는 광光
을 병丙 재載를 정廷으로, 홍씨는 식植을 표枸로 바꿨다.

◆ (p.88)諸賊, 皆世臣大族, 而一時奇逆騈出, 宗黨恥之, 改其行列之
文. 金之均爲圭, 朴之泳爲勝, 徐之光爲丙, 載爲廷, 洪之植爲枸.

13. 청국의 기년을 폐지하다 (1895년)

◆ <u>이로부터 청국의 기년紀年을 폐지했다.</u> 그러나 달력의 첫머리 대조선개국오백사년 세차을미 아래에 아직도 시헌서時憲書 세 글자를 썼으니 기년은 개정했으되 아직 달력은 개정을 못해 청국의 달력인 시헌서를 준용한 것이다. 역曆이라 하지 않고 서書라 한 것은 또한 옛 것을 따른 것이니 청 고종의 휘가 홍력弘曆임으로 청나라 사람들은 역자 대신 서자를 사용하였다. 홍, 력, 두 글자는 갑오년 이전의 공문에는 모두 피해 썼으니 '김홍집'은 '굉집'으로 행세했고, 또 역관 중에는 현玄성을 가진 사람이 많았는데 연경에 가서는 항상 원元으로 행세하다가 지금에 와서야 비로소 성을 찾게 되었다. 이는 그들의 시조의 휘가 현엽玄曄이었기 때문이다.

◆ 시헌서를 고쳐 시헌력時憲曆이라 부르고 나라의 제삿날 경축일을 상단에, 태양력의 일월화수목금토를 하단에 기재하였다. 관청이나 개인이 준용해 쓰는 것은 모두 음력이고 오직 공문서 이첩에만 양력을 써넣었으니 수천 년의 습관을 졸지에 바꾸기 어렵기 때문이었다.(1896. 1월)

◆ (p.175,)廢淸國紀年始此, 然曆首大朝鮮開國五百四年歲次乙未之下, 猶署時憲書三字. 蓋紀年則改, 而曆尙未改, 故遵用時憲書, 其不曰曆, 而曰書者, 亦循舊也, 淸高宗諱弘曆, 故淸人代曆以書. 弘曆二字, 在甲午前公文, 皆諱之, 金弘集以宏集行. 又譯官多玄姓, 每入燕, 以元行, 至是始完其姓. 蓋聖祖諱玄曄也.

◆ 始改時憲書, 稱'時憲曆', 列書國忌 · 祀典 · 慶節于上欄之外, 太陽曆, 日月火水木金土于下欄之外. 公私遵行, 皆因陰曆之舊, 而惟朝野文移, 署陽曆月日. 蓋習慣數千年, 難乎猝變也.(p.203. 1896年)

14. 영은문迎恩門을 헐고 삼전도비三田渡碑를 엎다
(1895년)

◆ <u>영은문을 헐고 삼전비를 넘어뜨리다.</u> 문은 경성 서문 밖에 있고 명나라 때는 영조문이라 하다가 순치順治 이후에 영은 으로 바꾸어 불렀으니, 중국의 사절을 영접하는 곳이며, 비는 한강의 삼전도에 있는데 정축년 산성이 함락된 후 청국이 그들의 전공을 새길 것을 강요하여 '이경석'이 비문을 지은 이른바 천자가 십만 대군으로 동정을 했다고 새긴 비석이다. 몽고글자로 써서 우리나라 사람은 알아보는 사람이 없었으나, 청나라와의 단절을 결정하고 사대의 의식을 모두 삭제하기 위하여 이렇게 한 것이다. '김상용'의 후예인 '김가진'金嘉鎭은 소매를 걷어 붙이며: "이제부터는 여러 조정의 피폐했던 굴욕을 설욕하고 신하들의 원수를 갚을 수 있게 되었으니 개화로 인하여 얻는 이익이 어떠하오?" 하고 떠들었다.

◆ (p.176.)毀迎恩門, 掊三田碑. 門在京城西門外數里, 明時稱延詔門, 順治後改稱迎恩, 蓋迎中國詔使處也. 碑在漢江三田渡, 丁丑下城後, 淸人勒我國錄其戰功, 而故相李景奭撰其文, 所謂天子東征十萬其師者也, 以蒙古字書之, 故我人無解之者. 至是, 絕淸已判, 事大儀節盡削之, 故幷及于此. 金嘉鎭, 尙容之裔也, 攘臂言: "今而後, 足雪累朝皮弊之辱, 而報臣子之私讐, 開化之利何如?

15. 국호를 대한으로 개정하다 (1897년)

◆ 환구단圜丘壇을 쌓아 천지를 함께 제사하고, 일월성신日月星辰, 풍운뇌우風雲雷雨, 악진해독岳鎭海瀆(산,번진,바다,강),의 여러 신령에 미치게 했다. 단은 남쪽의 회현방 소공동에 동남향으로 세우고, 예조판서 '김규홍'의 상주로 의정 '심순택'이 결정했다.

◆ 9월 17일 계묘 일에 상감이 황제에 즉위하고 국호를 대한으로 정하다.

◆ 즉조당의 편액을 태극전으로 바꾸어 걸었다가 이윽고 중화전中和殿으로 고쳤다. 달력의 명칭을 명시력明時曆으로 개정하고, 태극기를 국기로 정하였으며, 즉위 일을 계천기원절로 삼았다. 경축예식비용이 오만 원이오, 어보에 필요한 금 일천 양의 값은 사만오천 원이다.

◆ 〚한강철교〛한강에 철교를 가설하고 경인철도 개통에 대비하여 인천에 행궁을 짓다.(1899년)

◆ 〚1900년〛경인철도가 개통되어 하루에 네 번 왕복하다. 종로에 처음으로 전등을 켜다.

◆ (p.224.)築圜丘壇, 合祭天地, 以及日月星辰, 風雨雷雨, 岳鎭海瀆諸神. 壇在南署會賢坊小公洞, 亥坐巳向, 據禮卿金圭弘所奏, 而議政沈舜澤裁定焉.

◆ 九月十七日癸卯, 上卽皇帝位, 改國號曰大韓.

扁卽祚堂額曰太極殿. 已而改以中和殿. 改曆名曰明時曆, 定國旗爲太極旗. 以卽位日爲繼天紀元節. 慶禮需用費五萬元, 御寶金一千兩, 價四萬五千元.

◆ 〚漢江鐵橋〛架鐵橋于漢江, 以京仁鐵道之將通也, 營行宮于仁川港.

(p.245.)

◆ 〚庚子年〛京仁鐵道始通, 一日四往返. 京城鐘街, 始燃電燈.

(p.260, 261.)

4장

암
행
어
사

※. 암행어사는 직지(直指)·수의(繡衣)라고도 부르는 조선조의 독특한 제도이다. 조선조 초기에는 분대어사(分臺御史)·행대(行臺)·찰방(察方)·문민질고경차관(間民疾苦敬差官) 등 중앙에서 파견하는 감찰관이 있었고, 16세기에 접어들면서 지방 수령과 무장 들의 자질이 떨어지고 이들의 비리가 계속되어 사회문제가 되자 마침내 암행어사라는 관직이 제도화 되었는데, 암행어사라는 명칭은 중종 4년 (1509) 11월 기록에 처음 나타나며, 성종 말기에 시작되어 이때에 공식화된 것으로 추정된다. 조선 후기에는 암행어사가 더욱 활성화되어 숙종에서 정조 시대를 거치면서 임명방식, 임무규정, 운영방안이 체계적으로 정비되었다. 그 결과 후기에는 어사하면 으레 암행어사를 지칭 할 정도가 된 것이다.

1. 판서 이시원

◆ '이시원'李是遠의 호는 사기沙磯이며, 나이 27에 과거에 급제하였다. 그의 5세조 '진급'眞伋은 진유眞儒·진검'眞儉과 형제가 되는데, '진유와 진검'이 화를 입을 때 함께 연루되어 두 대에 걸쳐 귀양살이를 하게 되었다. '진급'의 손자가 '충익'忠翊인데 호는 초원椒園이며 강화의 초봉椒峰 밑에 살았다. 내쳐진 신분이라 관직생활은 할 수 없었으나, 의술에 밝고 풍수지리에도 정통하며 문장이 뛰어나서 세상에서 삼절이라 일컬었다.

일찍이 강화의 동둔포東屯浦에 산소를 정하고: "내 자손 중에서 반드시 세상에서 이름난 사람이 있게 될 것이다." 말하고, 또 "이곳은 백로가 물에 내려앉는 형국이니 백로가 모여들게 되면 발복하게 될 것이다."했다. 얼마 후에 아들인 '면백'이 진사에 합격하여 사람들이 축하를 할 때는 "아직은 아니다." 말하고, 손자 '시원'이 등과하기 몇해 전에 백로가 오기 시작하자 손가락을 곱아 보며: "괴이하다. 잘못된 것인가?"하고 의심하는 눈치더니, '시원'의 급제 소식이 전해지자: "이럴 줄 알았다." 하고 웃었다 한다. 오래지 않아 '충익'은 죽고, '시원'은 명예와 절조로 이름났으며 '시원'의 손자 '건창'은 문장으로 이름을 날리며 젊어서부터 명예를 탐하지 않고 겸손하여 세상의 이름난 관료가 되었다.

 '이시원'은 성품이 강직하고 사람들과 잘 어울리지 못했으나 관리로서의 능력이 탁월하여 첫 부임지 태천泰川에서 선정을 베풀었으며, 춘천을 다스릴 때에는 당시의 국구國舅인 '조병귀趙秉龜'가 경내에서 장례를 치르게 되어, 도내의 모든 수령들이 모두 몰려들었으나 '시원'은 가지 않았다. 오래지 않아 내쳐져서 낙향하였다가 다시 경기 어사로 발탁되었는데, 이때에 장계를 올려 탄핵한 관리의 수가 참판 이상이 8인, 참판 이하가 10인에 이르렀으며, 풍채가 늠름하여 한때 '십준팔초'十駿八軺의 민요가 있기도 했다.

 철종은 천성이 나약하고 어리석었으며 김씨들의 억제를 받아, 한 사람의 관리 임명도 스스로 결단하지 못했다. 그러나 잠저에 있을 때 '시원'과는 같은 고향이었으므로 이 승지가 좋은 관리임은 익히 들어 알고 있었다. 등극 후 관리의 임명 결재가 있을 때마다 '시원'의 이름이 명단에 있으면 차례를 무시하고 낙점해주었고, 일찍이 개성 유수 자리가 공석일 때는 손수 '시원'의 이름을 써넣어 낙점하였다. 그리하여 개성에서 3년을 벼슬살이 하는 동안에 '건창'이 관아에서 출생하게 되었으며 어려서는 이름을 '송열'松悅이라 불렀으니, 개성을 속칭 송도라 부른 까닭이다.

'사기 이시원'은 '경산 정원용'이 권문세가에 아부함을 미워하여 서로 화목하지 못했다. 철종 재위기간 동안에 '경산'은 주상의 의도를 미리 짐작하고 지냈으므로 경연석상에서 감사임명 추천이 있을 때에 멋대로 추천을 하여 이윽고 '사기'를 함경감사에 임명하는 명이 내려오게 만들기도 했다.

'사기'는 집이 가난하여 어려서부터 돗자리를 짜서 부모를 공양하였으며 관직생활을 시작한 다음에도 파직되어 돌아올 때마다 다시 돗자리 짜는 것을 사람들이 다 알고 있었다. 그래서 시장 사람들이 "이것은 이 승지 돗자리다." 말하곤 했다 한다.

◆ (p.20.)李是遠, 號沙磯, 年二十七登科, 其五世祖眞伋與眞儒·眞儉爲兄弟, 儒·儉敗, 連累伋家, 竄錮凡兩世. 伋之孫忠翊, 號椒園, 居江華椒峰下, 廢斥不仕, 而精于義, 兼通堪輿, 文章奇峭, 世稱三絶.

嘗占山于江華之東芚浦曰: "吾子孫必有名世者." 又曰: "此白鷺下水形, 白鷺來集則當發." 其子勉伯, 中進士, 或賀之, 忠翊曰: "未也" 是遠登科前數歲, 白鷺稍來集, 忠翊屈指曰: "怪哉! 豈誤耶?" 及是遠臚報之, 笑曰: "固知有是." 未幾, 忠翊卒. 是遠以名節顯, 其孫建昌, 文章鳴於一時, 又早歲恬退, 爲世名臣.

李是遠之性峭直, 與人多不諧, 而長于吏才, 始宰泰川, 有善政, 其宰春川也, 趙秉龜方以國舅, 有葬役於境內, 一道守宰, 輻湊恐後, 獨是遠不往. 已而被斥歸, 又爲京畿御使, 其書啓所彈劾者, 參判以上爲八人, 以下爲十人, 風采凜凜, 一時有十駿八鶻之謠.

哲宗天賦柔闇, 又爲金氏所制, 官一人, 不能自斷. 而其在潛邸也, 與是遠幷鄉, 慣聞李承旨爲好官員, 心獨識之. 登極後, 每當政批, 見是遠名在注擬, 則雖處副望·末望, 必欣然越次落點. 開城留守嘗缺, 御筆添書是遠名, 因以點之. 居開城三歲, 建昌生于留衙, 故小名曰松悅, 俗稱開城曰'松都'.

沙磯嫉經山之諂附權門, 與之不合. 至哲宗中, 經山見其方爲主上所嚮, 嘗於筵中薦藩任, 邃漫及之, 已而有咸鏡監司之命.

沙磯家貧, 自少時, 嘗編莞席, 以供甘旨. 立朝後, 每罷官歸, 則又復編席, 市人皆識之, 輒曰: "此李承旨席."

2. 어사 이건창 (1877년)

◆ 가을에 어사를 파견하여 빈민 구제를 살피고, 수령 가운데 탐
관오리를 가려 탄핵하다. 충청 우도의 '이건창'과 전라 우도의 '어윤
중'이 가장 명성이 있었으며, 나머지는 관례에 따라 행동할 따름이
었다. 충청 감사 '조병식'의 뇌물 소문이 무성함으로 '건창'은 이를
조사하여 그 죄상을 상주하였으나, 충청좌도 어사 '이승고'는 백성에
게 복을 주는 관리라 하여 오히려 포상을 신청하니 옳고 그름이 전
도되는 일이 이와 같았다.

'조병식'은 민씨 집안과 대대로 친교를 맺고 지내는 왕성한 세력
을 지닌 인물이고, '이건창'은 하찮은 젊은이로 의지할 곳 없이 홀로
굳게 풍모를 지키려는 처지였으니 사람들은 이를 우려했다. '민규호'
는 '병식'을 강력히 비호하여 재조사를 명하기에 이르렀으나, 그러나
공론에 굴복하여 '병식'을 지도智島에 유배하고, '건창'은 함부로 인명
을 해친다고 무고하여 벽동군碧潼郡에 유배시켰다.

'건창'이 '병식'을 탄핵할 때 상감은 '규호'의 말을 듣고 심히 '병식'
을 두둔하여, 탄핵하는 문서를 노출시키지 않으려 마음먹고 은밀히
무예청 별감을 보내 도중에서 그 보고서를 탈취하여 포상을 신청
하는 내용으로 바꾸려고 했다. '건창'은 이를 탐지하고 지름길로 와
서 직접 승정원에 장계를 제출해 버리니 상감은 함부로 폭로한 것
이 노여워, 알현하는 자리에서 엄한 얼굴로 호통 쳤다: "고집 센 어

린 것이 어찌 '조병식'의 허다한 일을 아느냐?" '건창'이 황공하여 대답했다: "사실을 조사하려니 그렇게 아니할 수 없었습니다."

상감은: "보복한 것이 아니냐?"하고 물었는데, 이것은 '건창'의 선대와 '병식'의 가문이 신임옥사로[1] 인하여 대대로 서로 혐오하고 있었기 때문에 '민규호'가 아와 같은 말을 조작한 것으로, 이것을 가지고 함정에 빠트려 보려고 유도한 것이다. '건창'은 대답했다: "하늘에는 해가 계시는데 소신이 어찌 감히 그러한 일을 하겠습니까? 다만이 몸이 어사가 되어 직분을 다했을 따름입니다." 하고 간략히 그의불법사항을 진술하였으나 상감은 대답조차 않고 물러가라 명했다. 이로부터 상감은 '건창'을 짐짓 정직한 채한다 지목하고 크게 등용할 의사가 없게 되었다.

(p.38.)秋, 分遣御史, 察賑政, 擧劾守宰貪汚. 忠淸右道李建昌 全羅右道魚允中, 最有聲, 其餘, 循例而已. 錦伯趙秉式, 臟穢喧藉, 建昌按奏之, 而忠淸左道李承皐至, 以一路福星, 臚陳褒啓, 是非顚倒, 皆此類也.

秉式以閔氏狎客, 勢焰煊炙. 李建昌一薇少年, 獨持風裁, 無所貸, 時議多之. 奎鎬力庇秉式, 至令再査. 然屈於公議, 竄秉式于智島. 誣建昌以濫殺人命, 流碧潼郡.

建昌之劾秉式也, 上入奎鎬言, 甚右秉式, 欲彈章之不露也, 密遣武監二隷, 要中途奪其啓草, 換作褒詞. 建昌詗知之, 間道直呈政院, 上怒其沽訐, 方入對時, 天顔甚厲, 大聲問曰: "汝年少戇駿, 安知趙秉式許多事乎?" 建昌惶恐對曰: "擧實按事, 不得不爾."

上曰: "得無脩卻乎?" 蓋建昌先世, 與秉式家有辛任世嫌, 故奎鎬因以媒蘗也. 對曰: "天日在上, 臣何敢乃爾? 但身爲御使, 行御史事而已." 因略陳其不法, 上不答, 遽命引退. 自是, 上目建昌以矯激, 無大用之意.

3. 어사 이도재

◆ 이도재李道宰의 자는 성일聖一이요 호는 운정篔汀이니, 월사李廷龜의 후손으로 영락하여 세상이 말하는 가난한 선비가 되었고 계동의 쓸쓸한 골목에 살며 가난한 집에서 십여 년을 공부하여 진사가 되고, '민태호'의 처남 '윤고'尹栲와 함께 신사년 가을 성균관에서 거행된 도기과2)에 급제하여 임오년 가을에 경상어사에 제수 되었다. 바람처럼 신속하고 훌륭한 일처리 솜씨를 지녀 위엄과 명망이 크게 드러나게 되었다.

◆ (p.73.)李道宰, 字聖一, 號篔汀. 月沙之后, 而中衰以寒畯稱, 居桂洞窮巷, 十餘年讀書漏屋中, 成進士, 連有科望, 與閔台鎬妻之弟尹栲, 並中辛巳秋到記. 壬午秋, 除慶尙御史, 見事風生, 威望大著.

4. 자숙하는 이건창

◆ '이건창'은 '조병식'의 일로 징계를 받았음으로, 경기지방을 조사하면서는 남들이 하는 대로 처리하고 말았다. 이것은 대어는 노치지 않았지만 하찮은 일까지 들추어낸 잘못이 없지 않다고 스스로 판단했기 때문이기도 했다. 복명을 하자 상감은 장계를 읽어본 다음 그를 환영하며 이렇게 말했다: "이번에는 네가 사단을 일으키지 않았으니 희한한 일이로다."

◆ (p.74.)李建昌懲趙秉式之禍, 其按京圻也, 循例而止. 蓋旣無呑舟之不可漏, 而亦自不能無吹蘁之失也. 旣復命, 上閱書啓, 迎謂之曰: "汝今番不滋事端, 可貴也."

5. 최후의 어사 (1892년)

◆ 【이면상】李冕相이 주진독리駐津督理가 되어 천진에 부임하다. '이면상'은 전 판서 '홍민'의 아들이다. 전라도 어사가 되어서는 기생과 악기를 수레에 싣고 두루 사찰을 유람하며 불량배 수백 인을 몰고 다녔다. 어느 절간에 도착하든지 달을 넘겨 묵으며, 유람하고 먹는 것은 값을 따져주지 않았으니, 모든 사찰이 탕진되어 이것을 '어사난리'라 불렀다. 옛 제도는 어사는 법을 어긴 관리를 조사하여 부정

한 제물을 거두어, 이를 사징전查徵錢이라 부르고 해당 고을에 남겨 백성의 어려움을 도왔다.

그러나 '면상'은 각 고을에서 징수한 돈을 왕의 밀명으로 각 사찰에 실어 보내서 왕실의 푸닥거리 비용에 충당했다. 또한 세력 있는 관리와 부자의 명단을 만들어 교묘히 죄를 얽어 뻔질나게 잡아들이고 도내의 재물을 긁어모아 줄을 지어 진상하였다. 복명하는 날에는 거둔 재물의 목록을 보고서에 나열하여: "모 읍의 돈 몇 천 냥은 무슨 불사에 보내고, 누구의 돈 몇 백 냥은 모 암자의 불사에 보냈습니다." 하였으니 이것을 '불사서계'佛事書啓라 불렀다. 이것을 정원의 여러 승지들이 읽으면서 서로 한탄하기를: "어사는 '이면상'에 와서 망한다." 하더니, 얼마 아니 되어 관제가 바뀌어 어사제도가 없어졌으니 그 말 대로 되어버린 것이다.

◆ (p.124.)以李冕相爲駐津督理, 前赴天津. 冕相故判書興敏子也. 以全羅御史載妓樂周遊山寺, 群不逞隨馬後者, 常數百人. 每到一寺, 輒連月翱翔, 而食不論價, 諸寺蕩殘, 謂之'御史難離.' 舊例御史按事, 查覈官吏之不法者, 徵出贓逋之物, 謂之查徵錢, 必留本邑, 以補民瘼.

及冕相之查徵各邑也, 奉內旨輦送各寺, 以充祝聖齋醮之費. 又錄豪吏雄富, 文致羅織, 移囚旁午, 遂括一道之財, 進獻相續. 復命之日 條列查徵于書啓曰: "某邑錢幾千兩, 某寺佛事送, 某人錢幾百兩, 某菴佛事送." 時謂之'佛事書啓' 諸承旨在政院讀之, 相顧嘆曰: "御史亡于李冕

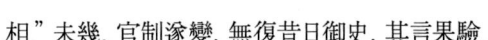

相.” 未幾, 官制遂變, 無復昔日御史, 其言果驗.

註

1) 신임옥사(辛壬獄事): 경종 때 영조의 대리청정문제를 일으켜 노론일파를 공격한 사화
2) 도기과(到記科): 성균관에 기숙하는 유생과 역원을 시험하는 대과

5장

과거시험

◆ 무인년(1878년) 봄에 정시과庭試科가 있었다.

조선왕조 말엽에 대과大科로 인재를 선발하는 방법은 그 종류가 매우 많았다.

1. 대과大科의 종류

◇ 식년式年[1])에 논술, 시체詩體, 대책對策을 시험한 다음, 오경을 시험하는: 동당과東堂科[2])(옛날의 進士科).

◇ 경사가 있을 때 동당에서 복시覆試를 행하는: 증광과增廣科

◇ 삼 년마다 한 번씩 방외자方外者[3])를 포함시키는: 정시과庭試科

◇ 상감과 동궁이 석전에 참여하고 성균관에 행차하여 뽑는: 알성과謁聖科

◇ 매년 봄 가을 생원 진사와, 성균관에 기숙하는 유생, 역원을 시험하는: 도기과到記科

◇ 재상의 자질들을 삼경의 한 책을 골라 왕 앞에서 돌아앉아 강하게 하는: 일차과日次科

◇ 경사 혹은 명절에 유생들을 궁전 뜰에 불러 뽑는: 응제과應製科

◇ 증광과와 비슷하나 대과만 뽑는: 별시과別試科

◇ 대보단大報壇[4]) 향사 후 병자년 전후의 척화 순절 명신의 자손을 뽑는: 충량과忠良科

◇ 서울의 대소과와 초시의 과장에 일이 생겨 시험이 취소된 경우에 바로 선비들을 모아 대소과를 뽑는: 윤차과輪次科

◇ 역모를 평정한 다음 바로 특설하는: 토역과討逆科

◇ 특별한 은전으로 시험관을 파견하여 한 도의 선비만을 뽑는:
도과道科

◇ 늙도록 낙방한 응시생을 위하여 늙은 선비를 모아 뽑는: 노인과
老人科

◇ 종친만을 모아 친친의 은덕을 베푸는: 종친과宗親科

이상이 그 대강이며 윤차과 이하는 자주 있는 일이 아니다.

(p.39.)戊寅春, 有庭試科. 國朝大科取士, 其目甚繁.

每式年, 先試論賦策, 後試明經, 曰東堂科, 卽古進士科也. 因邦慶而
覆試東堂曰增廣科. 間三年一設, 或通方外者, 曰庭試科. 値上及東宮親
釋奠, 因御泮宮取士, 曰謁聖科. 每春秋, 召試生員進士及館學齋任, 曰
到記科. 命宰相子姪, 就三經揀一秩, 親臨背講曰日次科. 有慶會或令
節, 令儒生赴試殿庭曰應製科. 類增廣而只取大科曰別試科. 每大報壇
享祀後, 卽其地, 試取丙子前後斥和殉節名臣子孫曰忠良科.

每京中大小科初試, 因場屋有事, 或至罷榜, 則旋聚士, 直取大小科曰
輪次科, 或鉏治亂逆, 趂時特設曰討逆科. 或以特恩, 命考官出外方, 只
取一道之士曰道科. 或爲擧子之老屈者, 聚老儒而選取之曰老人科. 或
聚宗姓而示親親之恩曰宗親科. 此其大較也. 而輪次以下, 不數數也.

2. 문란한 시험장

◆ 옛날의 정시과庭試科는 시험 입장이 매우 엄격하였다. 생원 진사 성균관유생 그리고 초시의 자격을 지닌 사람이 아니면 함부로 들어갈 수 없고, 들어가면 합격하더라도 중죄로 다스렸기 때문에, 지금까지 벼슬한 선배들은 반드시 소과와 대과를 거쳐야하고, 과거에 응시하는 사람들은 생원과 진사를 대과로 가는 순서로 알고 반드시 합격 하려하였다.

영조 말부터 나라에 경사가 있을 때는 은혜를 널리 확충하는 일이 시작되어, 종종 방외자方外者를 포함시키는 법이 있게 되었다. 방외자를 포함한다 함은 생원 진사 성균관유생에 국한하지 않는다는 말이니, 이에 광대나 천인들도 도포를 입고 유건을 쓰면 모두 선비가 되는 판이 되었다.

근세에 이르러서 조정의 기강은 날로 문란해 가고 과거제도 또한 날로 해이해지니, 과거시험장은 시장판이 되어 시끄럽고 붐비며 욕하고 싸우는 난장판이 되어서, 교활한 자는 옆 사람의 답안을 훔쳐 보기도 하였으니, 세상을 조롱하는 마음이 없을 수 없었다. 이 때문에 높은 재능을 가지고 널리 배워 뛰어난 포부를 지닌 이들은 모두 과거를 그만두고 고상한 취미로 소일하고 말았다.

◆ 정시庭試에서 거두는 답안지는 항상 십여 만 장이지만 실은 수

백 편에 불과했다. 시험장에 입장하는 사람들은 잡류들 백 사람에 선비 한 사람인 꼴이니, 한 사람이 답안을 만들면 천 사람이 베껴 쓰는 형편이며, 설사 엄한 형벌이 기다리고 있다 하더라도 금할 수 없는 일이었다. 시험관들은 정신이 피곤하고 눈이 어지러워 다 채점할 길이 없고, 답안지를 묶어놓고 손으로 더듬어 무작위로 뽑아 채점 할 뿐이었다.

◆ (p.40.)舊制庭試科, 場屋甚嚴, 不在生進館學儒生及帶初試之列, 不許闌入, 入而選者, 有重罪, 故先輩有宦業者, 必以小科兼大科, 擧子以生進爲大科之階梯, 期於必中.

自英祖末, 始推廣慶之恩, 往往有通方外之規, 通方外者, 不限生進館學等也, 於是, 優倡輿儓, 穿道袍着儒巾, 則皆士子也.

至近世, 朝綱日紊, 科制日弛, 場屋成街市, 囂呶雜遝, 詬罵鬪鬨, 稍黠者從傍邪睨, 未必無阮侮當世之心. 由是, 高才博學, 抱自奇之志者, 一切廢擧爲高致.

◆ 庭試收券, 每十萬餘張, 而其實不過數百篇. 蓋入場者, 雜流百, 而士子一, 一人製之, 千人謄寫, 設使待以黥劓, 不可禁也. 主司者, 神疲眼眩, 無以考校, 則束券而摸拔之.

3. 소과小科의 종류와 제도

◇ 소과에는 생원 진사의 구별이 있지만 속된말로 진사라 통칭하며,

◇ 초시는 상식년上式年인 寅,申,巳,亥,의 해에 시행하는 것을: 식년과式年科,

◇ 나라에 경사가 있어 시행하는 것을: 증광增廣,

◇ 매년 대사성이 선비 자제를 시험하여 한 해에 도합 열둘을 골라 뽑는 것을: 승보陞補,

◇ 외도外道의 감영, 유영,留營 병영에서 식년 가을마다 도내의 선비들 중에서 골라서 다시 시험하는 것을: 복시覆試, 또는 공도회公都會

◇ 응제대소과의 끝에 붙이는 것을: 응제초시應製初試라 하며,

◆ 삼 년이면 모두가 식년회시式年會試를 보기 때문에 속담에 초시는 천 명, 진사는 이백 명이라는 말이 있으나, 오직 증광회시增廣會試만은 다른 시험을 붙여서 시행할 수 없었으니 경사스런 모임이라 표전表箋의 문제가 출제되기 때문이다. 경서의 뜻 가운데 의심나는 곳을 풀이하는 의의疑義로 써 합격한 사람을 종장생원終場生員, 시詩와 부賦로 써 합격한 사람을 초장진사初場進士라 한다.

(p.41.)小科有生員進士之別, 而俗語統稱之曰進士. 其初試之設, 在寅·申·巳·亥·年者曰式年科. 因邦慶而設者曰增廣. 每歲大司成, 試揎紳子弟, 自正月至年終, 合十二, 抄而選者曰陞補. 外道監留營, 以每式年秋, 聚一道一都之士, 擇而再試之曰覆試, 曰公都會. 附于應製大小科之末者曰應製初試.

◆ 滿三年總赴式年會試. 故諺曰: 千初試, 二百進士, 惟增廣會試, 他不能附, 以其表出慶會也, 其文, 用疑義而中者曰'終場生員', 用詩賦而中者曰'初場進士'

4. 시험제도의 대강

◆ 그 시험의 법규는 초시 회시를 말론하고 먼저 시詩와 부賦를 시험하기 때문에 그것을 초장이라 하고, 하루 걸러서 의의疑義를 시험하기 때문에 그것을 종장이라 부르며, 회시에 합격한 사람은 초장 종장을 막론하고 모두 진사라 부른다. 그 합격자 발표는, 식년소과式年小科 합격자의 이름을 기록 출판하고 사마방司馬榜이라 부르며 중국에 보내진다. 증광시의 합격자 명단은 발간되기는 하지만 보내지지 않기 때문에 소과에서는 식년과가 가장 중요하다.

◆ 과장의 문체[5]는 육체六體라 부르는데 시와 부는 대소과 초시 회시에서 통용되고, 의疑와 의義는 소과의 초시와 회시에서 시험하고, 표表와 책策은 별시와 증광대과의 초시와 회시에서 시험하였으며, 표는 간혹 응제에 시험하였으나 시골 선비들이 사륙문四六文에 익숙하지 못하기 때문에 더러 서울에서는 표表를 시골에서는 부賦를 시험하는 경우도 있었다.

◆ 옛 제도에는 수령이 고을의 초시 응시자를 모아 소학을 강하게 하고 이를 통과하는 자만 응시토록 하였으니 이를 조흘강照訖講이라 한다. 또 나이와 관향 및 강에 통과하여 응시를 허하는 사유를 기록 날인한 다음, 쪽지첩을 만들어 증빙으로 발급하고 이를 조흘첩이라 하였으며, 입장할 때에 이를 갓끈에 달고 가면 관리가 문 앞에서 검사 입장시키고, 없는 자는 입장을 막았다.

회시會試는 시험 5일전에 팔도의 초시 합격자를 모아 위와 같은 방법으로 시험하여 쪽지를 발급하고 없는 자는 입장을 막았다. 초시 응시자는 한정이 없으니 융통성이 있지만, 회시의 입장은 인원이 한정되어 단속이 엄중하였으며 한 번 쫓겨나면 백지를 안고 물러날 수밖에 없다. 그리고 비록 입장 쪽지를 얻는다 하더라도 한 사람에 한 장 뿐이니 나머지는 들어갈 수 없는 일이다.

이에 가난한 사람을 찾아 그 쪽지첩을 사는 것을 자리를 산다고 했으니, 쪽지 하나에 자리 하나를 산다는 말이 된다. 그리하여 자기 쪽지와 사들인 쪽지를 아울러서 글 잘하는 자와 글씨 잘 쓰는 자를 몰래 들여보내서, 답안지 두 장을 만들고, 하나는 자기 이름으로 하나는 쪽지를 판사람 이름으로 올렸으니, 이러한 풍습이 백 여 년 동안 내려왔으며, 금상치세의 갑술년에 이르러서는 폐단이 날로 극에 달해 자리를 사는 일마저 없어지고 함부로 들어가도 금하는 이가 없으니 술 팔고 엿 파는 사람도 거의 선비들이었다.

◆ (p.41.)其試法則, 毋論初試會試, 先試詩賦, 故曰初場, 間一日, 試疑義, 故曰終場, 其中會試, 則毋論初場終場, 皆曰進士, 其放榜, 則惟式年小科, 錄名印板曰司馬榜, 入送中國, 增廣榜雖刊, 入送則否, 故小科最重式年.

◆ 國朝場屋之文, 號稱六體, 曰詩曰賦, 大小科初會試通用, 曰疑曰義, 只用於小科初會試, 曰表曰策, 只用於別試增廣大科初會試, 表則或於應製用之. 然以鄉儒之不嫺四六也, 故於應製, 則間令京表鄉賦.

◆ 舊制每式年, 守宰招邑子之赴初試者, 講小學書, 簽其通者, 始許赴, 謂之照訖講. 又錄其年齡貫鄉及通講許赴之由, 雕印成帖, 給作憑驗, 謂之照訖帖. 及入場也, 系帖于纓, 官坐門首, 考帖以入之, 無者拒.

會試則前期五日, 招八道之領解者而試講之, 依上法, 人給一帖, 無者亦拒. 然赴初試者, 無拘限, 故得以闊狹, 入會試者, 有定額, 故禁最嚴. 一被講黜, 則抱白券而退, 且雖得帖, 一帖只一人, 其餘莫得入.

於是, 訪貧而無文者, 而買其帖, 謂之買座, 言一帖一座也. 乃以原有之帖, 并其所買之座, 巨擘 寫手冒入焉, 使塡兩券, 一以呈己名, 一以酬賣者, 此風之行, 亦百年以來也. 及今上甲戌以後, 弊日以極, 買座亦廢, 闌入無禁, 賣酒賣糖, 幾半青衿.

5. 장옥에서 시험보기

◆ 중국은 각 성마다 응시자의 정원이 있었기 때문에 시험장의 복도처럼 늘어선 건물에 칸을 만들어 한 칸에 한 사람이 들어가게 하고 입장하면 자물쇠를 채우고 병사를 보내 지키게 하였다. 그리하여 불이나면 타죽는 일이 있게 되었으며 이것을 장옥場屋이라 불렀다. 우리나라는 그 명칭은 쓰고 있으면서도 실상은 같지 않다. 객사에 설치하는 모든 시험장에는:

◇ 담장 둘레에 말뚝을 세워 울타리를 엮고 시성柴城이라 부르며,

◇ 객사의 서까래 끝에 연결하여 큰 줄을 묶어 이것을 망박網縛이라 부른다.

◇ 담장의 문은 미리 자물쇠를 채웠다가 하루 전에 열어 주며,

◇ 응시자가 들어오는 것을 부문訃門이라 부르며,

◇ 입장하여 말뚝을 꽂아 양산으로 덮는 것을 의막依幕이라 한다.

◇ 망박 줄의 꼭대기에 판을 걸어 시제試題를 내거는데 이것을 현제판懸題板이라 하며,

◇ 망 밖으로 나가는 사방을 동정東庭 서정西庭 남정南庭 북정北庭으로 부르고,

◇ 시험 시간이 되어 조홀첩을 검사하고 들어 보내는 것을 입문入門,

◇ 답안을 제출하면 순서를 구별하여 천자문의 글자로 표시함을 전자塡字라 하고,

◇ 전자를 한 후 이름이 적힌 곳을 잘라 꿰매서 별도로 보관하는

것을 할봉割封이라 한다.

　서울에서의 시험은 일정한 장소가 있는 것이 아니고, 성균관이나 비천당丕闡堂, 혹은 예조, 혹은 삼군부에서 실시하였으며, 회시 또한 그러하였고, 그 격식은 외도에서 실시하는 것과 비슷했다.

　지방에서 실시하는 시험의 시험관은, 상시관上試官 1인은 서울에서 임명해 보내고, 부시관副試官과 삼시관參試官 각각 1인은 감사가 도내의 수령 중에서 차출하며, 할봉관割封官 1인은 부시관 삼시관의 예에 따른다. 3인의 시험관 중 오직 상시관이 결정권이 있지만 방을 내걸 때 부시관과 삼시관이 한 사람이라도 이견이 있어 서명을 하지 않으면 방을 게시할 수 없게 된다.

　중세中世에는 삼남三南6)과 관서關西 관북關北은 각각 경시관京試官7) 2인을 보내고, 그 나머지 지방은 1인을 보냈다. 철종 때는 오 개도의 시험 운영도 반을 감사에게 넘겨 경시관을 1인으로 줄이고, 관서와 해서海西는 경시관 없이 감사가 주관하였다. 처음은 시험장에 폐단이 늘어나는 것 때문에 감사의 직위가 높고 위엄이 큼에 힘입어 선비들의 마음을 진정시키기를 기대했으나 그러나 감사들은 도리어 직위가 높음을 기화로 맘대로 벼슬을 팔아먹었으니, 오히려 명망 있는 경시관들이 처음 나왔을 때 보살피고 돕던 일에 미칠 수 없었다.

◆ (p.43.)中國每省, 擧子有定額, 故科場作連廊, 一間處一人. 入則鎖之, 派兵守之, 故火則焚死, 是之謂場屋也. 我國則冒其名, 而沒其實. 凡試所設于客舍, 環舍垣, 植杙絆柴, 謂之柴城, 傳舍椽而結以大累, 謂之網縛. 豫鎖垣門, 前一日而闢之, 入擧子, 謂之剖門, 旣入, 則揷橛而傘覆之, 謂之依幕, 掛板網縛之頂, 以備懸題, 謂之懸題板, 逼網外而四出, 謂之東庭·西庭·南庭·北庭. 及期驗帖以入士曰入門. 券旣呈, 別其次第, 而標以千字文, 謂之塡字, 塡字後, 割其封, 糜而別藏之 謂之割封.

漢城試, 則試所無定, 或成均館, 或丕闡堂, 或禮曹, 或三軍府, 會試亦然. 而其格式, 與外道略同.

外方試士, 則上試一人, 自京差送, 副試一人 參試一人, 監司以道內守令差出, 割封官一人, 依副參例. 三試惟上試秉筆, 然榜之將揭也, 副參雖一人, 意見互左, 不署押, 則不得揭.

中世三南 關西北, 各京試官二人, 其餘只一人. 哲宗時, 卽五道半, 屬之觀察使, 京試官各一人, 關東 海西罷京試官, 亦監司主之. 其初, 以科場弊滋, 蘄得道臣秩高威重, 得以鎭士心. 旣而, 監司者, 反藉其秩高威重, 公肆賣鬻, 不及京試官之以名宦初程, 猶有顧藉也.

6. 초시의 매매가격

◆ 처음에는 초시初試의 매매가격이 이백 냥 또는 삼백 냥으로 같지 않았고 오백 냥에 이르자 사람들은 혀를 내둘렀다. 갑오년 전의 몇 번의 식년시에서는 천 냥 남짓하던, 회시의 값은 이재는 만 냥이 넘는다 하니 돈이란 많아지면 많아질수록 점점 더 천해지는 까닭이겠다.

향시의 합격자 명단을 발표할 때에는 시험관은 먼저 매매가격을 정하여 호주머니를 채우고 난 다음에 여러 가지 명색으로 안배를 하는 미봉책을 썼는데, 도내 명문가의 후예라던가 또는 과거시험장에서 명성이 있는 사람이라는 등의 이유를 들어, 파는 벼슬 열에 하나를 끼워 넣는 미봉책을 사용했다.

◆ (p.44.)初試賣買之始, 二百兩三百兩不等, 至五百兩, 則人吐舌矣. 甲午前數式, 千餘兩恬然, 會試大率萬餘兩. 以錢幣漸多漸賤故也.

每鄉解之出榜也, 試官者, 先定賣料,, 以饜其橐. 其次, 排比名色, 而彌縫之. 有曰家數, 謂道內名門遺裔也, 有曰實才, 謂有聲場屋者也. 賣料十, 則兩者居其一.

7. 경시관京試官의 임명

◆ 북관(함경도)의 십 개주州는 북평사北評事가 경시관의 업무를 대행했으며, 북병사北兵使제도가 없어지자 안무사按撫使를 두어 북평사의 일을 겸하게 하였다. 이에 경시관이 나가는 지방은 관서關西와 삼남三南 네 자리만 남게 되었으니, 그리하여 4개도를 사색당파에 나누어 배분하기에 이른 것이다. 관서는 성루와 경관이 수려하고 음식과 풍악이 아름다워 노론의 맡아놓은 자리가 되고, 영남은 모두가 남인이므로 남인이 가면 공정하기 힘들다고 보아 소론과 북인을 섞어 쓰고, 호서지방은 재상과 대신들이 섞여 사는 곳으로 힘센 가문들이 많아 힘으로 문제를 해결하는 풍습이 있어서 때로는 시험관을 욕보이는 경우가 있으니 나가기를 꺼려하여, 고단한 관료가 처음 나가는 경우가 많았고 북인이 많이 가게 되었다. 호남은 재물이 풍부하고 사는 사람도 인색하지 않으며, 풍속도 부드러워 다루기 쉬우니 관서에 버금가는 탐내는 자리가 되어, 남인, 소론, 북인의 힘 있는 자가 얻어 가는 자리가 되었다.

경시관은 녹봉이 없고 다만 반비전盤費錢[8] 팔백 냥을 하사할 뿐이었으므로, 합격 방을 내건 다음에 묵권墨卷을 거둘 때 수수료를 징수하면서 이를 낙폭전落幅錢이라 불렀다.

◆ (p.44.)北關十州, 舊以北評事, 行京試官事, 及罷北兵使, 而置按撫使, 則以按撫使兼管評事之事. 於是, 京試官出者, 惟關西三南四竄而

已. 及以四色分排四道, 以關西備樓觀登臨之勝, 廚傳聲伎之美, 遂成
老論定窠, 嶺南則盡南人也, 南人去, 則必難秉公, 參用小論·北人, 惟
湖西卿宰錯居之, 强宗武斷成俗, 往往捽辱試官, 故有試望者, 多厭避,
孤寒朝士, 始得之. 是以, 北人多主湖西. 至若湖南, 財府物豐, 買初試
者, 不悋高賁, 且俗柔軟易制, 故視爲要窠, 殆埒關西, 惟南·少·北三
色有力者得之.

京試官無俸, 惟內賜盤費錢八百兩而已, 揭榜後, 收墨券賣之, 名曰落
幅錢.

8. 진시장

◆ 회시에 응시하려고 대기하다가 기공^{朞功} 이상의 중한 복을 입
게 되면 증빙을 첨부하여 예조에 연기를 신청하고 다음 식년까지
기다리는 제도를 진시장^{陳試狀}이라 한다. 요즘 약삭빠른 무리들은
지름길을 열어 미리 낙방 여부를 엿보아 예조의 관리에게 뇌물을
주고 허위로 진시장을 제출하는데, 더러는 기일 전에 미리 제출해
두고, 합격하면 장부를 지워버리고 낙방하면 장부에 그대로 두어
후일에 대비하는 방법으로, 다음 식년에도, 또 다음 식년에도 또한
그렇게 하여 5·6차 만에 합격하는 자가 있다 한다.

회시에 진시장과 응시가 겹친 사실이 드러나면 합격되어도 유배형에 처했다. 그러나 근래에 유배형이 끊이지 않았지만 진시장을 제출하고 응시하는 자도 끊이지 않았다.

◆ (p.44.)將赴會試, 而遭莽功重制, 則控申禮曹, 出文憑, 留待後式, 曰陳試狀. 近日刁蹬之徒, 聯絡蹊徑, 預訶被黜, 賂禮曹官吏, 冒出陳試, 或前期預出之, 中則刊狀簿, 黜則現錄, 以爲後日地. 後式亦然, 又後式亦然, 間有赴五六次而得中者.

會券疊呈事露, 則雖中亦削, 隨以竄配. 近日竄配相繼, 而疊呈者不絶.

9. 응제과

◆ 지난날의 응제과應製科에서는 다만 대과에서 한두 사람을 선발하고 말았는데 갑술년 이후에는 대과 소과를 겸하여 선발했고, 사람들은 응제소과 급제자를 삼전진사三錢進士라 불렀다. 방언으로 돈열 닢을 일전이라 하는데 응제과에 응시하는 시험지를 삼십 닢이면 살 수 있기 때문에 붙인 이름이다.

상감이 친정을 시작하면서부터 매일 놀이에 빠져 밤마다 비공식연회를 열었고, 광대 무당 악공들을 불러 질탕하게 놀이판을 벌렸으니, 정전 앞에는 대낮같이 불을 밝혀두고 놀이는 새벽까지 멈추지 않았다. 인시寅時나 묘시卯時 진시辰時가 되어야 검은 휘장으로 창을 가리고 잠자리에 들었으며 신시申時9)가 되어서야 잠자리에서 일어나는 것이 일상이 되었다. 세자는 나이가 어리고 이런 일을 보는 것이 습관이 되어서, 아침 햇살이 봉창에 비치면 바로 두 분 전하의 옷깃을 당기며: "마마와 같이 자고 싶어요." 하고 졸랐다 한다. 이 때문에 관청마다 기강이 무너져 모든 일이 해이해 졌다. 과거시험장에 군왕이 친림하는 경우에도 황혼이 가까워서 출궁했다가 잠깐 있으면 바로 돌아가 버리니 응시생들은 허둥지둥 촛불을 켜고 답안을 작성해야 했다. 상감은 이미 놀이에 맛이 들어서 과거시험도 놀이의 일종으로 여겼기에 달마다 과거 없는 달이 없고 혹은 한 달에 두 번 있기도 하고 혹은 걱정거리가 있거나 무료한 경우에도 바로 과거시행령을 내렸으니, 서울 사람은 다소 서먹한 사이라도 서로 만나면: "오늘은 과거시험이 없습니까?" 묻곤 했다. 이렇게 되니 지방에서 오로지 구경을 위해 올라온 사람들도 해를 넘겨 머무를 노자와 식량을 마련하는 사람이 있게 되었다.

응제과 시행령이 내리면 물장수, 나무꾼, 분뇨치는 사람, 할 것 없이 어지럽게 짐을 부려버리고, 유건을 쓰고 거리를 메우니 서울 사는 중국인들이 손가락질하며 비웃기를: "조선에는 인재가 많기도 하다." 하고, 혹은 손을 붙들고 귓속말로: "당신 가진 돈은 몇 만 냥이야?"하기도 하였으니 이때 대과의 값이 십만 냥이었기 때문이다.

◆ (p.45.)舊制應製, 只取大科一二人, 甲戌以後, 兼取大小科, 人指應製小科者, 曰三錢進士. 以方言錢十文曰一錢, 而應製券紙, 可三十文買得也.

上親政以來, 日事流連, 每夜曲宴淫戲, 倡優·巫祝·工瞽, 歌吹媒嫚. 殿庭燈燭如晝, 達曙不休. 及寅卯辰時, 始掩黑牎, 施幃帳, 就御酣寢, 哺時乃興, 日以爲常. 世子年幼, 習觀以爲常節, 每朝陽射牖, 輒引兩殿衣曰: "願和媽媽睡." 由是, 百司懈玩, 衆務隳弛. 及親臨試士之時, 每黃昏始出宮, 少頃, 駕卽旋, 擧子倉皇, 燭而寫券. 上旣好遊宴, 亦以科試爲嬉戲之一事, 故無月無科, 或每一月再設. 或愁惱無聊, 輒下科令. 都人士相遇, 稍疎, 必先問曰: "今日無科令乎?" 於是, 外方遊士專爲觀光, 有經歲索米者.

每應製令下, 運水者·賣薪者·負糞者, 紛然卸擔, 裹儒巾, 騈闐塞塗. 中國人駐京者, 指點嗤笑曰: "朝鮮儘多人才." 或執手而耳語曰: "汝有錢幾萬?" 時大科率十餘萬兩.

10. 신분제도

◆ 우리나라 신분제도는 문벌을 정한 품계가 있었으니 서울이 더욱 심했다. 사대부士大夫는 하나의 계급을 이루어 관직을 생업으로 하고, 중인中人은 하나의 계급을 이루어 역관을 생업으로 하며, 상사람 또한 하나의 계급을 이루어 상업과 심부름꾼 그리고 노비를 이룬다. 오직 중등과 하등은 그 종류가 매우 많으니, 역관 외에도 의사, 음양가, 법률가, 역학, 사자관寫字官10)과 각 관청의 서리, 경저인 등으로 대대로 그 업을 이어갔으며, 그 밑의 백집사, 공사간의 천역들은 모두 상사람들이 맡았다. 이러한 제도는 수백 년을 내려오며 뚜렷하게 존재하여 서로 섞이지 않았다. 만약에 중인이 과거에 급제하면 본업에 나갈 수 없고 사대부 사회에서는 대열에 끼어 주지 않으니 나아갈 수도 물러설 수도 없는 신세가 된다. 때문에 과거는 남의 일이 되어, 상으로 주어도 받지 않았다. 그러나 진사는 관직과는 관계없는 깨끗한 명예임으로 갖고 싶었으나 이에 이를 길이 없어 오직 갈구하고 있을 뿐이었는데, 응제과를 빈번히 실시하면서부터 은혜의 문이 크게 열리고, 하급관리와 결탁하여 돈을 쓸 길을 열어서, 진사를 얻는 일이 주머니 속에서 물건 꺼내듯 쉽게 되고 보니 무리를 지어 응시하게 되었으나 그러나 대과는 끝내 원하지 않는 것이었다.

◆ (p.45.)國制, 門地有定品, 京師尤甚. 士大夫爲一等, 業仕宦: 中人爲一等, 業象譯: 常漢爲一等, 商販·傔隷. 惟中下等, 名目最多. 外象譯而

有醫家·陰陽家·律學·曆學·寫字官·各司胥吏·各道邸戶. 各世其業,
統稱中人. 其下百執事 公私賤役, 皆常漢也. 守之數百年, 皆截然不相
混. 若中人登第, 旣妨其業, 士大夫又不齒, 進退無所屬. 故以科擧爲別
人事, 賞之不赴, 至進士, 則不係官籍, 而自是淸啣, 故雖慕之, 亦無可
致之路, 跂焉而已. 自應製頻設, 幸門大開, 結掖屬, 通錢路, 取進士如
探囊, 遂群然赴擧, 然大科, 則終不願也.

11. 무과武科

◆ 문과와 무과의 계층이 달라지면서부터 시대에 따라 높고 낮음
이 있었으나 하늘과 땅처럼 현격하게 차이가 있던 적은 없었다. 조
상 때부터 전쟁을 겪거나 큰 토목공사를 치르려면 무과를 실시하
여 수천 명에서 만 명에 이르는 인원을 뽑았는데, 숙종이 강화의 성
곽을 축조할 때와 정조가 수원성을 축조할 때가 이것이다. 시험으
로 선발하는 방법은 대소과와 비슷하여 별시과, 증광과, 알성과가
있는데 이것은 문과와 동시에 실시하는 경우이며, 식년과가 있으니
이는 문과의 명경과가 있는 것과 같다. 지방의 병영과 수영에서 도
시과都試科를 실시하는데 이는 관찰사가 실시하는 선도회選都會와 같
은 것이며, 서울의 오영에서 실시하는 군문과軍門科는 성균관의 대사
성이 승보陞補를 뽑는 것과 같다. 한 번의 시험마다 적어도 수백 인
이하를 선발하는 일은 없었으며, 처음 급제한 사람을 '출신'出身 또는

'선달'^{先達}이라 불렀다. 너무 많이 선발하니 아주 흔한 것으로 보이고 관청의 사무실이나 작은 초소의 벽에도 홍패가 걸리지 않은 곳이 없었다. 시골 건달들도 약간의 말재간으로 술 몇 잔을 권하면 바로 얻을 수 있었으니 이웃에서 농담 삼아 '선달, 선달' 하고 불러댄다. 대대로 명망 있는 장수를 배출한 가문에서는 이런 무리들과 어울림을 치욕으로 여기기 때문에 조정에서는 별천^{別薦}의 규정을 만들었다. 별천이란 장군 가문의 자제를 뽑아 과거를 거치지 않고 바로 선전관이나 별군직을 수여하고 궐내를 수직하게 하여 장래의 수요에 대비하는 제도 이다

무과를 처음 제정했을 때는 그 규정이 매우 엄격했다. 무경^{武經}을 강하고 말달리기 활쏘기 그리고 신체의 근력을 시험하였으니 통과하지 못하면 바로 실격되었다. 근세에는 무경을 강하는 일을 폐한 지 오래되었고 승마와 활쏘기는 사람을 사서 대신하거나, 활쏘기도 없이 합격자 발표를 하는 경우도 있다.

◆ 문과는 <u>용방</u>^{龍榜}, 무과는 <u>호방</u>^{虎榜}, 소과는 <u>연방</u>^{蓮榜}, 대과는 <u>계방</u>^{桂榜}이라 한다.

◆ (p.46.)自文武異階, 雖時有軒輊, 亦無天淵懸隔. 如我國者, 在祖宗朝, 經大兵大役, 則取武科數千人, 或至萬人. 如肅宗江都城役, 正宗水原城役時, 是也. 試取之法, 略倣大小科, 有別試, 有增廣, 有謁聖, 並文科而設者也. 有式年科 類文之有明經也. 外道兵水營, 有都試科, 類觀察使之選都會也. 京師五營, 有軍門科, 類大司成之選陞補也. 每榜, 少不下數百人, 始中第者, 號曰'出身', 曰'先達'. 取之旣多, 視之自賤. 官隷之廳, 店保之壁, 無不懸紅牌者. 鄕曲無賴子, 略費脣舌, 勸數盃酒, 輒得之, 隣里傳笑, 稱'某先達, 某先達.' 世將名武之家, 恥與此輩爲伍, 朝廷遂有別薦之規. 別薦者, 選將家子弟, 不經科榜, 直授宣傳官・別軍職, 交直闕內, 以備需用.

武科始制, 條例亦甚嚴. 講武經 課騎射, 身手膂力, 不中格, 則黜. 近世講廢已久, 只試射, 而倩人代之, 射幷不試, 而有出榜之時.

◆ 文科曰龍榜, 武科曰虎榜, 小科曰蓮榜, 大科曰桂榜.

12. 세도정치의 유산 (1880년)

◆ 경진년 봄 세자가 마마를 앓고 난 다음에 증광과增廣科를 시행했다. 서울에서 파견하는 시험관이 출발인사를 드릴 때, 상감이 친히 면대하고, "세자의 수명이 길고 짧음은 이번 과거의 공정 여부에 달려있으니 너희는 이를 경계하라." 당부하고, '홍철주와 김창희'洪澈周・ 金昌熙를 서울의 제일, 제이, 시험장 시험관으로 임명하며 "이번 과거에 사사로움을 둔다면 나를 섬기는 신하가 아니다." 하고 거듭 유시하였다.

◆ 그러나 합격자 발표에는 남촌과 북촌의 재상 자제들이 집집마다 뽑히고 보니 뭇사람의 불평이 들끓었다. 상감이 진노하여 '홍철주' 등을 귀양 보내고 서울의 합격자 발표를 취소했고, 지방의 발표 또한 취소되었다. 사실 당시의 시험관들은 전에 하던 관례대로 할 뿐이었으니 한 사람도 공정한 사람이 없었던 것이다. 발표 취소 후 다시 과거를 시행했는데, 지방시험관은 그대로 쓰고, 서울은 '정해륜'鄭海崙 등을 차출하여 주관했으나, 겉으로는 공정한 채하고 안으로는 사사로워 우물쭈물 넘기고 말았다. 낙방한 시골 선비들이 "취소하고 또 취소하고 거듭 취소해도 합격발표를 취소하지 않는 것이 걱정일 뿐이다."하고 노래를 불렀다 한다. 상감이 듣고 다시 취소하려 했으나 큰 징벌을 거듭하는 것이 싫어 불문에 붙이고 말았다.

상감은 과거시험의 불공정을 어찌할 수 없음이 심히 노여운 나머지, 동당복시東堂覆試 때 답안지를 중희당重熙堂으로 묶어 들이라 명하고, 상감과 세자가 번갈아가며 손으로 더듬어 뽑아 33인의 합격자를 정하니, 서광범, 조한국은 모두 이때 뽑힌 사람들이다.

이때 생원복시生員覆試에서는 특히 80세 이상과 구 갑술(1814년)생인 응시자를 합격자 발표명단 끝에 붙여 발표하라 명하니, 선비들은 열 살, 스무 살을 올려 거짓으로 은전을 받은 사람이 300인에 이르렀다. 담당관이 지나치게 남용됨을 싫어하여 호적과 대조할 것을 상주하자, 나이를 속인 자들은 또다시 지름길을 뚫어 호적을 고치니, 수십 일 동안에 한성 관리 가운데서 부자가 된 자가 나타나게 되었다한다. 오직 재주 없고 돈 없는 자 수십 인이 탈락하여 서로 부둥켜안고 울부짖게 되니, 결국 달포 만에 다시 과거를 시행하여 경사를 널리 펴는 뜻을 보이게 되었다.

◆ (p.53.)庚辰春, 世子痘候平復, 設增廣科, 京試官陛辭, 上臨軒面喩曰:"春宮之壽不壽, 係于此科之公不公, 爾曹戒之." 洪澈周, 金昌熙, 爲漢城試一·二所試官, 上又喩之曰:"此科有私, 非北面於予者也."

◆ 及榜發, 南北村卿宰子弟, 逐戶被選, 物議喧藉. 上震怒, 竄澈周等, 罷一·二所榜, 外道榜, 亦從而罷, 盖循故例,而其實, 是時京試官, 亦無一人秉公者, 罷榜後, 復擇日設行, 外道京試官, 則仍用, 漢城試差鄭海崙等主之, 外公內私, 刃圖彌縫, 鄕儒被黜者, 爲之謠曰:"罷罷又罷罷, 惟恐不罷榜."上微聞之, 欲復罷之, 行一番大懲創, 而重其事, 遂不問.

上甚怒科場之不公, 而迄無如之何, 至東堂覆試, 命束券入于重熙堂, 上與世子, 輪手摸拔, 得三十三人. 徐光範·趙漢國, 皆是榜也.

是時, 生員覆試, 特命八十歲以上及舊甲戌生幷付榜末, 於是, 鄕儒率加一二十歲, 以冒之恩典, 至三百人. 有司惡其濫, 奏考帳籍生年實數, 冒年者, 又鑽歧竇改塡舊籍, 數十日間, 漢城府吏, 有致富者, 其鈍拙無財者數十人, 竟被黜落, 相與抱疏叫冤, 月餘幷許復科, 以示廣慶.

13. 원방진사 (1894년)

◆ 갑오년 식년 소과에서 생원 진사 총 1300명의 합격자를 발표했다. 옛 제도는 생원 진사가 200명을 넘지 않는 것이 원칙인데, 근래에는 상감이 내탕금 부족을 걱정하여 식년마다 백 명을 더 선발하고, 돈 바친 사람들을 원방에 붙여 발표하면서 원방진사原榜進士라 불렀다.

또 돈 받은 사람만을 첨가함으로써 명문가의 원성을 사게 되는 일이 두려워서, 아래로 은혜를 베풀어, 모든 대신과 이름난 학자, 동궁관속의 자질, 공주, 옹주 및 전대 명신의 직계후손, 그리고 동궁과 같은 나이의 응시생과, 80세 이상 늙은 초시 합격자를 모두 섞어서 합격방 끝에 붙여 발표하고 은전진사恩典進士라 불러 조정 안팎을 위로하려 하였다.

이에 거짓으로 이름난 학자를 제사지내는 자, 검은 머리로 80살이라 속이는 자, 수염이 덥수룩해도 갑술 생(당시 갑술 생은 20세)이라 속이는 자, 심지어 조정의 고관 중 염치없는 무리는 시골 부자에게 많은 뇌물을 받고 친척이라 인정하여 은전을 받게 만드니, 윤리를 모독하고 나라를 속이는 만 가지 폐단이 생겨나고 말았다.

◆ 이해 봄 생진회시生進會試는 2월에 있었는데 난리 통에 합격발표를 늦추다가 이에 이르러 비로소 서둘러 거행하였으나, 먼 곳의 선

비들은 난리가 두려워 서둘러 돌아가는 바람에 백패白牌도 못 받고, 난삼과 두건도 갖추어 입지 못하였으니 당시에 이들을 공명진사空名進士라 불렀다.

또 옛 제도는 생원 진사의 합격 방을 낼 때는 한 번에 5인을 나란히 쓰고, 40번째에 이르러 200인이 되면 끝에 필畢자를 쓰고, 이것을 필도畢度라 한다. 이번 합격방에는 돈을 내는 사람이 모자라 그때그때 모집하는 바람에, 매일 한 두 차례 씩 발표하다가 결국 필자 없이 끝나고 말았으니, 초시합격 여부도 따지지 않고 돈만 내면 발표했던 것이다.

하급관리들은 연줄 따라 농간을 부려 백패에 위조 서명을 한 후 쪽지에 써서 방을 붙이기도 하고, 혹 시골의 교활한 무리들은 스스로 백패를 만들어 집에 돌아가 진사 행세를 하기도 했으니, 진사가 없어진 지 오래 되었으나 이번처럼 극에 달한 경우는 없었다. 사람들이 '조선의 진사는 금년에 끝이 난다' 말하더니, 과연 그렇게 되고 말았다.

◆ (p.138.)是月, 放式年小科榜, 生員·進士凡一千三百餘人. 舊制生進不過二百, 而近年以來, 上患內帑窘匱, 每式加選百人, 皆募納錢者, 付之原榜, 謂之原榜進士,

又以只添錢員, 恐沽怨名門, 乃推恩於下, 凡大臣·儒賢·東宮官屬子

壻·兄弟·姪若孫, 以至公主·翁主·前世名臣祀孫, 與夫東宮同庚, 及老
人年八十而參解者, 一切混付榜末, 謂之恩典進士, 欲以慰悅中外.

於是, 有冒祀名賢者, 髮黑而冒八十者, 鬢蒼而冒甲戌者, 甚至朝貴無
恥之徒, 要鄉富重賂, 認爲親戚, 蔑倫欺國, 姦弊萬端,

◆ 是春, 生進會試在二月, 因賊警, 屢退放榜之期, 至是始草草擧行,
遠方士子恐遂大亂, 多徑歸, 未受白牌, 不具襴幞, 時人謂之空名進士,

又舊制生進榜出時, 每一度列五人, 至四十度, 則滿二百人, 而尾署畢
字, 謂之畢度, 是榜, 以錢員未充, 隨募隨出, 每日或一二度, 日日出榜, 終
無畢字而止. 蓋不論領解與否, 錢入則榜出也.

書吏寅緣作奸, 僞署白牌, 添錄片榜, 或鄉曲姦猾, 自造白牌, 歸其家,
以進士行, 進士之亡久矣. 而未有若是榜之達于極度者, 人謂, '朝鮮進
士,終於今年.'其後果驗.

註

1) 식년(式年): 법으로 정한 과거보는 해. 본시험은 子,午,卯,酉, 초시는 상식년(上式年)인 寅,申,巳,亥,의 해에 시행 했다.
2) 동당(東堂): 고려 때 예조를 이르던 말.
3) 통방와자(通方外者): 응시자격을 생원 진사 관학재임 이외의 선비도 가능케 함
4) 대보단(大報壇): 명의 태조와 신종 등을 제사하는 제단
5) 과문육체(科文六體): 詩 賦 表 策 義 疑
6) 관서(平安道), 관북(咸鏡道), 삼남(忠淸, 慶尙, 全羅), 해서(黃海), 호서(忠淸道)
7) 경시관(京試官): 서울에서 파견하는 시험관
8) 반비전(盤費錢): 여비와 식비
9) 신시(오후3-5시), 인시(오전3-5시), 묘시(오전5-7시), 진시(오전7-9시)
10) 사자관(寫字官): 서책이나 문서의 글씨를 전담하는 사람
   서리(胥吏): 관청의 하급관리
   경저인(京邸人): 지방의 하급관리가 서울에 주재하여 근무하는 사람

6장

매
관
매
직

1. 매관의 시초 (1885년)

◆ 을유년 식년과式年科인 생원과 진사의 회시會試에서 상감은 합격
자 일백 명을 더 선발하여, 이만 냥씩을 받고 팔되, 원래의 정당한
합격자는 공정하게 선발하라는 명을 내렸다. 그러나 시험관인 【심
이택과 민종묵】沈履澤 閔種黙등이 뒤섞고 혼탁하게 만들어서 공정하
게 선발된 합격자는 한 사람도 없게 되었다. 또 당시에 세자빈의 친
정 자질들을 합격자 명단에 첨가하라는 명도 내렸는데 여기에 이
질姨侄이 끼어들게 되었다. 응시생들은 이것을 조롱하여 "역적 처벌
할 때에는 이숙姨叔이 없고 은전을 베풀 때에는 이질姨侄이 끼어든
다."고 비꼬았으니 이것은 【서재필】이 【윤태준】의 이질이었기에
나온 말이다. 진사를 더 선발하여 드러내놓고 팔기 시작한 것이 이
때부터 시작된 것이다.

이때는 한 해 걸러 증광시增廣試, 한 달 걸러 응제시應製試가 있고,
거기에다 식년과式年科까지 있어, 그 중에서 열에 아홉은 돈 냄새나
는 과거가 되었다. 서울, 외딴 시골 할 것 없이, 관학유생에서 백면
서생에 이르기까지 모두가 생업을 팽개치고 미친 듯이 뛰어다니고,
어음을 발행하여 벼슬 값 납입을 담당하던 서울의 상인들도 이것
을 따내려고 밤낮으로 난리를 만난 듯 애를 태웠다. 팔아먹을 합격
자를 더 선발하라는 명이 내려오면 【민응식】閔應植이 민망하여 상
감께 간언을 했지만, 상감은 "여러 말 하지 말라. 조선 말엽에는 마
을마다 급제요 집집마다 진사라는 속담을 들어보지 못했느냐? 그

천운을 어찌하고, 내가 벼슬을 팔지 않는다고 더 나아질 것이란 말이냐?" 하고 말했다 한다.

◆ (p.90.)乙酉式科, 生進會試, 上命加取一百人, 賣以二萬兩, 原榜則公選之. 然考官沈履澤·閔鍾默等, 混同濁亂, 公選無一焉. 時有春桂坊子婿弟侄附榜之命, 有以姨侄而被參者,擧子嘲之曰:"賊殺則無姨叔, 恩典則有姨侄乎? 謂徐載弼以姨侄害尹泰駿也. 進士科, 加取放賣, 始此.

是時, 間歲增廣, 間月應製, 重以式科, 十之九皆銅臭也. 坼沿以至邋荒, 靑衿以至白徒, 皆奔走失業, 如病風狂, 京師負商大估, 擔當剫契, 以辦科價之內入者, 晨夜拮据, 如逢亂離. 及加取之命又下, 閔應植悶之, 言于上, 上曰:"勿多言,野諺曰: 朝鮮之末, 村村及第, 家家進士, 汝不聞乎? 其如大運何, 予不賣科, 庸有愈乎?"

2. 벼락감투

◆ <u>좌의정 김병시가 상소를 올렸다.</u> "수령이 빈번히 바뀌어 소란스러운 고을은 하루도 공석으로 두어서는 아니 될 곳인데 후임차송이 오래 지연되고 있습니다. 서둘러 뽑아 보내시기 청하나이다." 하였다. 당시 외직은 감사, 유수, 병사, 수사는 물론이고 수령, 진장鎭將에 이르기까지 돈을 받고 파는 것이 관례가 되었으며, 돈을 많이

낸 사람이 진정한 벼슬아치가 되었다.

예를 들어 일만 냥을 내고 벼슬을 산 사람이 있고, 다음에 몇 천 냥을 더 바치는 사람이 생기게 되면, 먼저 산 사람은 직함만 지닌 벼슬아치로 물러나게 되는데, 이렇게 차례차례 긁어내어 더 이상 짜낼 것이 없어야 끝이 났으니, 벼슬을 사려던 사람은 파산하고 빈 털터리가 되어 돌아가거나, 부임하다가 중도에 수레를 돌리거나, 혹은 부임하자마자 해임되기 일쑤였으며, 백성과 관리들은 수령의 송별과 영접에 지쳐 정신이 없고, 영남의 어떤 고을에서는 일 년에 네 번이나 신임사또를 영접하는 일이 생겼다.

요행이 여러 달을 버티는 수령은 재물 긁어내기에 급급하여, 소낙비 몰아치듯 달려들어 돈 생기는 곳이라면 약탈하지 않는 곳이 없게 되니, 부자나 가난한 사람, 모두가 어려워서 살맛이 없게 되었다. 팔도가 다 같은 형편이고 오직 호서 일대(湖西)는 대신과 재상들의 고향이 밀집한 곳이어서 서울의 권문세가들과 서로 호응할 수 있었기에 다소 여유 있는 사대부들이 침탈을 면할 수 있었으나, 서민들에게는 양반들이 힘으로 빼앗아가는 피해의 혹심함이 다른 도의 관리들의 침탈보다 심하였다.

서울의 벼슬아치도 매매가 적은 곳은 문관의 관직뿐이었고, 음직으로 처음 벼슬하는 도사, 감역, 참봉, 감찰 등의 벼슬은 우열에 따라 값의 고하가 결정되었으니, 혹 이삼만 냥, 혹 만 냥, 수천 냥 등이었고 하급관리인 아전들도 연줄 따라 농간을 부려 널리 공명첩空名帖을 찍어내어 백 냥, 열 냥, 혹은 한 판의 술값으로 바꾸기도 하였다.

처음에는 시골 부자들이 진정으로 벼슬을 받아 출세하기를 원해서 덤볐으나 조금 지나자 자주 험한 꼴을 당하게 되는 것을 보며 서로 피하고 싫어하게 되었다. 이에 건달패들이 경향각지에 출몰하여 혹은 가문을 뒤엎고 혹은 이익을 얻으려고 본인도 모르는 사이에 강제로 벼슬을 주는 경우가 생겨났다. 공문을 보내 엄중하게 지시했음으로 지방관들은 후일이 두려워 봉행하지 않을 수 없고 또한 재산을 몰수하면 같이 나누기도 하였으니, 이 같은 것을 "벼락감투"라 불렀다. 방언에 벽력을 벼락이라 하고 모자는 감투라 하기 때문이니, 한 번 선발되면 벼락 맞은 것처럼 멸망하지 않는 것이 없다는 데서 나온 말이다.

이 때문에 백성들은 반역을 생각하게 되고 한 번 떨쳐 일어나 소리치는 자가 생기면 따르는 백성이 구름처럼 모여들어 수령을 쫓아내는 수가 해마다 수십 곳에 달했으니 이것을 백성의 소요라 부른다. 옛 법에는 백성의 소요를 주도한 자는 반드시 참형에 처했으나 지금에 이르러서는 이루다 처벌을 할 수 없어 관대히 처벌하고 왕왕 유배형으로 끝나는 경우가 있었으며, 소요를 야기한 장본인인 관리들은 모두가 돈바리를 싣고 배후 세력을 찾았음으로, 바로 다시 승진하여 좋은 자라로 떠나가곤 했다. '김병시'金炳始가 눈물을 흘리며 누차 상소했으나 무익한 일이 되고 말았다.

◆ (p.109.)左議政金炳始. 上言:'守令數遞之弊, 民擾地方, 尤不可一日曠官, 而差代稽淹, 請亟擇催送.'是時, 外職自監留兵水使, 下逮守令鎭將, 例成販賣, 而錢多者爲眞,

或有一窠納萬兩得除者, 後有增輸幾千兩, 則先除者, 汰之以借㗋, 挨次鉤埃, 至無以復加然後, 乃已. 故鄕人獵官者, 或破家空手而歸, 其赴任者, 或在途回轅, 或上衙解印, 民吏遑遑疲於迎送, 嶺南一邑, 有一歲而四迎新官者.

其或幾月不見遞, 則汲汲掊剝, 如驟雨之至, 百金之産, 無不見掠. 於是, 貧富俱困, 民無生意, 蓋八道一轍, 而惟湖西一帶, 爲卿宰鄕居之藪, 與京中權戚互相呼應, 故士夫貲稍裕者, 巧免呑噬, 然其庶民, 則又被武斷之酷, 甚於他道之官侵焉.

至於京官, 則罕賣者, 文職而已, 蔭途初仕, 若都事, 若監役, 若參奉, 若監役之等, 隨品優劣, 定價高下, 或二三萬兩, 或萬兩數千兩. 吏胥緣附作奸, 廣印空名帖, 或百十兩, 或換以一醉.

其始也, 鄕民挾貲者, 情願發身, 旣稍久, 數見不祥, 競相厭避. 於是, 浪子悖類, 出沒京鄕, 或謀覆宗, 或覬舐利, 有其人不知, 而徑自勒差者, 關囑嚴緊, 地方官奉行恐後, 又與之分贓, 籍其産而充之, 若是者謂之, 別惡龕套, 以方言訓霹靂曰別惡, 訓帽曰龕套也. 言一經勒差, 則其無不摧滅, 類霹靂耳.

是以, 民益思亂, 奮挺一呼, 從者雲集, 舁其官而逐之者, 歲常數十案, 謂之民擾, 舊制倡民擾者, 必斬, 至是誅不勝誅, 多從寬典, 往往止竄配. 其致擾之官, 必皆輦金待奧援, 故輒復陞遷以去. 炳始蓋屢言之, 至於流涕而無益云.

3. 강아지 감역

◆ 충청도 바닷가 강 씨 집에 늙은 과부가 살았다. 집안 형편은 넉넉한 편이었으나 자녀가 없었으므로 개 한 마리를 기르며 서로 의지하고 복구福狗라 이름을 지어 부르며 살아가고 있었다. 지나가던 손이 집안에서 "복구"야 하고 부르는 소리를 듣고서는 사내 이름으로 착각하고 드디어 '강복구' 라는 이름으로 감역 벼슬자리를 만들어 벼슬 값을 챙기려 찾아왔다. 과부는 즐거워하며 "손님이 복구를 보시렵니까?" 하고는 큰소리로 목청을 높여 부르니 개 한 마리가 꼬리를 흔들며 달려오는 것이었다. 벼슬 값을 챙기려던 사람은 허탈하게 웃고 떠나갔지만, 이 때문에 호서지방에는 강아지 감역狗監役[1]이라는 말이 생겼으니, 나머지는 미루어 생각해보면 알 일이다.

◆ (p.110.)湖西之濱, 有姜家, 婦寡而老, 家稍裕, 無子女, 與一犬相守, 名之曰福狗. 客有過者, 聞其呼福狗, 謂男子命也, 遂以姜福狗, 勒差監役, 及索價至, 寡婦嘻曰: "客欲見福狗乎?" 舉聲高呼, 一犬搖尾而至, 客亦大笑而去, 由是, 湖西有'狗監役'. 其他可推也.

4. 노인난리

◆ 민씨 척당의 수령인 【민영준】閔泳駿은 '동학의 번성은 예절이 바로 서지 않아 풍속이 퇴폐한 때문이라고' 앞장서 외치며, 영호남의 도백에게 명을 내려 호남은 향약鄕約[2]을, 영남은 향음주례鄕飮酒禮[3]를 행하되, 기일을 정하여 돌아가며 시행할 것을 상주하였다. 수령들은 기세를 살피고 후환이 두려워 한 더위에도 백성들을 매질하여 시행하니, 백성들은 땀을 뻘뻘 흘리며 꿇어앉아 절을 하랴, 돈을 걷어 음식을 장만 하랴, 농사에 방해가 될 뿐이었으니, 마을마다 매우 괴로워했다. 또한 나이 많은 사람들의 명단을 만들어 쌀과 고기를 하사하며 수직壽職[4]으로 통정通政[5]과 가선嘉善[6]등의 직첩을 내리고, 삼십 냥씩을 거두어 드리면서, 자손들을 옥에 가두어 독촉하니 벽지의 노인들은 우선 꾸어서라도 변통할 수밖에 없었으며, 그것을 노인 난리라 불렀다.

◆ (p.129.)閔泳駿倡言, '東學之熾, 由於古禮不行, 風俗頹弊', 白上飭兩南道臣, 湖南行鄕約, 嶺南行鄕飮酒, 尅日輪行. 守宰望風恐後, 以暑月毆民行之, 揮汗跪拜, 釀錢哺餟, 妨農害事, 閭里甚苦之. 又錄高年, 賜米肉, 授以壽職通政 · 嘉善等帖, 斂錢三十緡, 囚其子孫以督之, 窮閻耆耈, 假貸取辦, 謂之老人亂離.

5. 군왕은 무치

◆ 경자년에 청나라 공사 '쉬셔우펑'徐壽朋이 귀국하고 참찬관 '쉬타이선'許台身이 서리로 직무를 대행했다. '쉬셔우펑'이 처음 상감을 알현할 때 우리나라의 운수가 왕성하고 풍속의 아름다움을 극구칭찬하였다. 상감이 괴이하게 여겨 연유를 물었더니, 대답이 걸작이다. "우리나라는 벼슬을 팔기 시작한지 십 년이 못 되어도 천하는 어지럽고 종사는 거의 전복될 지경에 이르렀습니다. 그러나 귀국은 벼슬을 판지 삼십 년이 되어도 옥좌가 무고하시니 운수가 왕성하지 않고, 풍속이 아름답지 않고서는 어찌 이에 이를 수 있겠습니까?" 했지만 상감은 크게 웃기만 하고 부끄러운 줄을 몰랐다. '쉬셔우펑'은 나와서 "불쌍하다 한국 국민이여!" 하고 중얼거렸다 한다.

◆ (p.277.)淸公使徐壽朋歸國, 參贊官許台身, 署理使務, 壽朋之始見也, 盛稱我韓氣數之旺·風俗之美, 上怪問之, 對曰:"敝邦賣官未十年, 天下大亂, 宗社幾覆, 貴國賣官三十年, 黼座尙無恙, 氣數不旺, 風俗不美, 而能致此乎?"上大笑, 不知愧. 壽朋出語人曰:"哀哉, 韓民!"

6. 벼슬 값은 예외가 없다 (신축년 1901년)

◆ '이근호'李根澔는 전남관찰사, '조정희'趙定熙는 충남관찰사, '조기하'
趙夔夏는 경북관찰사, '민영철'閔泳喆은 평남관찰사, '민경호'閔京鎬는 평북
관찰사로 임명했다. 이때는 매관賣官의 남발이 갑오년 이전보다 훨씬
더했으니, 비록 종친이나 척족의 아주 가까운 사이라도 감히 한 자
리의 은택을 요청할 수 없었다. 관찰사는 십만·이십만 냥, 일등수
령은 적어도 오만 냥 이하로는 어려웠으며, 벼슬 산 부채를 갚지 못
한 사람은 관직에 부임하면 공금을 유용하여 상환하고, 교활한 자
는 넉넉히 더 헌납하여 좋은 자리로 승진하여 떠나기도 하는 실정
이었으니, 하급관리인 서리들도 이를 본받아 공금을 끌어다 전답을
늘리고 벼슬 얻기를 도모했다. 이때의 관리들이 손대는 곳은 모두
가 공금이니 국고는 저절로 줄줄 새어나갔으나, 상감은 국고는 공적
인 것이니 늘거나 줄거나 상관 않고, 벼슬 판 돈 만을 사전이라 하
여 오직 줄어들까 걱정을 하고 있었으니 조삼모사로 원숭이 속이는
이치조차 모르고 있었다 하겠다.

◆ 【서상욱】徐相郁은 '민영환'의 외숙이 되는 사람이다. '영환'이 일
찍이 고을 하나 맡겨주기를 상감께 상주하니 상감은 "너의 외숙이
아직 고을 하나를 못 얻었느냐?" 했다. 얼마를 기다리다가 다시 상
주하니 상감은 머리를 끄덕이며 "내가 잊었구나! 곧 써서 내려 보내
마." 했다. 그렇게 하고 나서야 광양군수를 제수 받게 되었다. 영환
은 집에 돌아와 즐거워하며 오늘 상감께서 모 외숙에게 고을 하나

를 허락하셨으니 천은에 감읍할 따름 입니다 하였더니, 그의 어머니가 말했다. "네가 이렇게 어리석고 둔하고서도 어찌 외척이라 이른단 말이냐? 상감께서 벼슬 한 자리도 거저 준 일이 없는데 유독 너에게만 후하시겠느냐? 내가 이미 오만 냥을 바쳤다."고 말했다.

◆ (p.290.)以李根澔爲全南觀察使, 趙定熙爲忠南觀察使, 趙夔夏爲慶北觀察使, 閔泳喆爲平南觀察使, 閔京鎬爲平北觀察使. 是時, 賣官之濫, 比甲午以前, 殆過之, 雖宗戚, 親昵, 不敢乞一恩澤. 觀察, 則十萬·二十萬, 一等守令, 則少不下五萬兩. 及到官無以償債, 競挪公錢償之, 黜者, 又豊其私獻, 得陞優秩以去. 吏胥視傚, 亦引公錢, 侈占田産, 或圖差官爵. 於時, 官吏所犯, 皆公錢也, 國庫自致逋漏. 然上以國庫則公物也, 不管盈朒, 賣官錢則私錢也, 惟恐或損, 而不知其爲狙公所斯也.

◆ 徐相郁者, 閔泳煥之舅也, 泳煥久白上, 願乞一郡, 上曰:"汝之舅而尙未郡耶?" 已而, 又白之, 上頷之曰: "予幾忘矣! 便可書下." 於是, 除光陽郡守, 泳煥歸家, 色喜曰, 今日上許某舅一郡, 天恩可感. 其母笑曰:"汝如此痴鈍, 亦戚里耶? 上何曾施一窠恩除, 而偏厚於汝? 吾已納五萬緡矣."

註

1) 감역(監役): 감역관의 준말, 선공감의 9품관
2) 향약(鄕約): 고을의 백성이 지켜야할 규약, 덕망 있는 사람이 선발되어 책임을 맡고 현아문의 위임을 받아 공공사무를 맡기도 함.
3) 향음주례(鄕飮酒禮): 고을의 유생이 모여 향약을 낭독하고, 미풍양속을 진작키 위해 술을 마시며 진행하던 의식
4) 수직(壽職): 장수하는 선비에게 주는 벼슬
5) 통정(通政): 통정대부 문신 3품 상계의 품계명
6) 가선(嘉善): 가선대부 종2품 하계의 문관 품계

7장

말
세
풍
경

1. 상소하는 풍경도 변질되고 (1880년)

◆ 영남 일대는 풍기가 군세고 과감하며 의론이 한결같아, 인조시대 이래로 국가가 시행하는 전례의 득과 실, 훌륭한 선비의 나아감과 물러남 등, 사림士林들의 소신을 맘껏 주장할 수 있는 나라의 큰 일이 생기는 경우에는, 순식간에 서로 뭉쳐 궐문 앞에 나아가 상소하니 이것을 '복합伏閤'이라 불렀다. 수만 명 혹은 수천 명이 연명으로 상소하는 일이기에 걸출한 인물이 아니고서는 이들을 대표하는 소두疏頭가 될 수 없었으며, 그 때문에 어느 집안은 어느 때 소두를 한 인물의 자손이라고 말할 마큼, 마치 훌륭한 덕행을 지닌 높은 벼슬을 부러워하듯 하였다.

이처럼 처음에는 꾸밈없는 감정을 행동에 옮기며, 사림의 기개와 절개를 추락시키는 일이 없었으나, 세월이 지나면서 왕실의 눈치를 보고 세태에 영합하기 시작하면서부터 여러 가지 폐단이 생기더니 지금에 이르러서는 그 행태가 극에 이르게 되었다. '김홍집'이 일본에서 돌아오자 조정과 백성 모두가 놀라고 의심하는 소문이 무성했다. 경진년 겨울 많은 영남 선비가 상주尙州에 모여 만인소萬人疏를 작성한다는 소문이 서울에 들려오자 사람들은 모두 얼굴빛이 변했다. 상소를 올리면 상감은 윤허하지 않을 것이며, 그러면 반드시 공관을 깨부수고 왜인을 죽여 의분을 풀려 할 것이니 왜와의 화친은 이것으로 깨어진다고 여겼다. 인심은 흉흉하고 조석으로 곧 일이 터질 것만 같아서 사람들은 이 일이 연기되기만을 바랐다.

섣달에 마침내 서울에 올라와 소청疏廳을 설치하니 상소를 올리기도 전에 벌써 부본副本이 밖으로 나돌았다. 그 내용은 먼저 당시의 영의정 홍인군 '이최응'이 실권을 쥐고 화친을 주도하는 일, 그리고 '김홍집'이 사신으로 가서 저지른 잘못된 행실과 사교에 물들어 상감을 오도하는 일을 공격하고, 겸하여 외척의 세도를 공격했는데 언사가 매우 엄중하였다. 대표 소두는 퇴계의 후손인 【이만손】李晩遜이며 전 참판 【이만운】李晩運과 전 승지 【이만유】李晩由등이 함께 했다. '민태호'가 상소를 보고 크게 노하여 '이만유' 등을 불러 "만약 상소내용을 고치면 화가 복으로 바뀔 것이나 그렇지 않으면 그대들 문중의 흥망에 관계되는 일이 생길 것이다." 하고 협박했다.

'이만유' 등이 매우 두려워하니 대표인 '만손'이 원고를 삭제하고 다시 상소문을 지어 진달하게 되었는데, 말은 완곡하고 내용이 온순하되 오직 '김홍집' 만을 힘써 공격했다. 그 의도는 이미 실세의 뜻에 맞았으니 '김홍집'은 쉽게 다룰 수 있다는 것이리라. 상감은 온화한 비답을 내려 물리쳤다. 이윽고 '이만유'는 영해부사에 제수되고 '이만운' 또한 직급이 올랐으니, 이로부터 세상이 침을 뱉고 매도하게 되어 영남 선비의 상소는 기가 꺾이고 말았다.

◆ (p.55,)嶺南一道, 風氣剛果, 議論劃一, 自仁廟以來, 每國家有事, 若邦禮得失, 儒賢進退, 可以逞處士之橫議者, 輒相率叫閣, 謂之伏閣. 或萬人, 或數千人, 聯名治疏, 非傑然者. 不能居疏首, 故艶稱某家爲某時疏首子孫, 有若名德達官者然,其始猶能直情徑行, 不墜士林氣節, 而及其久也, 窺覘君上, 逢迎時局, 種種作惡, 至近日而極矣, 及金弘集自倭還, 朝野疑駴, 訛言胥興. 庚辰冬, 嶺南人大會尙州, 治萬人疏, 聲聞京師, 京師人咸動色, 以爲嶺疏若徹, 卽上不允, 必破館殲倭, 以泄義憤, 和局自此而壞, 洶洶若朝夕事發, 或加額遲之.

臘月終入城設疏廳, 疏未上, 而副本行于外. 首攻興寅君最應時領閣, 當國主和, 金弘集奉使無狀, 以邪敎導上. 兼攻戚里, 詞甚峻. 疏首李晩遜, 退陶之後, 而前參判晩運·前承旨晩由之群從也. 閔台鎬見疏大怒, 招晩由等脅之曰: "疏若鐫改, 可以轉禍爲福, 否者, 關君門戶."

晩由等百計怵, 晩遜遂削原稿, 改搆以進之, 語婉意順, 而惟弘集則力攻之, 其意以旣合當路, 則弘集顧易與耳. 上溫批使退, 旣而, 晩由除寧海府使, 晩運亦遷秩. 自是, 擧世唾罵, 嶺南儒疏之氣頓沮.

2. 해괴한 사건(거짓 장례) (1882년)

◆ 임오년 4월 증광감시增廣監試(進士科)가 있었는데 전라좌도의 시험장을 구례현求禮縣에 설치하였다. 시험기일 하루 전에 세 사람이 상여 메는 장송곡을 부르며 거리를 지나가는데, 한 사람은 삼태기와 삽을 들고, 한 사람은 칠성판을 짊어지고, 또 한 사람은 굴관제복을 하고 곡을 하며 뒤따라갔다. 남문 밖 들판에 이르러서 매장을 마치고 봉분을 만든 다음에, 서로 마주하고 곡을 하더니 곡을 마치고는 모두 함께 크게 웃으며 상복을 찢어버리고 떠나갔다. 사람들이 괴이하게 여겨 연유를 물으니 상복을 입었던 사람이 이렇게 말했다. "내 어머니가 행실이 좋지 않아 이웃에게 살해되어 창졸간에 매장하였더니, 이제 와서 죽지 않은 사실을 알게 되어 그 복을 벗어버린 것이오." 이 말을 듣고 모두 미친 사람들로 여겼더니, 얼마 아니 되어 임오군란으로 중전의 행방이 묘연해지자 거짓 장례를 치르는 해프닝이 일어났다.

◆ (p.69,) 壬午四月, 增廣監試, 全羅左道試所設于求禮縣, 前出榜一日, 有三人紼謳過市, 一携畚鍤, 一負七星板, 後者衰経, 號哭以隨之, 至南門外野濱, 葬埋成墳, 相對以哭, 哭已, 俱大笑, 壞其衰経而去, 人怪問之, 経者曰: "吾母不謹, 爲隣人所殺, 倉卒埋之, 今又審其不死, 故廢其喪." 問者以爲狂魔, 未幾, 有中殿之事.

3. 해괴한 사건(감생청)減省廳

◆ 감생청減省廳을 설치하고 【어윤중】魚允中이 이를 담당하는 당상관이 되었다. '윤중'은 명확하게 조사하고 실험하여 나라의 모든 불필요한 인원과 비용을 절감하는데 힘을 기울였으나, 또한 부당하게 절감하는 부분이 없지 않았으며, 외척이나 궁인 환관 등은 때때로 특지를 빙자하여 어렵게 줄인 것을 곧바로 원상 복구해 버렸으니, 이런 일이 생기고 보면 부질없이 분란만 일으키는 꼴이 되기도 했다. 그러나 '윤중'은 더욱 굳게 집착하여 원망과 불평을 돌보지 않았으므로 그를 비난하는 사람들은 그를 "전직각田直閣"이라 불렀다. 이는 그의 성자인 고기어(魚)자에서 머리를 떼고 꼬리를 끊어내면 밭 전(田)자가 된다는 말이니 백 가지를 다 절감하는데 성자라고 유독 획수를 줄일 수 없겠느냐는 말이 된다. '윤중'은 출입할 때 마부도 없이 손수 말을 몰았으며, 일찍이 종로 거리를 지날 때 한 절뚝발이가 뒤따라오며 외쳤다. "소인은 한쪽 발이 길어 괴로우니 원컨대 영감께서 줄여 주십시오." 했으나, '윤중'은 빨리 말을 몰며 못들은 척하고 지나가 버리고 말았다.

◆ (p.71)設減省廳, 魚允中爲句管堂上, 允中明核練習, 凡軍國冗員冗費, 務從減省, 亦有不當減而減者, 戚畹掖庭, 往往借特旨, 纔減旋復, 徒滋紛擾, 然允中執之彌堅, 不恤怨讟, 其毁之者, 號曰'田直閣', 謂魚字去頭截尾, 則田字也, 百事可減, 而姓獨不可減劃乎! 允中出入, 無控卒一鞭馳驟, 嘗過鍾街, 有跛者一人, 尾而呼曰: "小人苦一脚偏長, 願令監之減省也." 允中疾駏若無聞者.

4. 진령군眞靈君이 된 무당

◆ 중전이 임오군란을 피해 충주로 피난 갔을 때의 일이다. 한 여자 무당의 알현을 받는 자리에서 대궐로 돌아갈 날짜를 점치게 했더니 일시가 딱 들어맞았다. 중전은 신기하게 여기고 환궁할 때 대리고 왔는데, 병이 생길 때마다 무당이 아픈 곳을 손으로 만져주면 통증이 가라앉았으므로 날로 총애하여 들어주지 않는 말이 없게 되었다. 드디어 무당은 자신이 '관운장'의 딸이 되었으니 마땅히 사당을 지어 경건히 받들어야한다 외치게 되었고 중전은 하나하나 들어주며 무당을 '진령군'에 봉했다.

무당은 무시로 상감 알현이 가능했으며, 장식을 하고 복장을 갖추어 입으면 상감 내외는 그를 가리키고 웃으며 "참으로 '진령군' 답다" 칭찬하고 금은보화를 무수히 하사하니, 길흉화복이 그의 말 한마디에 좌우되고, 수령이나 감사도 왕왕 그의 손에서 나오게 되었다. 대신들도 부끄러움을 모르는 자들은 다투어 그에게 달라붙어 혹은 자매라 호칭하고 혹은 양아들이 되기를 원했으니, 【조병식】趙秉式, 【윤영신】尹榮信, 【정태호】鄭泰好 등은 그중 두드러진 자들이다. 무당의 아들은 '김창렬'인데 잘 차려입고 외모가 의젓했다. 더러는 무당은 본디 제천과 청풍 사이에 거주했다 말하기도 한다.

◆ 【이유인】李裕寅은 김해 사람이다. 곤궁한 무뢰배로 무과에 응시하려고 서울에서 걸식하던 중 '진령군'이 나라의 권력을 쥐고, 기

교와 기술을 좋아한다는 말을 듣게 되었다. 사람을 시켜 '이유인'이라는 사람이 있어 귀신을 부리고 능히 비바람을 부른다는 말을 하게 하였더니 '진령군'은 놀라워하며 즉시 만나서, 먼저 귀신을 시험해 줄 것을 청했다. '유인'은.: "쉬운 일이지만 놀라실까 두렵습니다. 며칠 동안 목욕재계를 하십시오." 말하고 나온 다음, 영남 출신으로 타향살이하는 젊은이들을 불러모아 은밀히 방책을 일러주고, 기일이 되자 '진령군'을 데리고 밤중에 북한산 깊은 골짜기로 들어갔다.

소나무 숲이 깊고 으쓱하며 반딧불이 이리저리 번쩍거리고 사람 사는 곳이 아닐 것 같은 장소로 인도하며, '유인'은 점잖게 "내가 있으니 걱정할 것 없습니다." 천천히 말하고 나서, 휘장을 들치며 '동방청제장군'東方靑帝將軍 하고 불렀다. 한 귀신이 두 손을 맞잡고 엄숙히 걸어오는데 전신이 푸른빛이며 십 보 거리에 멈추고 다가오지 않았다. '진령군'이 낮은 소리로 "이것 뿐 인가, 무엇이 무서워?"하자, '유인'은 "떠들지 말고 기다리시오." 말하고,

다시 '남방적제장군'南方赤帝將軍 하고 부르니 한 귀신이 나오는데 키가 열 척, 온몸은 붉은 색이요, 머리는 빗자루 같고, 네 개의 뿔과 툭 튀어나와서 붉은 유리구슬 같은 눈알, 입으로는 피를 뿜어, 역한 비린내가 코를 찌르며, 사나운 도깨비처럼 주먹을 불끈 쥐고 노려본다. '진령군'은 얼핏 쳐다보고는 '유인'에게 다가와서 "속히 손짓해 돌려보내라 더 보고 싶지 않다." 말했다. 아마도 붉은 귀신은 가면을 썼던 것이리라. '진령군'이 돌아와서 상감 내외분께 이 사실을 말

씀하니 바로 입시하라는 명이 내리고, 일 년 안에 양주목사의 직위에 오르게 되었다. '유인'은 인하여 '진령군'과 모자의 의를 맺었으며, 관우의 사당인 북묘에 유숙한다는 등 추문이 있었다.

◆ (p.74)中殿之遜于忠州也, 有女巫上謁, 爲之筮還御之期, 時日不爽, 中殿神之, 携而還宮, 凡有疾恙, 巫手摸痛處, 症隨以減, 日見親幸, 言無不聽, 巫遂倡言, 己爲關聖帝君之女, 當建廟以虔奉之, 中殿曲從之, 封巫爲眞靈君,

巫進見無常, 或粧雄服, 兩殿指之笑曰, "信乎! 其爲君也." 賞賜金寶無算, 禍福繫於一言, 守令藩閫, 往往出其手, 於是, 卿宰無恥者爭附之, 或呼以姊妹, 或願作義子, 趙秉式, 尹榮信, 鄭泰好, 其尤也. 巫有子曰金昌烈, 儼列緋玉, 或曰: "巫素居堤川·淸風間."

◆ 李裕寅者, 金海人也, 窮賤無賴, 擧武科, 丐京中, 聞眞靈君擅國柄而好伎術, 使人言有李裕寅者, 役鬼神, 能致風雨. 眞靈君驚異, 卽邀見之, 請先試鬼物, 裕寅曰: "易爾, 恐悸耳. 第齋沐幾日." 裕寅出, 召嶺人惡少輩旅食者, 密授方略, 至期, 拉眞靈君, 夜入北山最深處,

松林窈黑, 流螢閃爍, 已自不類人境, 裕寅叮嚀之曰: "惟我在, 毋悸也." 揮帕呼曰: "東方靑帝將軍" 一鬼肅拱而前, 遍體藍靑, 距十步許, 不進. 眞靈君低聲曰: "如是已也. 奚悸爲?" 裕寅曰: "無譁可俟之."

又呼曰: "南方赤帝將軍" 一鬼長可十尺, 全身絳赤, 頭如箕, 有四角, 眼突凸如紅琉璃, 口噴赤血, 腥臊射人, 猙獰如夜叉, 戟手而立. 眞靈君 瞥見之, 躡裕寅曰: "速麾之, 不欲盡見." 蓋赤鬼戴假面也. 眞靈君旣還, 言之兩殿, 遂命入侍, 一歲中至楊州牧使. 裕寅因與眞靈君結母子, 止宿 北廟, 有醜聲.

5. 마지막 성균관유생

◆ 중엽 이래로 성균관은 천하의 모범을 세우는 토대이며, 일세의 공론이 시작되는 곳이었으니, 위로는 존엄한 군왕을 굴복시키기도 하고 아래로는 재상의 위세를 꺾을 수 있었으며 때로는 그 논의가 지나쳐 중도를 벗어나는 일이 있더라도, 옛 사람의 언행을 숭상하는 선비들은 오히려 그것을 취택했다. 그러나 근세에 이르러 천하의 운세는 쇠퇴하고 선비의 기풍 또한 무너져 이른바 관학의 선비라는 사람들은 모두가 과거급제에 목을 매며, 각박하고 요괴 같아서 춥고 배고파도 돌아갈 곳이 없었다.

빈 서제에 웅크리고 앉아 밤낮으로 궁리하며 생각해내는 일이란, 방해받거나 허물하거나 죄받을 일이 없는 서원의 복설, 명현의 문묘 배향 등을 들고 나와서, 이것을 절호의 기회로 여기고, 팔방에서 사람을 불러 모아 의기투합하여, 떼를 지어 강제로 돈을 걷거나 고을의 찬조를 받고, 사람 수대로 나누어 먼저 먹을 것을 마련한 다음 나머지로 소청疏廳을 설치하여, 두건에 도포 입고 날마다 모여들어 함께 대궐 앞에 엎드리니 이것을 봉장封章이라 부른다.

그 대강을 살펴보자면, 금년에도 문묘배향, 명년에도 또 문묘배향 이니, 그 처음에는 오히려 핑계가 있었지만, 이미 큰 선비라 이름난 사람은 큰 소리로 배향을 외쳐보지 않은 사람이 없게 되었으니, 영 남 같은 경우는 점필재, 남명, 한강, 여헌[1], 에서부터 세상을 피해 은거한 선비까지 들먹이고, 호남은 일재, 고봉, 미암, 사암 및 노옥계[2] 를 호남 오현 이라 하여 배향하기를 천거하고, 기호는 중봉, 신독재, 수암, 청음에서 농암[3]까지를 들먹여 결국 중봉과 신독재의 문묘배 향 윤허를 얻어냈다.

더러는 목은 '이색'李穡을 들먹이는 사람이 있고, 심지어 '황심현'黃心顯 이라는 사람은 혼자서 그의 선조 '방촌[5]'을 천거하여 팔도의 호응 을 얻은 일이 있고, '허헌'은 그의 선조 '미수'眉叟[4]를 천거했다가 엄 한 비답으로 유배형을 받기도 했으니, '허헌'이 홀로 죄받은 일은 '허 미수'를 천거했기 때문이며, 문묘 배향을 청하는 일이 죄가 중해서 가 아니니, 이 같은 것들을 어찌 모두 선비들의 주장이라 하겠는가? 법도와 기강이 무너져 군왕을 하찮게 여기고 업신여기며, 기탄없이 떠들어대니 아! 세태의 변화를 여기에서 볼 수 있었다 하겠다!

◆ (p.78)中葉以來, 賢關爲首善之地, 一世公論所自出, 上屈人主之尊,下折宰相之威, 卽有時言議過中, 尙論之士, 猶有取焉. 至近日世運旣降, 士風亦頹, 所謂館學之儒, 擧不過髡髦擧子, 尖酸怪鬼, 飢凍無所歸,

相與踆伏空齋, 日夜思所以惹出一事, 無着落, 無罪過者, 如書院復設, 名賢陞廡之類, 認作奇貨, 呼召八方, 聲氣相應, 猥雜成群, 或勒徵邸錢, 或抑配鄕賻, 計員分䌷, 先辦喫, 以其餘貲, 略設疏廳, 戴巾穿袍, 輪日沓至, 齊伏闕下,謂之封章,

窺其大槩, 今年亦曰陞廡, 明年亦曰陞廡, 蓋其始也,猶有可諉者, 旣而以儒賢稱者, 無不臚陳, 若嶺南則佔畢·南冥·寒岡·旅軒·至與濯纓, 而幷擧焉, 湖南則一齋·高峰·眉庵·思庵及盧玉溪, 謂之湖南五賢, 圻湖則重峰·愼獨齋·遂庵·淸陰以及農巖, 而重峰·愼獨齋, 竟蒙允許.

間有歷擧牧隱者, 甚至有黃心顯者, 獨疏擧其祖厖村, 而八路踵而應之, 有許憲者, 獨疏擧其祖眉叟, 而嚴批竄配, 憲獨被罪, 以眉叟也, 非重陞廡也. 若是者, 豈皆士論哉, 法紀蕩然, 罔念君上之爲何等, 而屑越煩聒, 幾乎無忌憚焉, 嗚呼, 可以觀世變矣!

6. 전주 감영의 아전들 (기축년 1889년)

◆ 대원군 은 집권 당시에 일찍이 전주 아전들의 악습을 나라의 삼대 폐단의 하나로 여겼다. 전주 감영의 하급관리들은 원래 사납 고 교활하며 드세다고 일컬어왔지만, 그러나 사실은 서울의 세도가 들이 그들의 뇌물에 맛들여왔기 때문에 그렇게 만들어진 것이다. '이하응'이 '백락서[6]'의 악행을 길러준 예가 그 증험이라 하겠다. 이 때문에 교만하고 완강하여 제멋대로 하는 버릇이 본성이 되어 드디 어 사대부를 욕보이고, 관장을 능멸하는 지경에 이르게 된 것이다.

그러나 그들은 아랫사람에게는 매우 엄격했으니, 무릇 관노, 사령 과 아전과의 거리는 한 계급에 불과하지만 마치 주인과 노비 사이 처럼 엄하게 다루었다. 그 때문에 관노, 사령들은 겉으로는 두려워 서 '예 예'하고, 속으로 이를 가는 현상이 처음부터 한결 같았다. 기 축년(1889년) 정월에 아전의 자식인 나이 어린통인이 늙은 관노를 만나 조심성 없음을 꾸짖으며 대중 앞에서 발로 차서 넘어뜨리는 일이 생겼다. 이에 관노 사령들이 일제히 들고일어나 이러한 모욕은 더 이상 참을 수 없다하여 죽음을 각오하고 봉기하였다.

통인의 집에 불을 지르니 아전들은 크게 놀라 감사에게 보고하고 무기를 내어 박멸할 것을 청했다. 당시의 감사 '이헌직'李憲稙은 나약하 여 이들을 억제하지 못했고, 또한 실권이 아전들의 손아귀에 들어 있 었으므로 어찌할 방도가 없었다. 모든 아전들은 가족을 인솔하여 무기고를 부수고 군대의 무기를 꺼내어 대항하고, 또 반석리盤石里를 모두 불태워버렸다. 이 마을은 남천교 남쪽에 위치한 오백 여 호 되는 마을이며, 관노, 사령들의 거주지이다. 한번 불을 지르니 온 마을이 잿더미가 되어버리고 수십 인이 살해되기에 이르렀으며, 나머지는 사방으로 흩어지고 원통함을 외치는 소리가 원근 각처에 진동했다.

아전들은 감사를 협박하여 관노, 사령들이 난을 꾸민 것으로 조정에 허위 보고 하였다. 조정에서도 그 실상을 잘 알았으니 아전들에게 죄가 돌아감이 마땅하나 그러나 다수의 아전들이 변고를 일으킬 것이 두렵기도 하고 또 세도가들이 서로 도와주어 서둘러 마감하고 수괴 몇 명을 단죄하여 유배시키고 끝을 냈다. 난이 진정되자 관노, 사령 없이는 관청을 꾸려갈 수 없었으므로 죄를 용서하고 옛 직책으로 돌아오라는 명을 내리니, 흩어져 떠돌며 곤궁했던 사람들이 차차 돌아와서 분함을 참고 때를 기다리게 되었다.

그들은 을미년 겨울에 이르러 기일을 정하여 거사하되 감사를 받들고 선제공격하여 아전 가문을 섬멸하기로 작정하였으나 모의가 누설되는 바람에 모두 도망치고, 죽임을 당한 사람이 수없이 많았다. 이로부터 죽음을 무릅쓰고 복수하려는 사람이 나타날 것이 두려워 옛 관노, 사령들을 모두 쫓아내고 고용인으로 그들을 대신하게 하였다. 진위대鎭衛隊를 설치할 때도 관노, 사령이 응모할까 두려워 모두 자신들의 자제들로 충원시키니, 그 때문에 관노, 사령들의 복수는 마침내 이루어지지 못하고 말았다.

◆ (p.110,)大院君是應之當國也, 嘗以全州之吏習, 爲國中三大弊之一, 蓋居全州營下者, 素稱獷猾豪頑, 然實由京師權貴舐其賂遺, 而爲之地. 如是應養成白樂瑞之惡, 卽其驗也. 自是驕頑自恣, 習之成性, 遂至折辱士夫, 凌轢官長,

然所以待其下者, 則甚嚴, 凡官奴與使令輩, 去吏只一級, 而威制之無異奴主焉. 故爲奴令者, 惴慄唯諾, 而切齒則自如也, 至己丑(1889년)正月, 吏雛之爲通引者一人, 以童丱遇一官奴之老者, 訶其不謹, 衆中踢倒之. 於是,奴令者齊議, 以此辱不可耐也, 決死而起,

火通引之居, 諸吏大恐, 入白監司, 請發軍械樸之. 時李憲稙爲監司, 儒不能制, 又權在吏手, 無如之何也. 諸吏各率家人, 破武庫, 出軍火拒之, 又燒盤石里, 里在南川橋南, 可五百餘戶, 奴令所居也. 一炬成灰, 其被殺死者數十人, 其餘四向迸散, 冤呼之聲, 震于遠近,

諸吏脅憲稙, 以奴令謀亂, 瞞報于朝, 朝廷雖洞其實狀, 宜歸罪于吏, 然畏吏衆爲變, 且權貴互援, 草草勘斷, 坐其魁數人, 編配而已, 亂稍定, 吏議以無奴令, 亦不成官府, 遂揭令買罪, 各返舊職, 奴令散者, 流離困悴, 只得稍稍歸之, 忍蓄俟時.

至乙未冬, 刻期擧事, 奉監司先發以制之, 誓盡滅吏家, 已而謀泄, 擧各盡室以逃, 故見殺者無幾, 自是, 諸吏懼死士猝發, 盡逐奴令舊班, 雇人以代之, 及鎭衛隊之設也, 諸吏又懼奴令之或應募, 各出其子弟以補伍, 故奴令之讐, 竟不得報.

7. 서울에도 화적떼가 들끓고 (1891년)

◆ 신묘년에서 임진년(1892년)으로 넘어가면서 서울에는 화적떼가 들끓어, 물건을 빼앗고 사람을 죽이는 변고가 더러는 백주에도 일어났다. 심지어는 궐내의 일꾼들까지 멋대로 도둑질을 하니, 상감이 동온돌에서 서온돌로 옮기면 동온돌의 물건이 없어지고, 서온돌에서 동온돌로 옮기면 서온돌의 물건이 없어지는 일이 있어, 상감이 이 일을 걱정해도 어찌하는 수가 없었다.

하루는 시임 및 원임 대신을 모두 소집하니 김병시와 김홍집이 함께 대궐에 모여 서로 이렇게 의논했다. "소집한 것을 보면 반드시 포도대장 추천이 있을 것 같은데 누가 좋겠습니까." '홍집'이 "【신정희】申正熙가 가합니다."말하자, '병시'는 "누가 그의 상대가 되어야 합니까."했다. '홍집'은 다시 말하기를 "없다면 '이봉의'李鳳儀가 좋겠습니다." 하니, '병시'가 손을 저으며 "상감은 평소 자신의 잘못을 고치려하지 않으니 우리가 먼저 말하지 말고 스스로 선택하시기를 기다립시다. 상감께서도 차례로 살펴보았을 것이므로 반드시 이 두 사람을 벗어나지 않을 것입니다." 했다.

입시하자 상감이 "경들은 화적떼 이야기를 들었는가? 쥐새끼 같은 무리가 궐 안 까지 들어왔으니 이는 포도대장이 적임자가 아니기 때문이다. 경들이 각각 한 사람씩을 추천하라." 분부했다. 그러자 "신들이 어찌 감히 말씀 하겠습니까 신하를 아는 이는 임금만한

이가 없으니 전하께서 결단하십시오."하고 대답했다. 상감이 "신정희'가 어떠한가." 하자 모두가 "적합합니다." 하고, 상감이 또 "'정희'와 짝지을 사람은 누구인가?" 묻고, 조금 지나서 "'이봉의'가 어떠한가?"하자, 모두가 "전하의 감식이 지당하십니다." 대답하고 인하여 서로 미소 지었다.

상감이 미소 지은 일을 힐문하자 '병시'가 대답했다. "신등이 밖에서 이미 두 사람을 점찍었으나 성상의 의중을 헤아리지 못해 감히 진달하지 못했습니다."하자, 상감은 크게 웃으며 적임자를 얻었다 매우 즐거워하고 드디어 '정희'를 좌포장 '봉의'를 우포장에 임명했다. '신정희'는 도박이 절도의 근본이라 여기고 이를 엄히 금하였으며, 붙잡히면 바로 처형하니 반년이 못되어 죽는 자가 4백이 넘었다. 도성 안이 두려워 떨며 모두가 일찍 자고 늦게 일어나며, 마치 귀신이 문 앞에 와있는 것처럼, 숙연하여 한 푼어치의 작란도 없었다. 이를 논평하는 사람들이 "'신정희' 한 사람을 등용하여 악당들이 세상에서 사라졌으니, 세상을 구할 인재가 없던 적은 없는 것이니, 등용하는 사람이 없음을 걱정해야하는 것이다." 하고 말했다.

【이봉의】는 평소에도 신칙하고 중후하여 단한번의 언동도 허둥대는 일이 없었으니, 상감이 일찍이 측근에게 "'이봉의'는 나를 섬긴지 30년 동안에 경연을 출입하면서 한 번도 곁눈질하는 것을 보지 못했으니 참으로 군자다운 사람이다." 말했다. 우포장이 되어서 그 위력과 기세는 비록 '신정희'에 미치지 못했으나 범죄에 대하여 관용

을 베푸는 일이 없었으며 소관부서 또한 잘 단속했다. '봉의'는 '이
경우'李景宇장군의 양자로서 열 살이 넘어 호남에서 왔으며 사투리를
썼는데, 비복들이 몰래 비웃는 것을 부끄럽게 여겨, 반년 동안을 말
을 하지 않고 서울말을 모두 익힌 다음에야 말을 시작하였으니 그
의 성품이 굳고 돈독함은 어려서부터 이미 그러하였다.

◆ (p.118,)辛卯·壬辰之交(1891~1892年), 京中火賊極熾, 攘奪殺越之變,
往往出白晝, 至於闕內員役, 皆肆然作盜, 上自東溫突, 移西溫突, 則東溫
突之物見失, 自西溫突, 移東溫突, 則西溫突之物見失, 上患之而莫可奈也,

一日, 召時原任大臣, 金炳始·金弘集齊會闕下, 相謂曰: "見召, 必使薦
捕將也, 誰其可者?" 弘集曰: "申正熙." 炳始曰: "誰堪作對?" 弘集曰: "無
已, 則李鳳儀也." 炳始搖手曰: "上素護前, 吾輩至上前, 第勿言, 待上自
擇, 上有倫鑑, 必不出此二人."

旣入, 上曰: "卿等不聞火賊乎? 鼠輩至潛伏闕中, 此由捕將之非人, 卿
等各薦一人." 對曰: "臣等何敢言. 知臣莫如君," "惟殿下裁之." 上曰: "申
正熙如何?" 齊對曰: "得之" 上又曰: "配正熙者誰." 有頃, 又曰: "李鳳儀
何如?" 齊對曰: "聖鑑至當." 因相微笑.

上詰之, 炳始對曰: "臣等在外, 已點兩臣, 然未測聖意如何, 未敢達
也." 上大笑, 深以得人自喜, 遂差正熙左捕將, 鳳儀右捕將, 正熙, 以賭
技爲竊盜之本, 幷嚴緝之, 捕獲輒殺, 未半歲, 死者四百餘, 都下憻慄,

皆蚤臥晏起, 如鬼扑臨門, 肅然無銖兩之姦, 論者謂: "用一申正熙, 而姦宄絶世, 未嘗無救時之才, 患無用者耳."

鳳儀素愼飭重厚, 一言動, 莫或造次, 上嘗語侍臣曰: "李鳳儀, 事予三十年, 出入筵席, 未嘗見其邪視, 眞君子人也." 爲右捕將, 威稜風力, 雖不及申正熙, 有犯無赦, 所部亦治, 鳳儀, 故將臣景宇養子也, 十餘歲, 自湖南來, 操鄕音, 婢僕竊笑之, 鳳儀恥之, 凡半歲不語, 盡解京語, 然後乃語, 其姿性堅篤, 自幼已然.

8. 제주의 민란 (1892년)

◆ 제주에 민란이 일어나 목사를 축출하고 섬 안이 크게 시끄러워, 장기간 안정되지 못하고 있었다. 이 소문이 상감의 귀에까지 들리니 상감이 이를 근심하고 문무를 겸비한 뛰어난 사람을 뽑으려 했지만 적임자를 찾지 못해 삼정승을 입대시켰으나, '김병시' 등은 여전히 불감당이라 회피하며 사양하였다. 이에 상감은 한참을 생각하다가 "내가 적임자를 찾았다. 【이규원】李圭遠 보다 나은 사람은 없다."하니 모두가 축하인사를 드리며 드디어 '규원'을 임명하고 찰리사察理使를 겸임시켰다. 이는 '규원'이 직급이 높은 장군이며, 목사직함 만을 가지고 가서 도민의 경시를 받음이 불가하기 때문이었다. '규원'은 일 년 만에 섬 안을 안정시켰다.

상감은 재위 기간이 오래되어 신하들의 자질을 잘 알고 있었지만 사사로움에 이끌리어 그들의 진퇴를 공정하게 처리하지 못하다가도, 얽혀서 풀기 어려운 사변을 만난 다음에는 적임자를 등용하였으니, 함흥민란에는 【서정순】徐正淳을 감사로 임명하여 진정시키고, 북청민란에는 '이규원'을 남병사로 임명해 진정시켰으며, 지금 제주에 있어서도 또한 그러하였다. 그러나 일이 끝나면 곧 방치하고 말았다. 성품 또한 스스로 다 안다고 생각하며 남들이 영합해오기를 즐겼으므로 대신들이 꾀를 부려 '김병시, 김홍집'처럼 직접 인재를 추천하지 않고 상감이 스스로 선택하도록 유도하여 사람을 잘 아는 능력이 있다고 받들었으니, 아! 이것은 신하의 도리가 아니며 시중의 장사치들이 하는 짓이 아닌가.

◆ (p.119)濟州民作亂, 逐牧使, 島中因以大擾, 久未定, 流言上聞, 上憂之, 欲擇文武有威惠者以送之, 難其人. 命三公入對, 金炳始等, 又遜辭不敢當, 上沈吟曰: "我得之矣, 無踰李圭遠." 諸臣拜賀, 遂差圭遠兼察理使, 以圭遠秩高將臣, 不可但以牧使去, 使島民輕視之也. 圭遠至莽年, 島中克定.

上在位久, 稔知諸臣賢否, 而牽於燕私, 不能進退惟公, 但遇事變, 盤錯不可解, 然後乃推其人用之. 如咸興民亂, 則徐正淳爲監司, 以鎮之; 北靑民亂, 則李圭遠爲南兵使, 以鎮之. 及今濟州亦然. 然事平, 則廢寘之. 性又自聖, 喜人迎合, 故大臣挾智數如金弘集·炳始者, 不敢直薦才賢, 必導上自擇, 奉之以知人之名. 噫! 非臣道也, 市道也.

9. 세자 이야기

◆ 세자는 기억하는 능력이 뛰어나 조정의 모든 문서, 나라의 큰 사건, 산맥과 하천, 국경의 방비, 금전과 곡식, 군대와 무기에 관한 기록은 물론, 사대부의 문벌과 족보, 벼슬을 한 날짜까지 낱낱이 기억하고 있었으므로, 상감 또한 총명을 자부하는 처지였으나 막히는 경우에 가끔 세자에게 물어보는 일이 있었다.

당시의 동궁 관리들은 모두 권문세가와 외척의 자질들로, 학문의 깊이를 따지지 않고 선발되었기에 그들의 지식은 모두 세자에 미치지 못했으니, 세자는 더욱 그들을 얕잡아 보게 되었다. 한번은 '민경호'의 등에 올라 채찍질하며 말 타기 놀이를 하는데 '경호'가 말처럼 엉금엉금 기며 말 울음소리를 내어 상하가 웃고 즐기기도 했다.

◆ 【이보영】은 세자 시강원 설서說書로 재직하면서 소학을 시강하다가 소학제사小學題辭의 경잔교이經殘教弛라는 구절을 교시教施로 잘못 읽었고, 이에 앞서 승지 【조명교】는 군호를 내리면서 어필인 북고(鼓)자를 잘못 읽어, 쪼개어 일피(壹皮)로 군호를 내렸다. 그 후 서울에는 우스갯소리로, 만물은 상대가 없을 수 없으니, 전에는 일피승지(壹皮承旨)가 있었고, 이제는 교시설서(教施說書)를 보게 된 것이라고 했다.

◆ (p.120)世子記性絶人, 凡朝章 國故 山川 關防 錢穀 甲兵之簿, 以

及士夫門閥譜牒, 科宦年月, 隨事臚列, 歷歷不差, 上亦恃聰明, 然有窒
漏, 往往問世子,

時春坊諸臣, 皆取以閥閱戚畹, 不問文學, 故記覽博洽, 槃出世子下,
世子益輕之. 嘗騎閔京鎬而鞭之, 作馬狀, 京鎬匍匐聲嘶, 作馬鳴, 上下
以爲笑樂.

◆ 李輔榮者, 以說書, 侍講小學, 讀題辭, 至經殘教弛, 讀作教施. 先
是, 承旨趙命教, 出軍號, 以御筆鼓字, 分作壹皮. 京師傳笑曰: "物無無
對, 前有壹皮承旨, 今見教施說書."

10. 공문의 명칭변경 (1895년)

◆ 종래 우리나라의 공문 이첩은 중앙관서에서 외도外道에 발송하
는 것과 감영監營에서 각 읍에 보내는 문서를 '관자關子' 또는 '감결甘結'
이라 하고, 각 읍에서 감영에, 감영에서 중앙관서에 보내는 것은 '보
장報狀' 이라 하며, 수령이 백성에게 내리는 문서를 '전령傳令' 또는 '하
첩下帖' 이라 불렀다.

지금에 와서는 그것을 바꾸어 부르는데 '관자와 감결'은 '훈령訓令,
또는 지령指令' 이라 하고, '보장'은 질품質稟 '보고報告' '청원請願' 이라
하고, '전령과 하첩'은 '고시告示'라 한다. 국문과 한문을 섞어 쓰니,

관리도 백성도 모두 싫어하고 괴로워한다.

◆ (p.187)舊制文移, 自京司飭外道, 自巡營輪各邑則 曰關子,曰甘結. 自邑達營, 自營達京司則 曰報狀. 守令喩民則 曰傳令,曰下帖.

至是, 改稱 關·甘, 曰訓令, 曰指令. 報狀 曰質稟, 曰報告, 曰請願. 傳令·下帖 曰告示. 雜以國漢文, 吏民厭苦之.

11. 아관파천 때의 통역관 김홍륙

◆ <u>내부대신 남정철을 면직하다.</u> 【남정철】南廷哲은 그의 직위를 오래 보전하고 싶었으나 '김홍륙'金鴻陸과는 면식이 없었다. 당시 모든 관리의 임면이 절반은 '홍륙'의 손을 통해서 나왔으므로, 그의 첩을 시켜서 '홍륙'의 첩과 재매관계를 맺게 하면 저절로 부탁이 이루어질 것이라 생각하고, 서로 왕래하게 하였더니 그의 첩은 '홍륙'과 눈이 맞아버리고 '홍륙'의 첩이 이를 질투하게 되었다. 하루는 '정철'이 연회를 열어 여러 빈객들이 자리에 가득 앉아 있는데, 홀연히 한 기생이 당상에 오르며 꾸짖었다. "남정철은 어디에 있소? 나는 김 협판의 첩이요. 당신의 직위를 오래 보전하려면 합당한 방편이 있는 법이지, 어찌하여 첩을 놓아 보내서 남의 남자와 간통하게 만들어 남의 가정을 파탄 내버리니, 그러고도 당신이 대신이란 말이오?" 하

고 소리치니 손님들은 모두 귀를 막고 일어섰다. '남정철'은 다른 일
로 사직을 청해서 세 번 만에 면직 되었다.

◆ (p.232)內部大臣南廷哲免. 廷哲欲久其位, 而不識金鴻陸, 時百官黜
陟, 半出鴻陸, 廷哲使其妾, 結姉妹于鴻陸之妾, 冀得自托. 遂相往來.
其妾因與鴻陸通, 爲鴻陸之妾所妬, 廷哲一日宴會, 賓客滿座, 忽一妓上
堂罵曰:"南廷哲安在? 我金協辦妾也. 汝欲久汝位, 則自有其術, 何至
縱妾姦人, 間我燕昵之私, 汝亦大臣乎?"坐客掩耳而起, 廷哲因他事乞
遞, 三疏獲免.

12. 고종황제 독살음모 (1898년)

◆ 【김홍륙】을 처형하다. '홍륙'이 유배형을 받고 떠나면서 아편
봉지를 어선주사御膳主事 '공홍식'孔洪植에게 내어주며 음식에 섞어 올
리도록 부탁하니, '홍식'은 '김종화'金鍾和를 시켜 실행하게 하고 그 대
가로 은화 천 원을 약속 받았다. '종화'는 평소 양요리를 담당한 자
로, 만수절을 맞이하여 아편을 소매에 품고 주방에 들어가 끓이는
커피에 집어넣었다. 상감이 한 모금을 마시자 바로 토하고, 태자가
맛을 보고 또한 어지러워 넘어지고, 환관과 모시는 희빈들 또한 맛
본 사람은 모두 구토와 복통을 일으키므로 궐내가 발칵 뒤집혔다.

국청을 설치하자 '종화'와 '홍식'은 기세에 눌려 자복했고, '김홍륙'이 잡혀 도착하기 전에 '홍식'은 스스로 입을 막으려고 자해를 했으나 죽지 못했다. '홍륙'은 잡혀 와서 큰 소리로 승복하고 무도한 말을 많이 지껄였다. '홍륙·홍식·종화'를 함께 교수형에 처하고 '홍륙'의 처 김 씨는 임신 5개월이므로 경감하여 3년 유배형을 내렸다. 도성 백성들이 '홍륙'의 시신을 잘라 그의 살을 씹었으며, 이로부터 '민영소'閔泳韶가 궁중에서 숙직하며 어찬을 올리기 전에 미리 맛을 보아 사고를 예방했다.

◆ (p.236)金鴻陸伏誅. 鴻陸將赴謫, 出鴉烟一封, 屬御膳主事孔洪植調膳進毒, 洪植又使金種和行之, 約酬銀千元. 種和, 素掌洋料理進御者也, 以萬壽節袖鴉烟入廚房, 適會咖啡茶沸, 遂投之, 上纔一呷, 便吐, 太子嘗之, 亦暈倒, 宦侍姬嬪嘗者, 嘔噦腹痛, 闕內震駭.

及設鞫, 種和·洪植, 望風承款, 拿鴻陸未至, 洪植欲滅口, 自刺不殊, 鴻陸至, 大言承服, 語多不道, 鴻陸·洪植·種和幷絞, 鴻陸妻金, 方姙五朔, 從輕配三年. 都民出鴻陸尸臠割. 自是, 閔泳韶直宿禁中, 視膳必嘗以防之.

13. 귀신 이야기

◆ 충주 사는 【성강호】成康鎬라는 자가 스스로 귀신을 부른다고 말하고 다녔다. 상감이 그를 불러 명성황후를 부르라는 영을 내리니, 하루는 경효다례景孝茶禮를 올리다가 갑자기 계단아래 엎드렸다. 상감이 연유를 물으니: "황후가 오셔서 의자에 앉으십니다." 대답했다. 상감은 의자를 어루만지며 크게 통곡하고, '강호'가 "너무 심히 통곡하시면 신령이 다시는 오지 않으실 것입니다." 말하니, 억지로 눈물을 거두었다. 이로부터 궁전에서나 황후의 능에서 제사를 올릴 때마다 "황후가 오셨느냐?" 물으면: "유명이 다르니 혹 강림하시기도 하고 혹은 못 하실 때도 있습니다." 대답했다. 상감은 황후가 생각날 때마다 그를 불러들였고 일 년 만에 협판(참판)자리에 뛰어오르니 그의 대문 앞에는 구름같이 사람이 모여들었다.

◆ 통천 사는 【김원동】金元同이라는 사람은 방탕하여 아비의 사랑을 잃고 여기저기 떠돌다가 동구릉에 이르렀는데, 길 위에서 작은 병 하나가 사람 소리를 내며 팔짝팔짝 뛰는 것을 발견했다. 얼른 주워 병 주둥이를 틀어막고는 시험 삼아 병을 톡톡 두드리며: "내가 지금 어디로 가야 먹을것을 얻겠느냐?" 했더니, "어느 방향으로 가시오." 대답한다. 시험 삼아 가보았더니 관연 그러하였다.

두드리기만 하면 응답하는 것이 신통하여 이것을 품에 품고 서울에 들어오니 점치러 오는 사람이 구름같이 모여들었다. 드디어 '이

원근'^{李元根}이라 변성명하고 【강석호】^{姜錫鎬}의 집에 묵게 되었는데, 때마침 영친왕이 병을 앓게 되었다. '석호'가 신통한 점쟁이라고 대궐에 알려서 점을 치게 하였는데 하나도 틀림없이 다 맞추었다. 크게 총애를 받아 바로 금화 군수에 제수되고 대궐의 모든 푸닥거리를 주관하니 위엄과 복록이 일대를 휩쓸었으며 그 아비가 찾아와도 만나지 않고 쫓아 보냈다한다.

◆ ^(p.251)1.忠州人成康鎬者, 自言見鬼物, 上召之, 令見明成后, 一日, 行景孝茶禮, 康鎬忽趨伏階下, 上問何故, 對曰:"后臨幸矣, 陞榻矣." 上摸榻大慟, 康鎬曰:"若慟甚, 則神靈不復來臨." 上強爲之收淚. 自是, 有事殿陵, 輒問曰:"后來否?" 對曰:"幽明有異, 或降或不降." 上每思后, 則必召之, 周年超至協辦, 其門如市.

◆ 2.通川金元同者, 蕩冶, 失愛於父, 轉至東九陵, 路見一小甁, 跳躍作聲類人語, 同塞其口, 試叩之曰:"吾今于何得食?" 應曰:"向某方." 試之果然.

同神之, 有叩輒入, 携之入京, 筮者雲集, 遂客姜錫鎬所, 變姓名李元根. 會英王病, 錫鎬以聞, 刻差期不爽, 大有寵, 即除金化守, 主大內祈醮, 威福煽一道, 其父來訪, 拒逐之.

14. 월미도를 팔아먹은 자들 (1901년)

◆ **【김영준】** 金永準이 죄를 지어 처형되다. 이에 앞서 **【민영주】**閔
泳柱가 몰래 월미도를 러시아인에게 팔고 중죄를 받게 되자, 그의 아
들 '경식'이 평리원 재판장 '김영준'에게 도움을 청하니, '영준'은 '경식'
에게 러시아 공사관에서 군대를 빌려 상감을 협박하고 엄빈嚴嬪과
권신들을 죽이고 정부를 뒤엎어 정권을 잡으라고 교사했다. '경식'
이 그렇게 하기로 동의하였으나 일이 오래도록 이루어지지 아니하
므로 두려운 나머지 위에 고변하고, 공모한 군부 협판 '주석면'朱錫冕
을 증인으로 끌어들였다. '석면'은 사정을 알았다는 죄, '경식'은 고변
이 늦은 죄로 종신 유배형에 처하고, '영준'의 죄는 참수형으로 품의
하였으나 교수형으로 바뀌어 교지가 내려오니 사법부는 다시 판결
이 바뀔까 두려워 서둘러 집행하고, 백성들은 거리에서 잘된 일이라
고 서로 반겼다.

상감은 아마도 죽일 의사가 없었던 것으로 그의 죽음을 듣고는:
"김영준 같이 공사에 힘쓰고 재물을 잘 바치는 사람을 어떻게 다시
얻는단 말인가?"하고 탄식했다. '영준'은 버림받은 서얼 출신으로 갑
자기 고귀한 지위에 올라 적장자를 능멸하고 윤리는 안중에 없었으
니, 그의 어미의 신주를 만들어 형 '영철'을 꾸짖고 아버지 사당에
합사하였으며, 그의 어미의 무덤을 파서 아버지의 묘에 합장하면서:
"생전에는 동침하고 죽어서는 같은 무덤에 못 들어가는 법이 어디
에 있다는 말인가?"했다. 대신들이 글을 보내면서 칭생稱生[7]을 하고

칭제稱弟를 하지 않으면 구겨서 땅에 던지며: "이 자가 살고 싶지 않
은가? 생生이 무슨 호칭이란 말인가?"하니, 모두 그를 두려워하여 교
재를 끊었으며 공분을 사는 일이 이와 같았다. 이때는 이미 문벌이
무너지고 청요직淸要職도 서얼출신이 과반이 넘었으니, 권력 냄새를
풍기는 교만한 사대부들도 벗으로 허락하며 아우라고 칭하지 않는
사람이 없게 되었지만, 혼사에 관해서는 아직도 통혼을 꺼렸다.

◆ (p.279.)金永準, 有罪誅. 先是, 閔泳柱, 潛賣月尾島于俄人, 將獲重
罪, 其子景植, 乞援於永準, 永準教景植, 借兵俄館, 劫上, 殺嚴嬪及諸
權貴, 因易政府. 景植欲從之, 事久不諧, 懼而上變, 證引朱錫冕, 錫冕
坐知情, 景植坐晩告, 皆處流終身. 始擬永準斬, 詔改以絞, 法司恐獄變,
促殺之, 百姓相慶于道.

上蓋無意殺之, 而聞其死, 歎曰: "安得奉公納財如金永準者乎?" 永準
庶孼擯棄, 旣暴貴, 陵轢嫡家, 無復倫理, 作其母神主, 叱其兄永哲祔父
廟, 又掘其母, 合窆于父墓曰: "安有生同寢, 而死不同穴之法乎?" 卿宰
貽書, 稱生不稱弟, 則拉之抵地曰: "此輩欲不生乎? 生是何號?" 衆畏之,
折輩行與交, 其犯公憤者如此. 是時, 門閥旣破, 淸要之職, 庶流過半,
權燄所薰, 士大夫素驕傲者, 莫不許朋稱弟, 而婚嫁, 則尙不通.

15. 지리산이 울다 (1901년)

◆ 지리산이 3일 동안 울어 그 소리가 수 백리 밖에 들리다. 【안 영중】安永重이라는 사람은 남원에 살던 사람으로 기예와 방술을 즐 기고 능히 주역의 술법을 말하는 능력이 있어 사람들이 안주역安周易 이라 불렀다. 갑오년 동학 난리에는 어머니 복을 입고 있다가 복을 벗어버리고 '김개남'金介南의 수하에 들어가 좌포장이 되었고 패전하 자 가족을 데리고 서울로 도망 왔으며,. 지름길로 입대하는 길을 열 어 상감의 마음에 들게 되었다. 그는 지리산의 산맥이 바다를 건너 왜국을 만들었으니 만약 이것을 뚫어서 지기地氣를 누른다면 일본 은 자멸한다고 주장했다.

상감은 그 일을 위임하여 '영중'에게 '양남도시찰兩南都視察'을 제수하 고 크게 역부들을 징발하여 운봉 땅에서 산맥을 뚫어 끊기로 하고 겨울철에 역사를 시작했다. 그러나 암반이 나오고 물이 쏟아져 도 저히 공사를 시행할 수 없는 형편이라 관찰사 '조한국'趙漢國이 여러 차례 불러들이려 했지만 듣지 않다가 '영중'은 산이 우는 소리를 듣 고서야 두려워서 멈추었고, 얼마 아니 되어 현풍군수가 되어 떠나 갔다.

◆ (p.290.) 智異山鳴三日, 聲聞數百里. 有安永重者, 舊居南原, 好技術, 能談易數, 人稱安周易. 甲午匪亂, 方居母憂, 釋服附金介南, 爲左捕將, 敗及, 盡室逃入京, 因別蹊入對稱旨, 言智異山脈, 渡海爲倭國, 若鑿以壓之, 倭當自滅.

上寄之, 除永重兩南都視察, 大發丁夫, 鑿斷山脈于雲峰界, 冬月始役,
石出水湧, 畚鍤無所施, 觀察使趙漢國, 屢請召還, 不聽. 永重聞山鳴,
懼而止. 未幾, 出爲玄風郡守.

16. 왜인이 울릉도에 경찰서를 설치 (1902년)

◆ 왜인들이 이 섬에 들어와 살기 시작한 지는 오륙년이 되었으
며 해마다 그 수가 증가하더니, 그들이 스스로 삼림을 관리하고 도
리어 우리 백성의 산림 채취를 무력으로 위협하며 금지하게 되어도
우리는 저항을 못하고 있었으며, 지금에 이르러서는 순사를 파송하
는 등 자기 나라의 국내 구역 취급을 하게 되었다고 한다.

◆ (p.295.) 倭人設警察署于鬱島郡, 倭居是島, 已五六年, 逐年增加, 自
管森林, 反禁我人採取, 劫以兵威, 我人莫能抗, 至是, 派送巡査, 視同
其國區域焉.

17. 노인에게 벼슬을 하사하다 (1902년)

◆ 상감이 기로사耆老社에 들른 일은 숙종, 영조 때의 고사를 본받은 것이다. 영수각靈壽閣에 참배하고 양로연을 열었으며, 서울에서는 관리의 4품 이상은 70세, 5품 이하는 80세에 직급을 올려 은혜를 베풀었으니 총 600여 명이 되었고, 지방에서도 경기, 호남 양 도에만 760여 명에 이르렀으니, 나이를 속여 끼어든 자도 매우 많았다. 서민도 100세가 넘으면 모두 종일품을 주었는데, 고산의 '김제상'은 106세, 흥양의 '박보득'은 105세, '김두선'은 102세였으며, 근세에 교활한 백성들이 노인과老人科를 보려고 호적의 나이를 올리는 일이 관례가 되었지만 이를 일일이 따지지 못했으니 이번의 100세를 따지는 일에도 이와 같은 일이 있었다고 하겠다. 양로연을 베풀면서 연일 북치고 풍악을 울리니 시민들은 궁중에 돌을 던지며 야유했는데, 별입시하는 자들이 연회를 다른 장소로 옮길 것을 주청할 때까지 상감은 투석하는 변고조차 모르고 있었다 한다.

◆ (p.296.)上入耆老社, 援肅·英兩朝故事也. 拜靈壽閣, 行養老宴. 覃恩京朝官, 四品以上年七十, 五品以下年八十, 幷加一資, 計六百餘人. 京外則畿湖兩道, 至七百六十餘人, 其冒入者, 甚多矣. 庶民年過百歲者, 並授從一品. 高山金濟相, 一百六歲: 興陽朴普得, 一百五歲, 金斗善一百二歲, 近世黠民, 覬老人科, 戶籍例加年齡, 不可究詰, 今此百歲者, 亦往往如此云. 方行養老宴也, 連日鼓樂, 市民投入瓦礫于宮中. 別入侍等, 請移宴別院, 上汔未知投石之變也.

18. 서울의 전차 (1903년)

◆ 미국인이 【서병달】을 구금하다. 1899년 서울에 전차 통행이 시작될 때에는 미국인이 주관하여 시행하였고, 3년이 경과하면 정부에 반환하기로 약정했다. 그러나 약정기한이 경과하여서도 반환 의사가 없으므로, 전주사前主事 '서병달'徐丙達이 방을 써 붙이고 군중을 선동하여 승차를 거부하고, 돌을 던져 차를 부수기에 이르렀다. 이에 미국인이 크게 화내어 정부를 위협하여 그를 구금하게 하였으며, 얼마가 지나자 차타는 사람의 수가 전과 같이 되고 말았다.

◆ (p.307.)美人囚徐丙達. 初京中電車之通行也(事在己亥), 美人主之, 約三年當還政府. 約過而無還意, 前主事徐丙達, 張榜鼓衆, 禁乘車者, 至投石碎車. 美人大怒, 脅政府囚之, 未幾乘者如故.

19. 간도間島에 시찰관 파견 (1903년)

◆ 북간도 시찰관 【이범윤】李範允이 '북여요람을'北輿要覽 편찬하여 올리다. '간도'는 '토문'土門 이하 두만강 서쪽의 땅을 통틀어 이르는 말이며, 섬도(島) 자를 쓰는 것은 와전된 것이다. 옛날에는 우리와 청나라가 서로 금하여 그 땅을 비어둔 지 수백 년이 되었는데, 근래에 서북지역 백성들이 가렴주구에 시달린 나머지 가족을 이끌고 몰

래 넘어 들어간 것이 십 여 만 호에 이르렀지만 소속이 없었다. 이에 청나라와 러시아가 서로 넘보고 백성들은 번갈아 침식을 당하였으니 원통함이 뼈에 사무쳐, 여러 차례 본국에 소속시켜줄 것을 정부에 청원해 왔다.

그리하여 '범윤'을 보내 그들을 살피도록 하였으며, 그는 고난을 무릅쓰고 그들을 불러 모아 무마했다. 청국에서 이를 매우 불편하게 여겨, 공사 '쉬타이션'許台身으로 하여금 우리 정부에 그들의 소환을 거듭 촉구했지만, 백성들이 듣지 않고 떠나갔으므로 '범윤'은 그대로 머물러 그들을 진정시키고, 드디어 양국의 경계가 실린 기록을 수집하여 그에 관한 부문과 갈래를 나누어 책을 만들고 '북여요람'(북쪽 지역의 요람)이라 이름 지어 정부에 바쳤다.

◆ (p.307.)北間島視察官李範允, 纂進北輿要覽. 間島者, 土門以下頭滿以西地之統名, 而島者. 訛傳也. 舊爲韓淸所禁, 空其地者數百年, 近來西北之民, 困於誅求, 扶携潛越, 戶至十餘萬, 而無所屬. 於是, 淸俄互佔, 民被交蝕, 痛恨切骨, 屢訴政府, 願屬本國.

故遣範允按行之, 範允披荊棘, 招徠綏輯. 淸人不便之, 公使許台身連促政府召還, 而民不聽去. 範允姑留鎭之, 遂采兩國地界所載, 分門列類, 書成名曰'北輿要覽' 獻之政府.

1) 점필재 김종직(佔畢齋 金宗直): (세종, 성종) 조선 초기 유학의 도통을 이은 학자

   남명 조식(南冥 曺植): (선조) 조선 중기 학자, 居敬窮理

   한강 정구(寒岡 鄭逑): (선조) 문신 禮說分類와 心經發揮를 쓴 성리학자

   여헌 장현광(旅軒 張顯光): (명종, 인조) 학자, 한강의 제자, 周易圖說과 經緯說을 씀

2) 일재 이항(一齋 李恒): (선조) 조선중기의 문신, 학자, 一齋集이 있음

   고봉 기대승(高峰 奇大升): (선조) 조선중기의 학자, 퇴계와 四端七情討論을 함

   미암 유희춘(眉巖 柳希春): (중종, 선조) 문신 학자, 經書口訣諺解와 미암일기를 씀

   사암 박순(思庵 朴淳): (중종, 선조) 문신 학자, 명재상

   옥봉 노진(玉峰 盧禛): (중종, 선조) 문신 학자

3) 중봉 조헌(中峰 趙憲): (중종, 선조) 宣武原從一等功臣, 의병장

   신독재 김집(愼獨齋 金集): (선조, 효종) 문신 학자, 기호학파 우암의 스승

   수암 권상하(遂菴 權尙夏): (인조, 경종) 문신 학자, 우암문인

   청음 김상헌(淸陰 金尙憲): (선조, 효종) 문신 학자, 병자호란의 척화신

   농암 김창집(農巖 金昌集): (효종, 숙종) 성리학자

4) 미수 허목(眉叟 許穆): (선조, 숙종) 문신 학자, 남인의 거두

5) 방촌 황희(厖村 黃喜): (세종) 조선 초기 명재상

6) 백락서(白樂書): 전주의 하급관리 출신으로 대원군이 젊은 시절 전주를 방문했다가 후
             대를 받고 집권 후에 두둔해 주니 그를 믿고 각종 악행을 저지른 인물

7) 칭생(稱生) 칭제(稱弟): '칭생'은 서신왕래 등에서 자신을 낮추어 겸손하게 소생, 시생,
             등으로 널리 사용하고, '칭제'는 호형호제 하는 사이에서 자신
             을 소제, 척제, 족제, 등으로 겸손하게 지칭하는 말로 문벌과 지
             체가 대등한 상대끼리 거나, 허교를 한 상대방에 대하여서만 사
             용하는 말.

8장

일본의 침략

1. 강화도조약江華島條約 (1876년)

◆ <u>병자년(1876년) 정월 왜인이 조약을 어기다.</u> 그들의 대관大官인 '구로다'黑田淸隆가 군함을 이끌고 강화도에 와서 온갖 협박을 하며 전쟁을 일으킬 형세를 취했으나 사실은 강화협정을 개정하려는 심산이었다. 조정은 크게 놀라서 '민규호'閔奎鎬와 '박규수'朴珪壽가 서로 논의하여 【신헌】申櫶에게 임시 판부사의 직함을 주어 '전권대관'의 자격으로 협상을 타결하도록 했다. '신헌'은 군사충돌을 두려워하는 상감의 뜻대로 일마다 왜인에게 승복하여 그들의 요구를 들어 주니 3월이 되어 '구로다'가 물러갔다.

당시 강화 유수인 【조병식】趙秉式은 상감의 화친하려는 뜻을 미리 엿보아 알고 상소를 올렸다: '신은 휘하에 수만의 정병을 거느렸습니다. 사나운 이웃이 강토를 위협하는 때를 당하여 화살 한 대 쏘아보기도 전에 서둘러 화친을 논의하게 됨을 신은 부끄럽게 생각합니다.' 운운 했는데, 듣는 이마다 그의 교활함을 비웃었다. 이 뒤로 물의가 들끓어 '규수'의 나라 망친 일을 꾸짖었으며, 북촌 사람들은 강화를 주동한 죄를 성토하며 '규수'를 부관참시 함이 마땅하다 주장하기에 이르렀으니 얼마 아니 되어 '규수'가 죽었기에 나온 말이다.

◆ (p.33.)丙子正月, 倭人渝盟. 其大官黑田淸隆, 引兵艦, 直抵江華, 要喝萬端, 外示必戰之形, 而意欲更定和約. 朝廷大震, 閔奎鎬與朴珪壽定議, 假申櫶判府事啣, 爲全權大官, 面商妥辦. 櫶承中旨, 恐挑兵釁, 事事承應, 以中其慾. 三月淸隆退.

時趙秉式以留守, 窺上意主和, 上疏稱: '臣坐擁數萬精兵, 强隣壓境, 而不發一矢, 汲汲議和, 臣竊羞之'云云. 聞者唒其狡惡. 是後, 物議喧騰, 罵珪壽爲誤國, 北村人, 至以爲欲討講和之罪, 當剖珪壽之棺, 蓋未幾珪壽卒也.

2. 개항 이후의 무역 상품

◆ 개항 이후로 국내에 들어오는 외국 물품은 가격이 매우 싸서 상인들이 이를 전매하여 많은 이득을 챙겼으나, 몇 년 안 되어 왜인들의 속이는 솜씨가 우리나라 사람보다 더해진 일은 모두 우리의 간사한 백성들이 유도하여 그렇게 된 것이라 한다.

◆ (p.58.)開港以來, 外貨入口之物, 厥價甚廉, 商民傳販, 獲奇利, 未數年, 倭之狙詐, 甚於我人, 皆我國奸民導之也.

3. 임오군란의 발단 (1882년)

◆ 임오년 6월 9일 서울의 군영에서 큰 소란이 일어나다. 갑술년 이후로 궁중의 낭비는 끝이 없어서, 호조와 선혜청의 창고는 모두 비어있고, 관리들은 녹봉을 거르고 오영五營의 군대는 식량이 모자랐다. 오군영五軍營을 파하고 훈련도감과 어영청의 두 군영을 만들면서 노약자들을 도태시키니, 의지할 곳 없는 이들은 팔을 걷어 부치고 난리를 일으킬 생각을 하게 되었다. 이때는 군대의 급료를 미지급한 지 반년이 넘었던 때라 마침 호남에서 세곡선 몇 척이 도착하여 군대의 급료를 우선 지급 하라는 명이 내렸다.

당시는 선혜청 당상 '민겸호'閔謙鎬의 청지기가 선혜청 창고 업무를 맡고 있었고 군대의 급료를 지급하면서, 쌀에다 쌀겨를 혼합하여 이득을 취했다. 군인들이 몹시 흥분하여 들고 일어나서 청지기를 몰아내니, '겸호'는 그들의 수괴를 잡아 포청에 가두고 처형하려 했다. 그들은 더욱 원통하고 분하여 칼을 뽑아들고 땅을 치며: "굶어 죽으나 잡혀죽으나 죽기는 마찬가지다. 차라리 죽일 놈을 잡아 죽여 분이나 풀고 죽자."하고 큰소리로 외치며, 많은 수가 우르르 쏟아져 나와 '겸호' 집으로 향했다. 순식간에 진기한 보물들을 꺼내 짓밟아버리며 모두가 소리쳤다: "한 푼이라도 손을 대는 자는 죽인다." 하고 마당에 모아 불태우니 비단과 진주는 오색찬란한 불꽃을 내고, 인삼 녹용 사향 타는 냄새가 십리 밖에까지 미쳤다. '겸호'는 담을 넘어 달아나서 대궐에 숨었다.

이 해 봄에는 장정들을 모집하여 일본식 군대훈련을 시키며 '별기대'別技隊라 부르고, 왜인 '호리모토'堀本를 교관으로 삼아, 남산아래에 훈련장을 만들어 놓고, 총을 메고 뛰고 차며 먼지가 하늘을 가리게 훈련하니 서울 사람들은 처음 보는 일이라 놀래지 않는 이가 없었다. 개화이래로 이해득실에 상관없이 왜놈 말만 나오면 이를 갈며 죽이고자 덤비는 현상은 백성들 사이에 더욱 심했다. 이에 이르러 난리를 일으킨 군인들이 들고 일어나 떼 지어 달려드니 '호리모토'는 교장에서 '구리재 병문'銅峴屛門 쪽으로 달아나다가 돌에 맞아 죽고 다른 왜인들도 성안에서 죽은 자가 7인 이었다. 난민들은 '천연정'天然亭을 에워싸고 손에든 몽둥이를 흔들며 죽이라는 함성을 질러댔다.

'하나부사'花房義質는 그를 따르는 왜인들과 함께 대형을 갖추어 탈출하면서 맹렬히 총질하고 칼을 휘두르니 난민들이 접근하지 못했다. 밤을 새워 인천으로 도망하였고, 연도에는 그에게 살해된 우리 백성이 많았다. 인천에 이르러서는 인천부사 '정지용'鄭志鎔을 속여: "나는 공무로 급히 동래에 가는 길이니, 배를 내어주시오." 말하며 잠시도 지체할 틈 없이 독촉했다. '지용'이 증빙을 따지니 증빙서를 꺼내는데 그것은 경기감사 '김보현'金輔鉉이 발급한 것이며 이는 '지용'의 저지를 염려하는 '하나부사'의 요청에 의해 만들어준 것이다. '하나부사'는 배로 도주하였고 도주한 다음날 서울에서 추격군이 당도해서야 '지용'은 '보현'이 죽은 소식과 시국이 돌변한 소식을 듣고 약을 마시고 자살했다.

◆ (p.62.)壬午六月初九日癸亥, 京營軍大譟. 甲戌以來, 大內糜費無紀, 戶惠倉儲俱罄, 撤京官月廩, 五營兵往往缺餉. 乃罷五營, 建兩營, 又汰其老弱, 見汰者無所寄, 搤腕思亂. 至是, 軍料未頒, 已半年, 適湖南稅船數隻, 解到京倉, 命先頒軍料.

惠堂閔謙鎬家傔, 爲惠廳庫吏, 掌支放, 和糠換米, 竊鈷贏利, 衆大怒, 猝起毆之, 謙鎬收其倡魁, 囚捕廳, 宣言將死. 衆益怨憤, 拔刀擊地曰:"餓死法死,, 死等耳, 寧殺當殺者, 以一雪耳."遂呼譟相應, 萬衆立會, 大咸崩塌, 直向謙鎬家, 瞬息踏平之, 珍貨充牣. 衆號曰:"攘一錢者死." 聚于庭, 焚之, 錦繡 珠貝, 其焰五色: 蔘茸 沈麝, 芳烈聞數里. 謙鎬, 踰垣走, 匿闕中.

是春, 募丁壯, 練習倭兵技, 謂之別技隊. 倭人掘本, 爲之師, 築教場南山之陰, 荷銃跳踢, 塵坌蔽空, 都人創見, 無不駭愡. 且自開化以來, 無分利害, 語到倭邊, 咬牙欲殺之, 小民尤甚. 至是, 因亂兵群起逐之, 掘本自教場, 走之銅峴屛門, 被亂石死, 他倭入城者, 又七人. 亂民圍天然亭, 手提白挻, 喊殺而已.

花房義質, 與從倭, 成隊而出, 砲猛劍利, 不可嚮邇, 連夜逃歸仁川, 沿途我人被殺者衆. 義質至仁川, 給府使鄭志鎔曰:"我有公幹, 急往東萊, 公可具舟送我."因促之不留咎刻, 志鎔覓文憑, 義質出示之. 蓋金輔鉉時爲畿伯, 慮志鎔之搪阻, 遂應義質之求者也. 義質, 遂浮海而走. 走之明日, 京軍追至, 志鎔聞輔鉉死, 時局猝變, 仰藥死.

4. 군란의 책임을 조정에 돌리고

◆ 일본공사 '하나부사'는 도주한 지 얼마 안 되어, 다시 '이노우에'井上馨, '다카지마'高島丙之助, '진레이'仁禮景範와 함께 이 개 중대의 병력을 거느리고 서울에 진주했다. 군란의 허물을 우리 조정에 돌리고 화친 회복을 요청하며 심한 으름장을 놓았다. 조정은 황급히 【이유원】李裕元을 전권대신에 임명하여 처리했는데, 오직 왜인의 뜻대로 사망한 왜인의 배상금 오만 원, 군비 오십만 원을 배상하고 이로부터 왜군의 서울주둔이 허락되었다. (이것이 이른바 제물포조약 1882.8.30이다.) 또한 사죄 사절단으로 【김만식, 박영효, 김옥균】 등을 파견하니 그들은 일본문화에 미쳐 오로지 개화만을 바라는 무리이므로 은밀히 진심으로 복종할 뜻을 알리니 왜인들이 매우 기뻐하며 배상금 사십만 원을 감액해 주었다.

◆ 일본공사 '미야모토'宮本守一가 녹천정綠泉亭에 거주하다. 정자는 남산 아래 주동注洞의 고갯마루에 있으며 소나무가 우거지고 산수의 경치가 아름다워 옛날에는 양절공 '한확'韓確의 별장이었고, 근래는 전 판서 【김상현】金尙鉉이 거주하였다. 다시 돌아온 왜인들의 얼러대고 능멸함이 전보다 여러 배에 달하므로 조정은 그들의 사나움을 우려하여 그들의 요구를 모두 들어주는 형편이었다. 드디어 이 정자를 뺏어 그들의 공관을 만들고, 이로부터 '주동, 나동, 호위동, 남산동, 난동, 장흥방'注洞 羅洞 扈衛洞 南山洞 蘭洞 長興坊에서 시작하여 서쪽으로 '종현과 저동'鍾峴 苧洞, 옆으로는 '이현'泥峴일대에 이르기까지 점

차로 파고들어 상 남촌^{上南村}둘래의 오분의 사인 십 리가량이 모두
왜인의 마을이 되었다.

◆ (p.71.)倭使花房義質逃歸, 未幾, 復與井上馨·高島丙之助·仁禮
景範, 率二中隊進京城, 以軍亂歸咎朝廷, 復尋和議, 嘖言甚苛. 朝廷
皇怯, 差李裕元爲全權大臣, 與之辦理. 惟倭言是從, 以五萬元賠死倭,
五十萬元賠軍費, 從此駐倭兵于京師. 又請遣使謝罪, 遂遣金晩植·朴泳
孝·金玉均等, 入倭中. 時玉均等, 慕倭如狂, 銳意開化, 密陳款附之義,
倭人悅之, 減賠金四十萬元.

◆ 倭使宮本守一, 入處于綠泉亭. 亭在南山之趾注洞之巓, 有松檜泉
石之幽, 古爲襄節公韓確別墅, 近則前判書金尙鉉居之. 倭之再至也, 咆
喝凌轢, 視前倍葻. 朝廷慮梗其意, 曲從之. 遂奪是亭爲其館, 自是, 浸
淫占據, 自注洞·羅洞·扈衛洞·南山洞·蘭洞·長興坊, 西延鐘峴·苧洞,
橫亘泥峴一帶, 包絡上南村五之四, 十許里, 盡爲倭村.

5. 일본공관의 신축 (1884년)

◆ 일본공사 '다케조에'竹添進一郎가 교동에 공사관을 신축하여 이전하다. 그는 문장에 능하여 일찍이 중국에 들어가 하남과 섬서陝西를 경유하여 서촉西蜀에 들어갔다가 삼협三峽을 거쳐 오·초吳楚 땅을 다녀왔는데, 기행문으로 잔운협우기棧雲峽雨記를 쓰고 '리홍장'李鴻章이 서문을 실어 주었다. 공사가 되어 서울에 주재하면서 '김옥균' 일당과는 날로 친밀해졌으며, 옥균 등은 두터운 친분으로 공관 이전을 성원하여, 자신과 가까운 곳에 옮기도록 유인하였다. '김옥균'의 집은 홍현紅峴에 있었고 여러 왜인들과는 야간에 왕래하며, 벌거벗은 왜인들이 그의 안방에 불쑥 들어와서 그의 처첩들과 나란히 앉아 이야기해도 '옥균'은 우스갯소리 하며 이를 돕는다 하니 듣는 사람들이 놀라워했다.

※(갑신정변과 개화당의 삼일천하.) (1884. 10. 17.)

◆ (p.81.)倭公使竹添進一郎, 營新館于校洞, 移居之. 進一郎能文章, 嘗入中國, 由河南·陝西入蜀, 出三峽, 達于吳楚, 其紀行之書曰棧雲峽雨記. 李鴻章序之. 旣以公使駐我京, 與金玉均一隊, 情好日密. 玉均等輸其情款, 倚爲聲援, 使之移館. 引以自近, 進一郎從之. 金玉均家在紅峴, 與群倭昏夜往來, 倭之裸者或闖入其室, 與其妻妾比肩對話, 玉均助以諧謔, 聞者駭之.

6. 박문국을 혁파하다 (1884년)

◆ 박문국博文局을 혁파하다. 갑신년에 신문국을 저동에 설립하여, 전 교리 【여규형】을 주사로 임명하고, 왜인 '이노우에'井上覺五郎와 함께 그 업무를 관장하게 하다. 박문국이라는 이름으로 수년을 운영했으나 실용에는 아무 보탬이 없이 국고만 낭비함으로 혁파한 것이니, 시작과 철폐의 기준 없음이 어린아이 장난 같았다. 을사년 이후에 '이토히로부미이등박문'가 통감이 되어 정국을 거머쥐었을 때 박문국이 그 조짐이 된 것이라고 말하는 사람이 있었다.

◆ (p.108.)罷博文局. 甲申間, 設新聞局于苧洞, 以前校理呂圭亨爲主事, 與倭人井上覺五郎管其務. 號曰博文國. 行之數年, 以無補實用, 而徒費國帑, 罷之. 作輟無恒, 類兒戲, 皆此類也. 及乙巳後, 伊藤博文以統監擥政局, 或曰: '博文局爲之讖云.

7. 김옥균을 단죄하다 (1894년)

◆ 유생 홍종우洪鍾宇가 상하이에서 김옥균金玉均을 단죄하다. '종우'
는 경기 안산 사람이다. 집이 가난하여 뜻을 얻지 못하고 고금도를
떠돌다가 일본으로 건너가 '옥균' 등과 교유하며 늘 틈을 엿보아 그
를 죽여 나라의 우환을 제거하려 계획하였으나 그들의 동료가 너
무 많아 실행을 못하고 지냈다. 이해 봄에 '옥균'이 청국을 유람하면
서 '종우'와 같이 상하이에 이르렀는데 이때 '홍종우'가 그를 쏘아 죽
였고, 시신에 서양 칠을 발라 보관했기 때문에 썩지 않아 시신을 싣
고 돌아오게 되었다. 노량진에서 육시하라는 왕명이 내리자 그를
처단하는 자리에서 '유대현'의 아들 모가 배를 갈라 간을 씹었고,
'이조연'의 아들 '이탁' 또한 가서 지켜보았으나, 그 외의 갑신정변에
죽은 사람들의 아들인 '민영선·민형식·조동윤·한인호' 등은 가지
않았다. 중전이 이 말을 듣고: "재상들의 혈손이 환관의 양자만도
못하다."고 한탄했으며, 상감은 '홍종우'를 불러 후하게 위로하고 과
거를 시행하여 '종우'를 뽑아 홍문관교리를 제수하고 서울에 살도록
집을 하사했다. (당시의 '中東戰紀'에 '종우'가 '옥균'을 처단한 기록이
상세히 실렸다.)

◆ (p.133.)儒生洪鍾宇, 誅金玉均于上海. 鍾宇, 京畿安山人也. 家貧落
魄, 流寓古今島. 入日本, 與玉均等游, 常欲伺隙殺之, 除國患, 以玉均
黨友甚衆, 不得發. 是年春, 玉均游淸國, 携鍾宇至上海, 鍾宇槍殺之,
以洋漆漆其尸, 得不壞, 載之還. 命戮尸于鷺梁, 方其跽斬也, 柳在賢子

某, 剖腹啖其肝, 李祖淵子倬, 亦往見, 其餘死難諸人之子, 如閔泳璇·
亨植·趙東潤·韓麟鎬等皆不往. 中宮聞之, 歎曰:"宰相血胤, 不及中官
之螟嗣乎!"上召見鍾宇, 慰勞之甚厚, 未幾設科, 擢鍾宇, 即除弘文館校
理, 賜第京師.

8. 갑오 동학농민봉기 (1894년)

◆ <u>봄철 2월 22일 기미일 밤에 마른하늘에 천둥소리가 거듭 울리
다.</u> 고부古阜에 민란이 일어나고 군수 조병갑趙秉甲이 달아났다. 조정
은 그를 붙잡아 국문하라 명하고, 용안龍安 현감 박원명朴源明으로 교
체하였으며, 장흥 부사 이용태李容泰를 안핵사로 임명했다. '조병갑'은
군수 조규순의 서자이며, 부임지에서 심한 탐욕을 부려 계사년 가
뭄에 재해로 징수가 면제된 땅을 혼합해 세금을 징수하니 드디어
민란이 일어났다. '박원명'은 대대로 광주에 살았고 넉넉한 재물과
재간을 지닌 인물이며 또한 본도 사람으로 현지실정에 정통했음으
로, '민영준'이 그를 등용한 것이다. 이에 앞서 순천의 민란에서 부사
'김갑규'가 쫓겨나고, 영광의 민란에서는 군수 '민영수'가 쫓겨났다.

◆ <u>삼월 초하루에 일식이 있었다.</u> 고부에서 동학도 전봉준 등이
봉기하자 '박원명'이 난민들에게 잔치를 열어 음식을 대접하고 조정
의 후덕한 뜻을 알리며 죄를 용서하고 귀농토록 회유하니 난민은

모두 해산했으나 주동자 '전봉준' 등의 거처는 알 수 없었다. 안핵사 '이용태'가 도착하여 '원명'의 처분을 모두 뒤엎고, 백성들을 역적죄로 몰아 조사 치죄하며, 부자들은 난리에 가담하였다고 얽어 많은 뇌물을 긁어내고, 감사 '김문현'과 공모하여 감영의 옥사로 이송하는 죄인이 줄을 잇게 되니, 백성들이 분노하여 다시 난리를 일으켰다.

'전봉준'은 집이 가난하여 일정한 직업이 없고, 오랫동안 동학에 물들어 늘 불만이 가득하여 지냈다. 민란 초기에 군중이 수령으로 추대하였으며, 그의 능력을 발휘하기도 전에 갑자기 무리가 흩어졌기 때문에 그도 역시 황급히 숨게 되었으나, 이윽고 조사와 수색이 급박해지자 그의 동료 '김기범·손화중·최경선'金箕範,孫化中,崔敬善과 함께 대사를 모의하고, 전화위복의 계책으로 백성들을 끌어 들였다. '동학은 하늘을 대신하여 만물을 다스리고, 국정을 도와 백성을 편안케 한다.' 공언하고, 살인과 약탈을 하지 않으며 오직 탐관오리는 가차 없이 처단했다. 이에 어리석은 백성이 메아리치듯 모여들고 우도 일대의 십 여 고을이 일시에 호응하여 열흘 만에 수만 인에 이르고 동학과 난민의 합세가 이로부터 시작되었다.
고부의 안핵사 '이용태'를 김제에 유배하고, 전라감사 '김문현'의 관직을 삭탈하니 모두 잘못을 범해 민란을 부채질했기 때문이다.

◆ 청국에 원군을 청하다. 이때에 동학군의 세력이 날로 번져 여러 고을이 차례로 함락되어도 도리어 백성들은 흔연히 기쁜 얼굴을 하고, 동학이 패했다는 말은 믿지 않았으니, 그럴 리가 없다는 마음

을 가졌기 때문이었다. 오직 관군이 패전했다는 말만을 하면서, 서울의 고관들은 고향 사람을 만나면 적군의 소식을 전해 듣고 "어찌 그렇지 않겠는가?" 한탄하고, 순변사 【이원회】李元會가 출발했으나 서울 사람들은 전주가 함락되고, 금강을 이미 건넜다는 거짓말을 믿고 사방에서 피란을 가느라 법석을 떨었다.

또 동학군들이 초토사 【홍계훈】洪啓薰에게 보낸 '정문'呈文에, '위로는 국태공을 받들고'하는 구절이 있음을 보고하니, 상감 내외는 크게 두려워 속히 평정하지 못하면 말할 수 없는 우환의 조짐이 있다고 보고, 【민영준】閔泳駿을 불러 중국에 원병을 청하는 전문 발송을 명했다. '민영준'이 아뢰었다: "지난날 '톈진조약'天津條約에서 청·일 양국은 조선에 파병하는 것을 서로 알리도록 되어있습니다. 청국은 우리를 돕는데 악의가 없겠지만, 왜국은 오래전부터 틈을 엿보아 왔으니, 부르지 않아도 조약을 빙자해 달려온다면 편치 않은 일이 될 것입니다. 어찌하면 좋겠습니까?"하니, 중전이 동학군의 정문을 내보이며 꾸짖었다: "못난 것들! 나는 왜놈의 포로가 될지언정 다시는 임오년과 같은 일은 당하지 않을 것이다. 내가 잘못되면 너희들은 멸문을 당한다. 잔말 말아라."하니 '영준'은 '위안스카이'袁世凱에게 간청하고 '스카이'는 '리훙장'에게 보고하니 '훙장'이 허락하는 답서를 보내왔다.

◆ 春二月二十二日己未夜, 天鼓再鳴(p.132. 136. 1894년) 古阜民亂, 郡守趙秉甲走. 命拿問, 以龍安縣監朴源明代之, 長興府使李容泰爲按

覈使. 秉甲者, 故郡守奎淳庶子也. 所莅貪酷. 癸巳旱饑, 秉甲匿災結, 而混徵之, 民遂亂. 源明世居光州, 擁厚貨, 頗有機幹, 且以本道人, 必諳情形, 故閔泳駿用之. 旣而, 順天民亂, 逐府使金甲圭, 靈光民亂, 逐郡守閔泳壽.

◆ 三月朔, 日食. 古阜東匪全琫準等起, 朴源明宴犒亂民, 諭以朝廷德意, 赦罪歸農, 亂民皆散, 而倡魁全琫準等數人, 不知去處. 及李容泰至, 盡反源明所爲, 毆民忤逆之律, 欲按誅之, 又構富室以倡亂脅索厚賂, 與監司金文鉉通謀, 移囚營獄者相望, 民憤怒復亂. 琫準家貧無賴, 久染東學, 常鬱鬱思奮. 民亂初 衆推爲魁, 未及逞其姦, 而衆遽散, 故琫準亦倉皇伏匿. 已而巡按, 交索之急, 乃與其黨與金箕範 · 孫化中 · 崔敬善, 謀擧大事, 誘民以轉禍爲福之計, 揚言, 東學代天理物 輔國安民. 不殺掠, 惟貪官汚吏不貸. 於是, 愚民響應, 右沿一帶十餘邑, 一時響應, 旬日至數萬人, 東學之與亂民合, 自此始. 竄古阜按覈使李容泰于金堤, 削全羅監司金文鉉職, 以皆債誤滋亂也.

◆ 請援于淸國. 是時, 賊氛日播, 雖城邑連陷, 而民反欣然有喜色, 有言東學敗者, 衆不信, 以爲心無是理, 惟言官軍之敗, 京中大官輩, 遇鄕人聞賊信, 皆噓唏曰:"安得不然?"李元會旣行, 京師訛言相驚, 或已陷全州, 或已渡錦江, 避亂四出.

且賊呈文于洪啓薰, 有上奉國太公句語, 兩殿大恐, 賊不速平, 則漸有難言之憂, 招閔泳駿定計, 發電請援于中國, 泳駿曰:"往年天津條約, 淸

·日兩國, 有派兵朝鮮之事, 互相知照云云. 淸固右我, 保無惡意, 倭久伺釁, 若藉條約, 不速而來, 則勢甚脆脆, 爲之奈何?” 中宮出賊呈文, 罵曰:“庸奴! 吾寧作倭俘, 不忍復當壬午事. 我敗汝輩滅, 毋多言.” 泳駿遂懇援於袁世凱, 世凱轉電告于李鴻章, 鴻章答書許之.

9. 강화도조약과 톈진조약 (1875년 江華島條約, 1885년 天津條約)

◆ 이에 앞서 을해년에 왜국과 맺은 강화도조약 제1조에는: ‘조선은 자주국으로서 일본과 서로 평등한 권리를 갖는다.’ 했는데 청국은 이를 알고도 불문에 부쳤으며, 을유년의 ‘톈진조약’에서는, ‘이후 조선에 일이 생겨 중·일 양국이 파병을 하고자 할 때에는 반드시 서로 통지해야 한다.’ 했으니, 이는 왜국이 교활한 음모를 꾸미며, 우리나라를 도모하려면 마땅히 청국을 단절해야 되고, 청국을 끊으려면 부득불 자주국을 만들어야 하기 때문에 강화도조약에 이 조문을 넣은 것이다.

또한 우리나라는 내란이 많아서 반드시 청국에 원병을 청할 것이 기대되어, 파병을 서로 통지한다는 조문은 급소를 틀어쥐어 꼼짝도 못하게 만드는 계책이 될 것이므로, ‘톈진조약’에 이렇게 규정해 놓은 것이다. 이를 논하는 사람들은 ‘리훙장’이 외교의 실책으로 동쪽의 우방국을 망하게 했다 하나, 그러나 실은 일본이 청국을 가벼이

본 지는 오래된 일이다. 우리나라를 자신의 지방관서 정도로 여기고 반드시 취하려 덤볐으니, 설사 조약문서에 '중국은 파병할 수 있고, 일본은 파병할 수 없다.' 하고 기재되어있다 하더라도 일이 닥치면 왜인들이 군대를 움직이지 않았겠는가? 오로지 조약만을 믿는 사람들이 이것을 가지고 구실을 삼았을 뿐이라 생각된다.

◆ (p.140.) 先是乙亥, 朝廷與倭訂和約, 其第一條云:'日本以朝鮮爲自主之國, 與日本之本係自主者相平等云云.'淸人知之而不問. 及乙酉天津條約云:'異日朝鮮有事, 中日兩國欲派兵往, 必須互相知照'云云. 蓋倭之狡謀欲圖我,不可不使絶淸, 欲絶淸, 不可不使自主, 故有乙亥之約.

且料我國多內亂, 必將又待淸援, 因其派兵互照之文, 可以呈擬吭拊背之計, 故有乙酉之約. 論者, 謂李鴻章外交失策, 致東藩之淪喪, 然其實倭之藐淸久矣. 視我國爲外府必取乃已. 借使當日載辭約案曰:'中國可派兵, 日本不可派兵,' 則事機旣至, 倭有不動兵者乎? 其斷斷援約者, 特以此爲口實耳.

10. 일본군의 서울 진주 (1894년)

◆ 일본공사 '오토리'大鳥圭介가 서울로 돌아올 때 수군제독 '이토'伊東祐亨와 육군소장 '오지마'大鳥義昌가 뒤따라 왔다. '오토리'는 휴가차 귀국했다가 사변소식을 듣고 곧 돌아온 것이며, '이토'는 초6일에 입성하고, '오지마'는 항구에 함선을 배치하니, 수군 육군을 합해 총 오천 여 명의 병력이요, 병선 7척, 포함 2척, 통신선 1척, 상선 5척이 속속 인천을 통해 상륙하였으며, 삼엄한 경비는 대규모의 적과 대치하려는 형세 같았다.

◆ 중국의 '예즈차오'葉志超제독은 죄를 용서하니 귀순하라는 방문을 내걸어 동학당을 회유하다가 전주가 이미 수복된 것을 알고 아산에 머물며 북양대신의 회신을 기다리고 있었다.

◆ (5월) 12일 황혼에 왜군 1개 대대가 숭례문에 당도하였다. 문이 잠겨있자 성곽을 허물고 남산으로 돌아 입성하여 산자락 언덕에 진을 치고 둘레에 대포를 매설하니 마치 큰 전투를 준비하는 것 같았다. 서울에서 수원, 인천에 이르기까지 십리 마다 숙영지를 만들어 봉화와 모닥불을 피우며 징과 북을 처 서로 연결하고 행인의 통행을 금지하여 철통같이 포위하니 원근이 모두 두려워 떨었다.

◆ (p.141.) 倭公使大鳥圭介還至京師, 水師提督伊東佑亨·陸軍小將大島義昌, 繼至. 圭介告暇歸國, 聞警卽還. 佑亨以初六日入城, 義昌列艦

海口, 水陸合五千餘, 兵船七, 砲船二, 遞信船一, 商輪五, 陸續

　自仁川上岸. 警備嚴密, 如臨大敵.

◆ 葉志超張榜招安賊黨. 旣而, 聞全州已復, 留牙山, 以待北洋回電

◆ 十二日黃昏, 倭大隊至崇禮門. 門閉, 乃毀城梯, 南山而入, 陳于竈
頭, 環埋大砲, 若將廳戰. 自京而水原而仁川, 每數十里宿一營, 燧燎相
接, 鉦鼓相聞, 把截行人, 如圍鐵桶, 遠近大震.

11. 일본외무성과 주일청국공사의 왕복문서 (1894년)

◆ <u>일본외무 '리구오구'</u>^{陸奧宗光}가 청국공사 '왕펑자오'^{汪鳳藻}에게 조회
하였다. "목하 귀국과 일본은 동학당 제거를 위해 노력한바 난리가
이미 평정되었으니, 마땅히 조선을 대신하여 그 내치를 닦아야할 것
입니다. 양국은 대신을 선발하여 조선에 파견하고, 국고의 출납, 관
리의 임용, 내란의 탄압, 군대의 정돈 등에서 모든 폐단을 살펴 조
선으로 하여금 진흥의 실효가 있기를 기대하여야 할 것입니다. 청
컨대 귀 대신께서 귀 조정에 품의하여 조속 시행 될 수 있게 되기
를 바랍니다.

◆ <u>'왕펑자오'</u>^{汪鳳藻}가 회답했다: "귀 전문을 접수하고 황상께 상주

한바, '조선의 내란이 이미 평정되었으니 본국은 다시는 외지에 파병할 이치가 없게 되었습니다. 후환을 예방하는 일에 대해서는 말씀한 뜻은 비록 좋으나 그것은 내치에 관한 일입니다. 응당 그 나라가 스스로 정돈할 일이지 우리 중국이 간섭할 일이 아닙니다. 귀국도 이미 조선이 자주국임을 인정하였으니 어찌 그 내정에 간여할 수 있다 하겠습니까? 이는 밝히지 않아도 자명한 일입니다. 또한 피차가 철병을 해야 하는 일은 이미 톈진조약에 들어 있으니 응당 그에 의거 판별할 일이요 다시 논의할 일이 아니라고'. 회신 하셨습니다."

◆ (p.145.)日本外務陸奧宗光, 照會于淸公使汪鳳藻曰: "目下貴國與日本國, 驅除東學黨, 亂事旣定矣. 當代朝鮮, 修其內治, 兩國宜各簡大臣, 前往朝鮮, 稽察各弊, 國庫之出納也, 官吏之選用也, 內亂之彈壓也, 兵額之整頓也, 使朝鮮期有振興之效. 請貴大臣, 電稟貴朝廷, 望速施行."

◆ 汪鳳藻回照曰: "卽接貴電, 電奏皇上矣, 回電, 以爲朝鮮內亂已平, 本國無復暴師外地之理, 至於豫防後患一款, 命意雖善, 但其內治, 自應伊國整頓, 雖我中國不可干預. 至若貴國旣認朝鮮自主矣, 何可預其內政? 此義不辨自明. 且彼此撤兵事, 旣有乙酉訂約, 自應照辦, 勿庸再議云云."

12. 일본공사는 협박을 계속하고 (1894년)

◆ '오토리'의 입성 이후 정부에 대한 협박이 날로 심해지자 정부는 다음과 같은 회답을 보냈다: "병자수호조약(강화도조약) 제1조를 보면 조선은 자주국이며 일본과 평등한 권리를 갖는다는 구절이 기재되어 있습니다. 본국은 조약체결 이래로 양국 관계와 교섭 사건에 대하여 자주평등권을 고루 살펴 처리하였으며, 이번 청국에 대한 원병 요청 또한 우리나라의 자주권에 속하므로 조일조약에 추호도 위배되지 아니 합니다. 본국은 체결한 조약의 준수 실행만을 알고 있을 뿐이며, 또한 우리나라의 내치와 외교의 자주권에 대하여는 중국도 잘 알고 있는 사실입니다. 중국 '왕' 공사에게 조회한 내용과 크게 다른지 여부는, 응당 본국과는 무관한 일이며, 본국과 귀국 간의 국제관계의 마땅한 길은, 다만 양국 간의 조약규정에 적합한지 여부를 확인하는 일일 것입니다. 글을 갖추어 회신하니 그 내용을 귀 외부대신에게 전달하시기 바랍니다." 일본공사는 우리의 회답이 억지주장이라 힐뜯었다.

◆ '리홍장'은 '위안스카이'에게 전문을 보냈다: "한국이 중국의 속국이 된 지 천 년이 넘는다는 사실은 각국이 다 알고 있으며, 한국이 서방 각국과 체결한 조약에도 모두 언급되어있다. 왕실을 위해 충성을 다하려고 일본을 두려워하여 중국의 속국이 아님을 인정하게 되는 경우에는, 중국은 반드시 증빙기록을 꺼내 보이고, 군대를 보내 죄를 물을 것이다." '리홍장'은 '오토리'의 한국에 대한 강제 개

혁은 자주를 내세워 청국을 단절하려는 의도임을 알았기 때문에 이와 같이 전문을 보내 엄중 대처하게 한 것이다.

◆ 6월에 교정청校正廳을 설립하고, '심순택, 김홍집, 김병시, 조병세, 정범조'를 총재관總裁官 으로 임명하고, '김영수, 박정양'과 더불어 서정을 개혁, 품의 시행하도록 하였다. 조정의 의논은 청淸을 믿자니 왜가 무섭고, 왜를 따르자니 청이 두려워 주저하며 결단을 못하고 있었으나 왜인들의 환란이 더욱 절박했기에 '오토리'의 말을 따르기로 하였다.

◆ (p.146.)大鳥圭介入城後, 迫脅政府者日益甚, 政府回照曰: "查丙子修好條規第一款, 載朝鮮自主之邦保有與日本國平等之權一節, 本國自立約以來, 所有兩國交際交涉事件, 均按自主平等之權. 此次請援中國, 亦係我國自用之權也, 與朝日條約毫無違碍. 本國, 但知遵守定立條約, 認眞擧行. 且我國內治外交向由自由, 亦係中國所知. 至中國汪大臣照會逕庭與否, 應與本國無涉, 本國與貴國交際之道, 只可認照兩國條規爲妥相應. 備文照覆, 請煩查照, 傳達貴外部大臣可也云云." 圭介答照臆折之.

◆ 李鴻章電袁世凱曰: "韓屬華已千餘年, 各國皆知, 卽韓與各西國立約, 亦經聲明. 務勤王堅持, 如畏倭, 竟認非華屬, 擅出文憑, 華必興師問罪." 蓋鴻章揣知圭介之勒韓改革, 寔出自主絶淸之意, 故電世凱使嚴辦也.

◆ 六月, 設校正廳, 以沈舜澤, 金弘集, 金炳始, 趙秉世, 鄭範朝爲總裁官, 與金永壽, 朴定陽等, 釐革庶政, 啓稟施行. 廷議欲恃淸則畏倭, 從倭則憚淸, 首鼠不能決. 然倭患尤迫, 乃俛從圭介之言.

13. 왜인이 범궐하여 위협으로 맹약을 강요 (1894년)

◆ 20일 을축일에 왜인이 범궐하여 위협으로 맹약을 강요하고, 대원군 '이하응'을 궁중에 영입하여 국사를 논의하다. '오토리'가 외무부에 조회하였다: "청국인들이 귀국을 속국이라 칭하며 출병하여 보호하는 일은 자주권을 침해하는 일입니다. 지금 귀국이 이를 용납함은 명분과 의리의 정당성을 상실하는 것이며, 청군을 오래 경내에 머물게 하는 것은 비단 귀국의 자주독립을 침해할 뿐 아니라 조약에서 규정한 '한일평등' 조항을 빈 문서로 보는 것이니 체통이 서지 않는 일입니다. 귀 정부는 청군의 조속 퇴거를 서둘러 의결하십시오. 또다시 어물어물 지연시키면 본 사절은 스스로 할 일을 굳게 결의한바 있습니다."

외무부가 우물쭈물 답변하자 그들은 다시 청의 속국 여부를 물었는데 그 말이 매우 긴급했다. 【심순택】 등은 교정청에서 처리한다는 명분으로, 의견을 말하는 일 없이 속으로는 청의 응원을 바라면서 관망하며 날을 보냈다. '오토리'는 이날 새벽 군대를 몰아 경복

215

궁에 접근, 문지기를 살해하고 별궁에 돌입하니, 시종과 호위들은
모두 도망하고 오직 상감과 중전 두 분만 남았다. 시퍼런 칼날이 에
워싸니 어찌할 바를 몰라 어찌된 영문인지 따지려 해도 옆에는 통
역조차 없었다. 때마침 【안경수】가 들어왔으며 그는 일어에 능했
음으로 상감은 크게 기뻐하며 통역을 시켰더니, '오토리'는 칼을 빼
어들고 소리쳤다: "국태공이 아니고는 오늘의 일을 주관할 사람이
없습니다. 국태공을 모셔 오십시요." '이하응'이 입궐하자 그는 상감
의 뜻을 빙자하여 대신들을 불렀다. 궐문에 군대를 늘어세우고 이
름을 점검하여 입장시켰는데 【김홍집, 김병시, 조병세, 정범조】는
차례로 입장시키고, 【심순택】은 입장을 막으니 그는 오도가도 못
하고 문밖 대기실에 3일을 앉아 기다렸다. 대신들은 입궐하여서도
두려워 떨며 감히 대항하지 못하니, 이에 기일을 정해 변법을 논의
하게 하고 '이하응'을 궐내에 구금하였다.

◆ 이때 궐내는 각 부서가 흩어져버려 어찬마저 올리지 못하게
되니, 상감은 매우 시장하여 운현궁에 명하여 어찬을 올리도록 했
다. 그러나 음식이 궐문에 오면 문을 지키는 왜인들이 모두 먹어버
려 상감 앞에 오면 빈상이 되어버리니, 성찬을 차리지 말도록 다시
명을 내려야 했다.

◆ '오토리'가 범궐할 당시, 지방 출신 호위병인 평양부대 500인이
연발로 총을 쏘아대고 폭음을 울리며 위협하자, 그는 협문을 통해 어
전에 나아가 상감을 협박하여 망동하는 자는 참한다는 어명을 받아

내니, 병사들은 모두 총통을 부수고 군복을 찢으며 도망해야 했다. 또한 모든 진영의 군사들도 하도감下都監에 모여: "우리는 비록 천한 졸병의 몸이나 두터운 국은을 입은 군인으로, 지금 변괴가 이 지경에 이르러도 궁중에서 일어나는 사정을 알 길이 없다. 저들이 우리 군대의 진영이 해산하지 않은 사실을 안다면 감히 함부로 횡포를 부리지 못할 것이니, 불의의 사태를 막기 위해 한 번 죽음을 각오하자." 결의하고 대포를 설치하고 방어태세를 갖추었으며, 왜군이 궐에서 나와 진영을 공격하려 하자 영내에서 일제히 대포를 쏘아 저항했다.

일본공사가 무장을 해제한다는 어명을 받아내니, 모든 진영은 울부짖고 들끓어 칼을 뽑아 돌을 찍고 산이 무너지도록 크게 통곡하며 해산하고, 군영의 모든 병기는 왜인의 소유가 되었다. 이에 왜인들은 대궐안의 보물과 역대의 진기한 법기와 종묘의 제기까지 모두 인천항으로 실어가니 국가 수백 년 간의 문화가 하루아침에 흔적 없이 사라지고 서울에는 한 자짜리 병기마저 없게 되고 말았다.

◆ (p.149.) 二十日乙丑, 倭人犯闕劫盟, 迎大院君昰應, 入宮議事. 圭介照會外署曰: "淸人, 稱貴國爲屬邦, 出兵保護, 此侵損自主之權也, 今貴國容此, 名義失正之. 淸軍久留境內, 非徒貴國自主獨立之有所侵損, 且將條約所載'韓日平等'一節, 視同文具, 殊屬不成體統. 貴政府亟令淸軍退去, 卽速議. 復尙至延宕, 本使自有所決意從事."

外署依違答之, 圭介復質問屬淸眞否, 其言深緊. 沈舜澤等以校正爲名, 而無所建白, 又陰恃淸人之援, 觀望度日. 圭介以是曉, 麾兵逼景福宮, 斬門突入至別殿, 衛士侍臣皆竄, 惟兩殿在. 白刃環匝, 戰慄失措, 欲詰問其故, 而傍無譯舌. 適安馴壽入來, 馴壽閑倭語, 上大喜, 使之通譯, 圭介拔劍厲聲曰:"非國太公, 無人主今日事, 其迎太公來." 昰應旣入, 圭介取上旨, 召諸大臣, 列兵把門, 點名入之, 金弘集, 金炳始, 趙秉世, 鄭範朝, 次第入. 沈舜澤至,揮之勿入. 舜澤不得進退, 露坐朝房者三日. 諸大臣旣入, 震懾不敢抗, 乃議剋日變法, 圭介拘昰應闕中.

◆ 時闕內各司皆散, 御供亦闕, 上飢甚, 命雲峴宮進膳, 至闕門, 守倭取啖之, 至上前者, 空楪而已, 更命勿盛饌.

◆ 圭介犯闕時, 平壤兵五百人, 方隷扈衛, 連發鎗轟擊, 圭介從夾門至上所, 脅上宣旨妄動者斬. 兵皆痛哭, 碎銃筒, 裂軍服而逃. 又諸營兵相率聚下都監, 誓曰:"吾屬雖卒伍賤流, 皆厚沐國恩, 今變怪至此, 宮中事不可知, 被知諸營不散, 必不敢縱暴, 脫有意外, 願一決死." 乃環掛大砲, 列墻拒守, 倭自闕出, 若將劫營, 營內大砲齊發.

圭介得上旨放仗, 諸營憤叫大噪, 拔刀斫石, 哭聲如崩山而散, 諸營資械, 皆爲倭有. 於是, 倭人四搶, 凡大內貨寶列朝珍玩法器, 宗廟尊罍之屬, 悉梱載委輸于仁川港, 國家數百年之積, 一朝蕩然, 而京師無尺寸兵.

14. 시모노세키조약 (1895년)

◆ 청국과 왜국의 강화조약이 성립하니 이른바 '시모노세키'조약馬關條約이라 하는 것이다.(1896년)

조약의 중요한 4개 조항은:

- 조선의 자주독립국임을 확인한다.
- '타이완'섬 전체와 성경(선양)남부 '랴오둥' 일대의 땅을 할양 한다.
- 고평은庫平銀.(청나라표준저울)으로 2억 냥을 전비로 배상한다.
- 통상조약을 개정한다. 이와 같은 조약이 이달 23일 갑오에 체결되었다

청국 군대가 연패하자 화친을 논의하게 되었으며 정월에 '장인후안'張蔭桓과 '샤오여우롄'邵友濂을 보내 강화를 요청했으나 일본은 직위가 낮다는 핑계로 거절했다. 청국은 이에 '리훙장'을 전권대신으로 임명하여 2월 23일 마관(시모노세키)에 도착하니 일본은 '이토'와 '리구오꾸'를 임명하여 응접하되, 요구사항이 심히 많아 서로 대치하고 결말을 보지 못하다가 배상금 3억 냥으로 결정을 보았는데, 갑자기 권총으로 '리훙장'을 저격하는 왜인이 나타나서 일본 전역이 소란해지고, '히로부미' 등은 이 일이 부끄러워 결국 '훙장'의 말대로 2억 냥으로 결정하고, 조약을 체결한 후 돌아갔다.

처음부터 러시아는 '랴오둥'遼東의 3개 성에 침을 흘리며 동아시아 진출로를 얻고자 모의해온 지 오래되었다. 이제 와서 일본이 '랴오

둥'을 넘본다는 소식을 듣고 크게 노하여 독일 프랑스와 연합하여, '타이완'은 할양할 수 있지만 '랴오둥'은 결코 할양할 수 없다고 일본을 힐난하고 청으로 하여금 은 삼천만 냥을 주고 다시 찾도록 하였으며, 일본도 두려워서 이에 응했다. 이 때문에 '랴오둥'의 분할은 면했으나, 러시아는 청국에 혜택을 주었다 자부하며, 염치없는 요구를 거듭하니 그 손해가 할양한 것 보다 더했다. 또한 배상금이 거액이라 일시에 배상할 길이 없어 30년으로 기한을 정하고, 청국은 국가운영이 불가능할 지경에 이르렀다. 얼마 안 되어 '훙장'의 아들 '리징팡'李經方을 타이완 양계사臺灣讓界使에 임명하여 타이완을 일본에 할양하니, 타이완 백성이 죽음으로 항거하여 1년 여를 항전한 끝에 을미년 여름에 이르러 사상자가 6만 여 명에 달했으나 결국은 왜인에게 꺾이고 말았다.

◆ (p.179.)淸·倭和約成. 即所謂馬關條約也. 約凡四條. 一, 確認朝鮮爲自主獨立之國. 一, 割讓臺灣全島及盛京南部, 遼東一帶之地. 一, 賠償兵費庫平銀二萬萬兩, 一, 改訂通商條約. 實是月二十三日甲午也.

淸人連敗, 遂有和議, 乃以正月中, 送張蔭桓·邵友濂入倭講媾, 倭誘以人微, 拒不受. 淸乃差李鴻章全權大臣, 二月二十三日至馬關, 倭差伊藤博文·陸奧宗光, 以應之, 而所望甚奢, 相持不決, 至定賠以三萬萬兩. 忽有一倭以短銃狙射鴻章者, 倭全國大震. 博文等愧屈, 竟從鴻章言, 以二萬萬, 定約而還.

初俄人垂涎東三省, 欲通東亞之路, 蓄謀已久, 至是, 聞倭佔遼東, 大怒, 與德·法連衡, 詰倭以臺灣可割, 而遼東決不可割, 使淸以銀三千萬, 索還遼東于倭, 倭懼而從之, 由是, 遼東得不割, 然俄人自負德淸, 要挾無厭, 其損害, 反有甚於讓倭以遼者. 且賠款至鉅, 猝難償完, 展限至三十年. 於是, 淸國大困. 殆不能國矣. 未幾, 差鴻章子經方爲臺灣讓界使, 割與倭人, 而臺灣民, 死拒不從, 血戰歲餘, 至乙未夏, 死者六萬餘人, 竟折入于倭.

15. 명성황후 시해 모의의 발단 (1895년)

◆ 【박영효】가 일본으로 도주하다. 개화 이후 밖에서는 왜인이 괴롭히고 안에서는 정부가 멋대로 움직이는 바람에 상감은 한 가지 일도 자기 뜻대로 가부를 결정하는 일이 없게 되었다. 왕후가 이를 분하게 여기고, 왕권 회복을 도모하고자 은밀히 '러시아'와 친교를 맺으려 하니, '영효'는 이를 걱정한 나머지 왕후의 권모와 지략은 시해가 아니고서는 근절할 수 없다는 판단을 하고, 드디어 기일을 정하여 왜인에게 청병을 하였고, 【유길준】과는 매우 친밀한 사이임으로 그 뜻을 알렸더니, '길준'은 이를 급히 위에 고변해 버렸다. '영효'는 일이 누설된 것을 알고 양복으로 변장하고 왜인의 호위로 성을 빠져나가 용산에 이르러 기선을 타고 도주하고, 그와 한패인 '신응희' '이규완' 등이 그를 따라갔다.

당시 시중에는 왜인 '히지'日出雄가 우리나라 사람 '한재익'韓在益'에게 '영효'의 음모를 말하니 '재익'은 '심상훈'沈相薰'에게 고하고, '상훈'이 위에 알렸다는 소문이 많았고, 혹은 '서광범'徐光範'이 고변했다고도 했는데 모두가 잘못된 것이다. 얼마가 지난 다음 을사년에 우리나라 사람 '이기'李沂가 '영효'를 일본 땅 '에도'江戶에서 만났는데 '영효'가 위와 같이 말하고, 인하여 '길준'! 이 간악한 적당이 나랏일을 그르쳐 오늘에 이르렀다고 분개하더라는 말을 내가 직접 '이기'에게 들었다.

◆ (p.184.)朴泳孝逃之日本. 開化以來, 上外爲倭所持, 內爲政府所擅, 一不能有所可否, 王后憤之, 密謀稍復君權, 締連俄國, 泳孝患之, 然畏后權略, 非行弑, 則無以絶禍根, 遂指日定計, 請兵於倭, 以兪吉濬之昵於己也, 通其意, 吉濬遽告上, 泳孝見事洩, 變穿洋服, 以倭自衛出城, 至龍山登汽船而走, 其黨申應熙·李圭完等從之.

是時, 盛傳倭人日出雄, 對我人韓在益, 語泳孝凶謀, 在益告沈相薰, 相薰以聞, 或曰: '徐光範告變', 皆非也. 其後乙巳, 我人李沂, 見泳孝于江戶, 泳孝語沂如上, 因憤罵吉濬姦賊, 致懥國事, 至於今日云, 余聞于沂.

16. 명성황후 시해 (1895년)

◆ 8월 20일 무자일 일본공사 '미우라'三浦梧樓가 범궐하여 왕후 민씨를 시해하다. 궁내부대신 【이경직】李畊稙과 대대장 【홍계훈】洪啓薰이 적도들에 대항하여 싸우다 죽다. 왕후는 오랜 동안 권력에서 배제되어 정치에 간여하지 못했으므로 '이노우에'에게 후한 뇌물을 주어 상감에게 정권을 돌려주게 하고 자신은 전처럼 중간에서 간여할 수 있기를 바랐다. '박영효'가 이를 시기한 것이 5월의 모의를 하게 된 까닭이며, '미우라'는 '박영효'의 모의를 익히 들어 알고 있었다.

이때 왕후는 조금씩 권세를 펴기 시작하면서 매일 밤 연회를 열어 풍악을 즐겼는데, 왜인 '고무라'의 딸이 총명하여 그 아이를 귀여워하고 자주 불러보았다. '미우라'는 그 아이를 광대들 틈에 섞어 굿을 보게 하고 몰래 왕후의 초상 수십 장을 그리게 하여 이를 소장하였다. 기일을 정해 거사하면서도 남의 나라 국모를 시해하여 죄를 얻을까 두려워, 드디어 대원군에게 모의를 알리고, 거사 당일 밤에는 공덕리孔德里별장에 가서 대원군을 가마에 태워 앞세우고 여러 왜인들은 각각 초상화를 들고 뒤따르며 '고무라'의 딸이 그들을 인도했다.

곤녕전坤寧閣에 이르니 불이 대낮같아 개미를 세어볼 정도로 밝았다. '이경직'을 만나 왕후의 소재를 물으니, '경직'은 "모른다." 대답하고 양팔을 들어 왜인들의 진입을 막았지만 팔을 모두 절단 당하여 죽고 말았다. 벽장의 옷 속에 숨은 왕후를 왜인들은 머리채를 잡아 끌어내고 '고무라'의 딸이 확인하여, 목숨을 구걸하는 왕후를 여러 왜놈이 칼을 들어 내리쳤다. 검은 자루에 담아 석유를 붓고 녹산 아래 숲에서 불태우고 잔해 몇 조각을 주어서 소각한 장소에 매장해버렸다. 왕후는 총명하고 기민하여 권력을 즐겼고 이십 년 동안 자주 정치에 간여하여 망국의 길을 걷다가, 드디어 천고에 없는 변을 당하게 된 것이다.

외인들이 입궁을 시작할 때 '홍계훈'이 꾸짖었다. "칙령으로 외부 병력을 부른 것이냐?" 힐문 하였으나, 말을 마치기도 전에 탄환에 맞아 쓰러지고, 들것에 실려 나온 지 수일 만에 죽었다. '계훈'은 졸병에서 시작하여 높은 지위에 올랐으나 성품이 청렴결백하고 근신하여 사대부를 대할 때에도 예절을 잃는 일이 없었으며, 당시의 아첨하는 무리들과는 달랐다. 그의 모친은 항상 진충보국盡忠報國하라 경계했다 한다.

◆ (p.189.)二十日戊子, 倭公使三浦梧樓犯闕, 王后閔氏被弒, 宮內府大臣李畊稙 大隊長洪啓薰抗賊死. 后久擯不與政, 嘗厚賂井上馨, 使之還政于上, 因欲居中用事類前日. 朴泳孝嫉之, 所以有五月之謀也. 梧樓習聞泳孝思欲圖之.

時后權勢稍長, 每夜宮中演戲, 聽歌曲. 倭人小村室者, 有女慧黠, 后愛之, 常召見. 梧樓使從倭混倡優觀劇, 密榻后像數十本, 藏之. 剋日擧事, 猶恐弒人國母爲罪, 遂與大院君通謀. 至其夜, 往孔德里, 舁大院君在前, 群倭踵入, 各持一后像, 小村女導之.

至坤寧閣, 宮中火炬通明, 螻蟻可數,, 遇畊稙問:"后何在?"畊稙曰:
"不知!"因舉袖障倭, 左右腕俱斷而死. 后逃壁衣中, 倭摔之出, 小村女
審之. 后連乞命, 倭衆刃交下. 裹以黑襪衣, 灌石油火之于鹿山下樹林中,
拾幾片殘骸, 卽燒地埋之, 后機警饒權, 數干政二十年馴致亡國, 遂遭千
古所無之變.

倭始入宮, 洪啓薰喝問:"有勅令召外兵耶!"言未已, 中丸而倒, 舁歸
數日乃死. 啓薰起卒伍, 致位隆顯, 而性廉潔謹愼, 待士大夫無失禮, 與
當時諸倭幸不同. 其母, 常戒以盡忠報國云.

17. 왜인이 은행권을 발행하다 (1903년)

◆ 왜인이 은행권을 발행하다. 백동화폐의 주조를 시작하면서부
터 몰래 화폐를 주조하는 것을 금지하는 법이 엄하여 교수형을 당
하는 자가 줄을 이었으나 이를 근절시키지는 못했다. 왜인들 또
한 그들의 나라에서 몰래 주조한 화폐를 가져와서 운용하고 있었
기 때문에 물가는 날로 치솟아 쌀 한 섬이 만 오천 전五千錢에 이르
게 되었다. 화폐주조가 늘어날수록 돈은 더욱 천해지는 법이니, 원
래는 백동화 한 닢에 엽전 25닢 이던 것이, 도리어 엽전 6, 7닢으로

백동전 100을 교환하게 되니 돈의 경중이 없어지고, 백성과 나라와 농업과 상업이 모두 병들게 되었다.

이렇게 되자 왜인들은 다시 지폐紙幣를 만들어 제일은행권第一銀行券 이라 불렀고, 청국 상인 '동순태'同順泰(인천,화교상회)는 '동순태상표' 同順泰商票를 발행하여, 모두 한 조각의 종이표로 앉아서 온갖 상품 을 농락하여, 화폐를 운용하는 권한이 외국인의 수중에 돌아가고, 나라의 경제정책은 다시 물어 볼 곳이 없게 되었다. 대개 각국의 화 폐제도는 공과 사를 막론하고 먼저 본위가 되는 금을 국고에 적립 하고, 본위 금이 천 원이면 지폐도 천 원을 발행하고, 만 원이면 만 원을 발행하기 때문에 나라에는 남발하는 폐단이 없고, 종이가 헐 어 반납하면 국고에서 본위 금으로 상환하기 때문에 백성은 빈털터 리가 될 걱정이 없는 것이다.

일본은 청일전쟁 이후로 재정은 속이 비고, 거기에다 우리나라의 철도 부설을 시작하여 지급할 재원이 없게 되자 지폐를 날조하여 우리 경내에서만 통용하게 하고 철도 비용에 충당하였으니 사실은 한 푼의 본위 금도 없었던 것이다. 이에 우리나라 사람들이 들고일 어나 저항했지만 왜인들이 힘으로 위협하여 시행하니 차차 통용되 기에 이르렀다.

◆ (p.302.)倭人造銀行券. 自鑄白銅貨以來, 嚴盜鑄之律, 絞者相屬, 而 莫能禁. 倭又自其國潛鑄運用, 由是物價日踊, 米至石萬五千錢. 鑄愈多而錢愈賤, 白銅貨一, 原當葉錢二十五, 而反以葉錢六七, 換銅貨百, 輕重無定, 以致民國農末之俱病.

至是, 倭又造紙幣, 名曰第一銀行券, 又淸商有號同順泰者, 發行同順泰商票, 皆以一片紙票, 坐籠百貨, 錢幣之權, 落在外人, 國計不可復問矣. 蓋各國紙幣之法, 毋論公私, 先立本位金於國庫, 如本可千元, 紙幣亦造千元, 可萬元, 亦造萬元, 故國無濫出之弊, 及紙壞, 則還納國庫, 國庫償以本金, 故民無白失之憂.

倭自戰淸以來, 國用枵然, 又營我國鐵道, 無以支敷, 遂捏造紙幣, 只行我境, 以應鐵道之費, 其實無一分本位金也. 於是, 我人羣起抵格, 而倭以威劫行之 稍稍通用.

18. 러·일전쟁의 발단 (1903년)

◆ 12월 27일 인천에서 왜인이 러시아 군함을 습격 파괴하다. 이에 앞서 갑오년의 사변에, 왜인들이 '랴오둥'을 차지하려 들자, 러시아가 독일, 프랑스와 연합하여 왜인들을 위협하여 청국에 반환하고 타이완과 교환하게 하였으니 겉으로는 평화를 가장했지만 사실은 기회를 엿보며 동양을 넘보고 있었던 것이다. 연합군이 승전하자 러시아는 동북 3성에 들어가 '뤼순'旅順의 항구를 뺏고 수륙 요충을

주관하며 '랴오둥' 전체를 점거 할 형세를 보였다.

왜인들은 그들의 기만에 분개하고 그들의 접근이 걱정되어 여러 차례 철회를 요구하였으나 러시아는 끝내 불응했다. 또 한·청간의 요충지인 용암포에 들어가는 등 그 기세가 날로 확장되어 갔다. 일본은 그들을 성토하려 하였으나 국력의 강하고 약함이 같지 않고 국론도 둘로 갈리어, 나이 많은 '이토 히로부미' 일파는 신중하게 천천히 도모하려 했고, 신진소장 일파는 선발 제재를 원했으니, '이 기회를 잃으면 오십 년 안에 동양 삼국은 러시아에 먹히지 않는 나라가 없을 것이며, 장작더미 밑에 불씨를 두고 하루의 안락을 즐겨서는 아니 된다' 주장했다. 신문사의 정부를 공격하는 내용이 각국에 전파되었으며 심지어 '이토 히로부미'를 간신 '왕륜'王倫과 '진회'秦檜에 비유하기도 했다. 이렇게 여러 해를 대치했으나 러시아는 일본을 약소국으로 가벼이 보았고 갑자기 전쟁을 일으키리라고는 생각 못했다

그러나 이에 이르러 그들은 전쟁을 결의하고 선전포고문에 한국의 영토 보전과 동양평화 유지를 공언하며, '오야마'大山巖를 육군제독 '도고'東鄕平八郎를 수군제독으로 삼고, 군함들이 부산을 경유하여 속속 인천으로 향했다. 기밀이 새어나가 러시아가 이를 알고 순양함 몇 척을 보내 바다를 정찰하다가 인천 월미도에 이르러 일본군의 습격을 받고 모두 침몰하고 말았다. 러시아와 일본의 화친은 이미 깨어지고 동양이 크게 진동했다. 러시아는 동부의 병력을 동원하고 이를 선발대로 삼아 적을 막으니 우리나라 서북 일대가 먼저

그 화란을 당하고, 발해와 '뤼순'旅順 사이에는 대포와 선박이 빈번히 왕래하여, 군대가 지나가는 북소리 징소리가 천리를 진동했다.

일본은 주한 러시아공사 '파우로후'巴禹路厚의 귀국을 보호하였고, 주러시아 일본공사 '구리노'栗野愼太郞도 또한 러시아 수도에서 독일 수도로 이주했다. 상감은 러시아 공관을 행궁처럼 여겼기 때문에 지폐 십 여 포대를 남겨두고 위급사태에 대비했는데 이번에 '로후'가 가지고 도주해 버렸다. 아마도 수백 만 원이 되었을 것이라고 한다.

◆ (p.313.)十二月二十七日, 倭人襲俄艦于仁川, 破之, 先是, 甲午之役, 倭欲據遼東, 俄人聯絡德・法, 脅倭讓遼于淸, 以臺灣交換, 外借平和之名, 而實欲乘機自佔, 以窺東洋也, 及聯軍之捷, 俄入東三省, 奪旅順口, 縮水陸之衝, 有據全遼之形.

倭人憤其見欺. 又畏其偪, 屢經詰駁, 約俄撤還, 而俄終不肯. 又入龍巖浦, 扼韓淸之要, 勢日張甚, 於是, 倭欲聲罪, 爭之, 而强弱不侔, 國論携貳. 其處政地, 而年宦俱高, 如伊藤博文一隊, 頗持重緩圖. 其蜂銳少輩及民黨一派, 擧欲先發制之. 以爲失今不圖, 不過五十年, 東洋三國, 不爲俄吞者幾希, 不可厝火積薪, 以幸一日之安. 其報館之攻政府者, 飛傳各國, 至比博文於王倫・秦檜. 相持者數歲, 然俄人藐倭弱小, 不意其猝發也.

至是, 用兵議決, 下宣戰書, 聲言保全韓國境土, 維持東洋平和, 乃以大山巖爲陸軍提督, 東鄕平八郞爲水師提督. 兵艦潛過釜山, 陸續向仁川, 機事頗露, 俄人詗知之, 發巡洋艦數隻, 偵察海面, 至仁川八尾島, 爲倭所襲, 全艦沈沒. 俄倭和局旣壞, 東洋大震, 俄人起其東部兵, 前赴迎敵, 我國西北兩界, 先受其禍, 渤海 旅順之間, 砲車火船, 首尾梭織, 鉦鼓之聲, 千里相聞.

倭人護駐我公使巴禹路厚, 歸其國. 倭駐俄公使栗野愼太郎, 亦自俄京移駐德京, 上視俄館如行宮, 留紙貨十餘佰, 以擬緩急. 至是, 路厚帶而走, 蓋數百萬元云.

19. 당시의 신문사 (1903년)

◆ 당시의 신문사는 서울의 황성신문, 제국신문은 우리나라 사람이 간행한 것이고, 한성신보, 대동보, 기독교보는 외국인이 주관했다. 인천에는 조선신보, 대한일보, 인천상보가 있었고, 옥구沃溝에는 군산보, 목포에는 목포신보, 부산에는 조선시보, 원산에는 원산신보, 성진城津에는 북한시보가 있어 역시 외국인이 주관했다.

◆ (p.315.)是時, 報館之數, 京師有皇城新聞 帝國新聞, 我人所刊行也. 其漢城新報 大同報 基督教報, 外人管之. 仁川有朝鮮新報 大韓日報 仁川商報, 沃溝有群山報, 木浦有木浦新報, 釜山有朝鮮時報, 元山有元山新報, 城津有北韓時報, 亦出外人云.

20. 일본군의 이동 (1904년)

◆ 일본군이 인천을 경유하여 줄지어 서울에 들어온 병력은 오만 여 명, 말 만 여 필이었으며, 창덕궁, 문희묘,^{文禧廟} 원구단, 저경궁, 광제원, 관리서 등 총 18개의 관서를 빌려 진영을 연결하여 주둔하고, 서문 밖 민가 백 여 가구를 사들여 마구간으로 만들고, 또 오강五江연안에 천막을 쳐서 숙소를 만드니 밥 짓는 연기가 수백 리에 미쳤다. 남쪽에서는 동래에서 대구로, 남해에서 남원으로, 군산에서 전주로 달려가고, 서쪽은 평양에서 삼화로, 북쪽은 원산에서 성진으로 달리며 서로 백 리 거리를 두고 '랴오둥'을 향해 줄지어 진발했다. 이르는 곳마다 군기가 심히 엄해 함부로 약탈하는 일이 없고, 백성들에게도 소요를 일으키지 않도록 방을 붙여 알렸다. 그러나 그런 가운데도 방자하고 불순한 무리가 있었던 것은 모두 우리의 간사한 백성들이 인도하여 그렇게 된 것이다.

◆ (p.316.)倭自仁川, 陸續入京者, 兵五萬餘, 馬萬餘匹. 借昌德宮 文禧廟 圓丘壇 儲慶宮 廣濟院 管理署, 凡十八處, 連營屯駐. 買西門外民家數百區, 折爲馬廐. 又於五江沿岸, 結幕寢處, 煙火亘數百里. 其自南方者, 由東萊趨大丘, 由南海趨南原, 由群山趨全州. 西路則平壤 三和, 北路則元山 城津, 相距百十里. 次次向遼東進發, 所至軍紀甚肅, 無敢肆掠, 張榜喩民, 毋滋騷擾, 而其橫猾不馴者, 皆我姦民導之.

21. 일본대사 '이토 히로부미' (1904년)

◆ <u>일본대사 '이토 히로부미'가 오다.</u> 이에 앞서 왜인의 회답문서 에: '우리 일본은 한국의 정치가 더욱 혼란해지는 것이 민망하여, 방 책을 논의하는 회의를 궐내에서 개최하였는데, 황제는 군왕과 정승 의 교체를 원하고, 어느 친왕은 타이완처럼 직접관할 할 것을 주장 하였으나, 오직 '이토 히로부미'는 한국 정부에 경고하고 고치지 않 는 때를 기다려 서서히 도모함이 가하다 말했다고.'하니, 일찍이 하 루도 우리나라를 얽어매놓을 공작을 잊은 일이 없는 그가, 서서히 취하는 계책을 쓰고자 함은 만전을 기하고자 하는 것이다. '히로부 미'의 이름은 외국에도 알려지고 중국의 '리훙장'과 더불어 동아시 아의 인걸이라 일컬어지고 있었다.

이에 이르러 나이가 들어 더욱 신중해졌고, 러시아와 분쟁이 생기 자 우리나라를 더욱 중요하게 생각하고 공략하기를 자청한 것이다. 상감은 '민영환'을 시켜 영접을 명하고 성대한 의식을 갖추었다. 당 시는 그가 비상조치를 취할 것이라는 소문이 있었으나 폐하를 알 현하면서 의젓하고 극진하게 예의를 갖추었으며, 정부에게는 구습 을 고치고 혁신을 하라는 말을 하니 겉으로 보아서는 별 악의가 없 어 보였다. 그러나 상감은 그의 위세가 두려워 열흘 동안 인원 채 용을 삼가고 궁중의 극장 문을 닫았다가, 그가 귀국하려 성문을 나 서자 다시 예전으로 돌아갔으니 서울거리에 "팔일청명"_{八日淸明}이라는 민요가 생겨났다. 이것은 '히로부미'가 유숙한 8일 간은 청명했다는 말이다.

◆ (p.319.)倭大使伊藤博文來. 先是, 倭人報章, 有曰: '我日本憫韓政愈
亂, 會議方略于闕中. 皇帝, 欲變置君相, 某親王則欲自爲管轄, 如臺灣.
惟博文以爲, 當警告韓廷, 待其不悛, 可徐圖之云云.' 蓋其醞釀締搆,
未嘗一日忘我國, 而博文者, 欲行其緩取之謀, 期圖萬全也, 博文名聞外
洋, 與中國李鴻章, 幷稱東亞人傑.

至是, 年老頗持重, 及搆俄釁, 尤以我國爲重輕, 自請前往經略, 上命
閔泳煥迎之, 儀衛甚盛. 時議以博文必有非常之擧, 及陛見, 雍容將禮,
勉以淬厲, 告政府改舊從新, 泛觀無惡意. 然上豐其聲威, 旬日之間, 勅
內部擇人, 輒宮中劇場, 及其歸, 甫出城, 而內批又下, 京師爲之謠曰: "八
日淸明" 以博文留館八日也.

22. 진황지의 개간 허가 (1904년)

◆ 진황지陳荒地 차용을 일본에 허가하고, 어공원御供院을 설립하다.
당초 왜인들은 우리 땅에 저들의 백성 수를 늘리려고 오래 묵힌 미
개간지에 침을 흘리고 있었다. 우리나라의 평야와 산림, 강과 바다
의 제방과 둑에 소재하는 이용 가능한 버려진 땅으로 차용 가능한
곳은 실로 많았다. 이해 봄 '하야시'林權助가 휴가로 귀국하자, 서리
'하기하라'萩原守一가 상인 '나가모리'長森藤吉와 은밀히 모의하여, 만일
차용 개간이 허가되어 세금을 납부하게 되면 양국 모두에 이익이
될 것이라고 상감께 강력히 요청하였다. 또한 【이하영·현영운】李夏
榮 玄暎運 등도 그렇게 할 것을 종용하니, 상감은 '이하영'을 시켜 외무
부의 직인을 찍어 계약서를 작성하고 50년 기한으로 허가하였다. 이
에 장차 왜인들이 우리 땅을 군현으로 다스리려 한다고 전국이 술
렁거리게 되었고, 상감도 이를 후회하여 어공원御供院을 설립하고 진
황지 세금을 신설하여 왕실 재산에 귀속시켰다. 이는 왜인들의 차
용을 막으려는 조치였지만, 이미 미치지 못하게 되어 버린 다음 이
었다.

◆ (p.323.)許借陳荒地于倭, 遂建御供院. 初倭人欲殖民我地, 而尤流
涎于陳荒未墾之區. 蓋我國原野 山林 江海 堤堰, 所在荒廢, 利藪之可
借者, 實多. 是年春, 林權助請暇歸國, 署理萩原守一, 與其商民長森藤
吉, 密謀力請于上, 如得借墾納稅, 則兩國俱利. 李夏榮 玄暎運等, 又慫
慂之. 上使夏榮調外部印, 作契許之, 以五十年爲限. 於是, 都下洶擾,

以倭將郡縣我也. 上亦悔之,遂創御供院, 以陳荒地稅, 屬之爲私帑. 蓋
欲塞倭人之借, 而已無及矣.

23. 진황지와 보안회 (1904년)

◆ 왜인들이 숭례문에서 한강까지의 구역을 점거하고 '군용지'라 부
르다. 표지를 새우고 경계를 정하여 우리나라 사람의 침범을 막고, 이
로부터 원하는 곳은 바로 '군용지'라 부르며 빼앗아 갔다. 왜인들은 '보
안회'保安會(후일의 일진회)를 미워하였으니 보안회가 설립되면서부터 서
울 사람들이 날마다 종로에 모여들었고, 회유해도 해산하지 않으므로,
그들은 보안회 사무실에 군대를 보내 칼로 위협하고 회원 '이범창'李範昌
등 4·5인을 잡아 가두었다. 이에 군중들의 분노는 더욱 격화되어 정부
에 글을 보내 '현영운'의 처단을 요청하고, '이영하'의 진황지 차용허가를
처벌하지 않은 이유를 따졌다. '영하'는 연이어 변명 상소를 올리고 사임
을 요청했으나 상감은 윤허하지 않았다.

처음에 상감은 '현·이'玄·李의 속임수에 넘어가 몽롱하게 차용을
허가해 버렸으니 그 일이 해가 됨을 알고 난 다음에도 어찌할 도리
가 없게 되었다. 이에 민회가 힘을 얻어가는 일을 다행으로 여기고
어물어물 지연시키는 모양을 보이게 되었으며 백성들 또한 믿는 구
석이 있어 모임을 구성한 것이었다. 일본은 무력시위를 하여 원하면

못할 일이 없음을 보이면서도 백성들의 뜻을 거스르는 것을 꺼려 이리저리 돌아가며 추진하기를 원했기 때문에 민회의 해산을 위해 그 대표에게 경고를 했을 뿐 전력을 기울이지는 않았다.

◆ (p.329.) 倭人, 自崇禮門至漢江, 自點區域, 曰'軍用地'. 立標定界, 禁我人毋犯. 自是, 有所欲, 則輒曰'軍用地'而奪之. 倭人惡保安會, 自保安會之設, 都民日聚鐘街, 喻之不散, 倭人乃派兵闌入會所, 揮刀示威, 囚會員李範昌等四五人. 於是, 衆怒愈激, 貽書政府, 請斬玄暎運, 且詰不討李夏榮許借荒地之故. 夏榮連疏自明, 乞解現任, 上不許.

蓋上始爲玄·李所詐, 朦朧許借, 及審其胎禍, 而無如之何. 乃幸民會之或可以得力, 而示依違遷就之形, 故民亦有所怙, 而成會焉. 且倭仗其兵威, 似或無所不爲, 而亦惡民志之拂, 欲紆徐以就之, 故惟圖散其會警其魁, 而不究其力.

24. 진황지 계약 철회

◆ 왜인들이 진황지 계약을 철회하고 내정 개혁안을 제출하다. 진황지 계약 이래로 조정과 백성, 위아래 할 것 없이 모두가 격렬하게 저항하고 일본의 여론도 정부의 실책을 비난하였으니, 하나는 저명인사도 아닌 하찮은 개인 '나가모리'에게 전 한국토지의 대권을 맡긴 것. 또 하나는 대한정책의 대강이 서지 않아 아직 한 가지도 착수하지 못한 마당에, 이 같은 사소한 일로 한국인의 감정을 상하게 한 것을 들었다. 이에 그들 정부는 드디어 '나가모리'의 안을 철회하고, 여러 번을 다듬어 개혁안을 개정하였다. '하야시'가 폐하를 알현하고 허락을 얻으니 그 내용은: (대체로 을사늑약의 사전공작이었다.)

◆ (p.331.)倭人, 撤回陳荒地契約案, 提出內政改革案. 自陳荒契約以來, 朝野上下, 皆激烈抵抗, 而倭中輿論, 亦咎其政府失策, 一, 則謂長森藤吉, 本非知名士, 乃以此不足輕重之私人, 舁之以全韓土地之大權, 一, 則以對韓政策大綱未立, 諸事未一着手, 而以此區區者, 害韓人之感情. 於是, 其政府屢經磋磨, 遂撤回長森案, 而改訂此案. 林權助陛見, 得畫諾, 其案略曰:

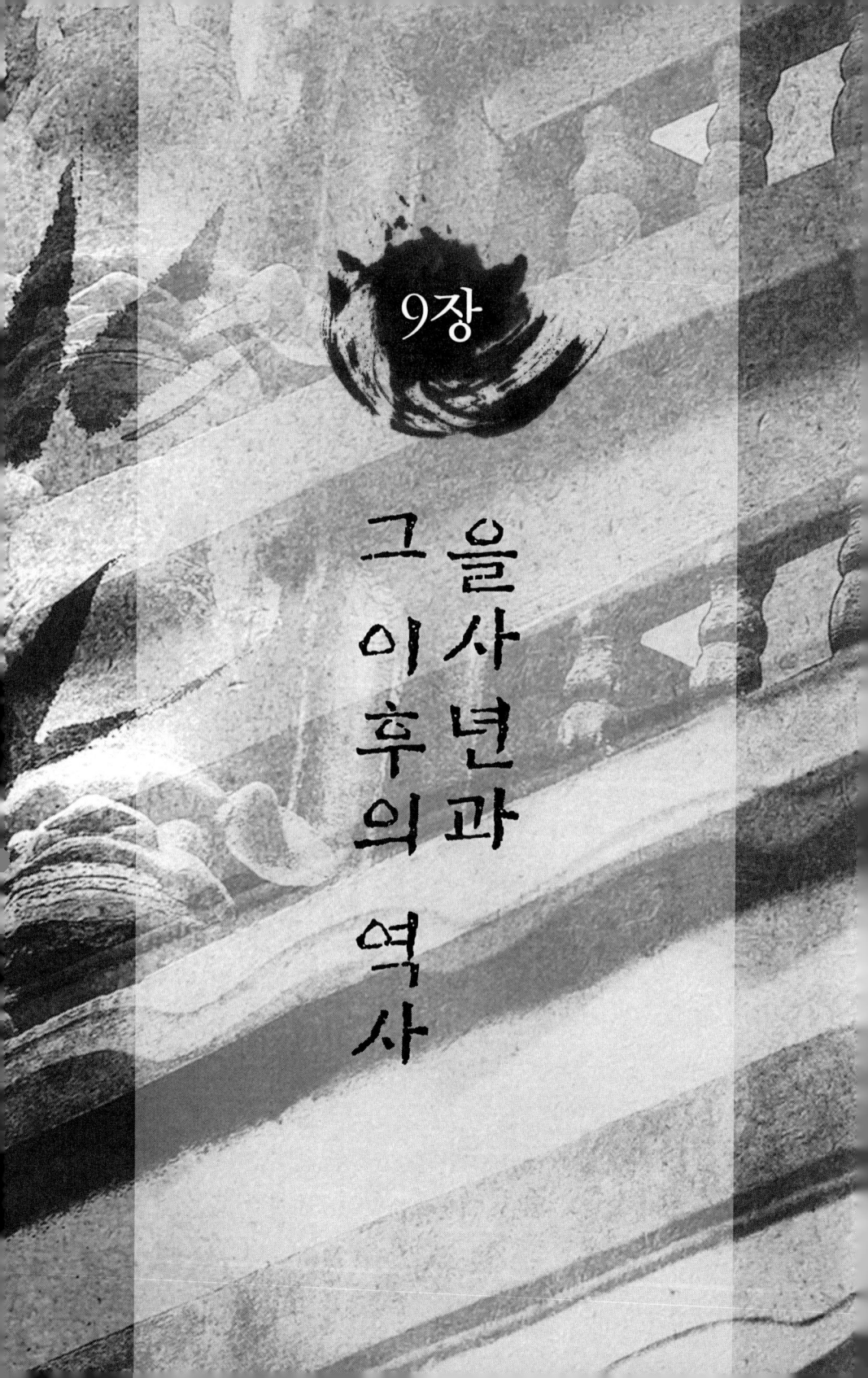

9장

을사년과
그 이후의 역사

1. 최익현崔益鉉을 회유하다

◆ 정월에 【최익현】을 경기 관찰사에 임명하다. 이 때문에 최익현이 상소를 올렸다; "신은 비록 보잘것없는 몸이오나 어찌 한낱 관찰사직을 얻으려 이곳에 왔겠습니까? 신하가 죄를 지으면 유배형을 내리거나 자결을 명하심이 옳은 일이며, 이익으로 유인하여 물러가게 한다는 말을 들어보지 못했습니다."말하고 드디어 나라가 어지러워 망국으로 치닫는 형편을 낱낱이 진술하여 을사오적의 능지처참을 상주했다.

구성군 이준李浚의 시호는 충무(忠武), 정승 김병국金炳國은 충문(忠文), 학자 이항로李恒老는 문경(文敬)으로 시호를 내리고, 흥인군 最應의 시호를 문충(文忠)으로 고쳤다. 최익현이 떠나지 않고 논쟁을 계속하자 상감은 이를 몹시 싫어하였으며, 이항로는 최익현의 스승이므로, '항로'를 포상하는 방편으로 그의 아들 '이영조'李永祚에게 참봉 벼슬을 내리고 이에 만족하여 떠나가기를 기대했으나 최익현은 굳게 지키고 떠날 의사가 없었으며, 살아서는 행하고 죽어서 돌아가기를 기약했다. 이 같은 이유로 지난해부터 시작한 기정진奇正鎭, 임헌회任憲晦, 이항로李恒老의 시호 논의에 대하여서도 이에 이르러 '항로' 한 사람에 대해서만 시호를 내리게 된 것이다.

◆ (p.342.乙巳年)春正月, 以崔益鉉爲京畿觀察使. 益鉉疏辭曰: "臣雖無狀, 豈爲一觀察使而來哉? 臣下有罪, 竄逐之可也, 賜之死可也, 未聞以利誘之, 而使之去也." 遂歷陳亂亡之形, 請磔五大賊臣于市.

諡故龜城君浚曰忠武. 故相金炳國曰忠文. 故儒臣李恒老曰文敬. 改諡興寅君最應曰文忠, 崔益鉉旣不去, 又論事不已, 上甚厭之, 以恒老之爲益鉉師也. 故褒恒老以賞之, 官其子永祚參奉, 冀欲中其意而去. 然益鉉確然無去志, 以生行死歸爲期, 自上年來, 有奇正鎭·任憲晦及恒老, 幷諡之議. 至是, 獨擧恒老.

2. 항구를 저당하고 차관을 얻다

◆ 각 항구를 왜인에게 저당 잡혀 일천만 원을 차관하다. 【정병원·윤돈구·이학재】·鄭秉源 尹敦求 李學宰등이 국가재정의 부족을 외국에서 차관함은 불가하다 하여, 나라 안팎에 통고하여 민간의 의연을 요청하고 이것을 '자원민대'自願民貸 라 부르니, 왜인들이 이들을 붙잡아 심문하고 10일을 구금한 다음 통문을 회수해 버렸다. 이때에 전하는 말로는 왜국도 재정이 고갈되어 미채米債를 빌려 대여하는데 싼 이자로 빌려 높은 이자로 대여한다 했다. 왜인들이 우리의 토지를 아무 이유 없이 빼앗기 어려워, 정부를 위협하여 강제로 차관을 얻게 하되 단기차관이 아니며, 공예 농업 학습 등에 사용 한다 선언했으나, 그러나 실은 서울과 인천의 수도건설水道建設 비용에 쓰이고 【민영기】閔泳綺 등이 중간에서 수십만을 횡령 하는데 허비 되었다.

◆ 【유응두】柳應斗를 불러 입대入對하게 하고 참봉을 제수하다. '응두'는 풍천 사람으로 경술經術로 이름이 났고 혹은 특이한 재능이 있다고 전해졌으므로 그를 불러본 것이며, '곽종석'과 같은 부류에 속한다. 6월에 다시 비서승에 임명되었다.

◆ 참형을 폐지하기로 제도를 고친 것은 형법 교정관 【김가진】金嘉鎭의 논의에 따른 것이다.

◆ 【허위】許蔿를 비서승에 임명하다. '위'는 선산 사람으로 호방하여 큰 소리를 잘 치며 스스로 경륜이 있다 자부하였다. 서울에서 십 여 년을 나그네로 지내면서도 권문세가를 찾지 않고 쓸쓸히 한 곳에 머물러 있으니 영남 출신의 관료들이 책사라고 과장하였고, 그 인연으로 대내에까지 소문이 전해져 처음에 참봉에 제수되었다가 상감의 총애가 날로 융숭하여 한 해가 못되어 참찬에 뛰어오르고 집을 하사하여 거처하게 하였다.

◆ (p.343.乙巳年)典各港口于倭, 借款一千萬元, 鄭秉源·尹敦求·李學宰等, 以國財雖絀, 不可借款外國, 遂通告中外, 請民義捐, 命曰自願民貸. 倭人促去詰問, 囚十日, 還收通文, 是時傳言, 倭亦財竭, 貸米債以貸我, 借以輕息, 而貸以重息. 蓋倭人欲攫奪我地, 而難乎無辭, 脅政府, 勒行借款, 而不許速債, 宣言資工藝 農業 學習之用, 然其錢只爲京城及仁港水道之費, 又爲閔泳綺等, 中飽者數十萬.

◆ 徵柳應斗入對, 除參奉. 應斗豊川郡人也, 以經術聞, 而或傳其有異能, 故召之. 蓋類郭鍾錫云, 至六月, 又拜秘書丞.

◆ 更廢斬刑, 從刑法校正官金嘉鎭議也.

◆ 以許蔿秘書丞. 蔿善山人也, 落拓好大言, 以經綸自許. 客京師十餘年, 不干謁權貴, 蕭然處一館, 嶺人游宦者, 以策士相椎夸, 因緣徹大內, 初除參奉, 上眷日隆, 未一歲, 超至參贊, 賜第以居之.

3. 경운궁의 문지기는 일본헌병 (1905년)

◆ <u>일본이 헌병을 파견하여 경운궁 궐문을 지키다.</u> 이때에 그릇된 도리로 상감을 미혹하여 해독을 끼치는 무리의 수는 이루다 헤아릴 수 없었다. 혹자는 구름을 타고 하늘을 날아 단숨에 만 리를 달려, 러·일의 진영을 내려다볼 수 있다 하고, 혹자는 능히 돌비石雨를 만들어, 적군이 국경을 침범하면 돌로 비를 퍼부어 부셔버린다는 등 요망하고 허탄하여 터무니없는 것들이었다. '민영환'이 참정參政이 되어 누차 엄히 물리칠 것을 청원하였으나 듣지 않다가, 마침내 왜인이 파병하여 금지하기에 이르렀으나 끝내 멈추지 않았다.

◆ (p.344. 乙巳年)倭派憲兵守慶運宮門, 時挾左道, 以蠱媚上者, 不可勝數. 或稱乘雲行空, 瞬息萬里, 俯瞰俄 倭兵陣, 或稱能雨石, 如敵人犯境, 石雨糜碎, 妖誕不經, 皆此類也. 閔泳煥爲參政, 屢請嚴斥, 而不見聽, 竟至倭人派兵訶禁, 而終不止.

4. 내시의 감원

◆ 왜인들이 내시의 감원을 주청하니 모든 환관들이 모여 통곡하다.

환관 【김한종】金漢宗이 '이근택'(을사오적)을 향해: "너희들은 내시가 나라를 망친다 하지만, 필경 나라를 파는 자들은 너희가 아닌가? 우리는 왜인과는 일면식도 없는데 밤낮으로 그들에게 애걸하는 자들이 도리어 내시를 비난한단 말인가?" 하고 꾸짖었다. 오래지 않아 왜인이 붙잡으려 하니 자취를 감추어 버렸다.

◆ (p.344.乙巳年)倭人請減內侍, 諸宦聚哭. 金漢宗罵李根澤曰: "若曹謂內侍誤國, 畢竟賣國者, 非若曹乎? 我與諸倭無半面, 乃昏夜乞哀者, 反藉口內侍乎?" 未幾, 倭欲掩捕之, 漢宗逸.

5. 왜인이 최익현崔益鉉을 추방

◆ 왜인이 최익현을 강제로 포천에 돌려보내다. 그들은 '익현'이 거듭 상소 올리기를 그치지 않으니, 치안 유지에 심히 방해된다 하고 사령부에 강제 구인했다. '익현'은 큰소리로 '하야시'와 '하세가와'를 부르며 여러 날 꾸짖기를 멈추지 않았다. 그들은 들것에 실어 포천 집으로 돌려보내 군대로 하여금 구금하게 했다.

◆ (p.344.乙巳年)倭人逐崔益鉉, 歸之抱川. 倭以益鉉累疏不休, 無非妨害治安, 勒拘于司令部, 益鉉厲聲, 呼林權助長谷川安在, 噴罵不絶數日. 倭昇之返其抱川舊第, 使兵站拘禁之

6. 최익현의 연행 모습

◆ '익현'이 서울 집에서 자고 있는데 창밖이 시끄럽더니 십 여 명의 왜인들이 문을 밀치고 들어오며 소리쳤다: "우리 사령부에서 부르니 같이 갑시다." "너희 사령부의 누구냐?" 물으니, '하세가와' 대장입니다."했다. '익현'은 성난 목소리로: "나는 한국의 대신이다. 너희 장수가 할 말이 있으면 와서 할 일이지 어찌하여 부른단 말이냐?" 했다. 왜인은 웃으며: "사령부가 부르는데 무슨 말이 많은가?"하고 달려들어 결박할 태세를 취했다. '익현'은: "나라가 힘이 없으니 이

지경에 이르는 구나, 내 일찍 죽지 못한 것이 한스럽다. 그러나 흉악한 모욕을 당하고 있기보다는 차라리 내 발로 가서 시원히 꾸짖어야겠다." 하고 "묶을 필요 없다. 내 발로 가겠다." 말했다. 왜인들이 인력거를 부르자, "나는 우리의 가마가 있다. 어찌 너희 수레를 타겠느냐?" 하고, 세수하고 의관을 갖추고 두어 잔의 술을 든 다음 가마를 타고 떠났다. 명동 사령부에 이르러서는 다른 사람들은 문 밖에 멈추어있게 하고 '익현' 부자만 들어갔다. 구례에 사는 상인 강모는 전에 '익현'에게 인사한 적이 있어 서울에 갔던 길에 그 댁을 방문했는데, 끌려가는 현장을 목격하고 돌아와서 나에게 말해준 것이다.

◆ (p.344.)益鉉在京邸, 一日垂晚, 牕外有人喧, 十餘倭引戶, 而叫曰: "我司令部召公, 公可偕往." 曰: "汝司令部誰也?" 曰: "長谷川大將." 益鉉怒曰: "我我韓大官, 汝帥有欲言則來, 何召也?" 倭笑曰: "司令部有召, 奚多言?" 卽齊上, 作梱縛勢. 益鉉歎曰: "國家不競, 乃至於此! 吾恨不早死, 雖然與其橫遭凶辱, 寧自往快罵." 乃曰: "不必汝縛, 我當往也." 於是, 倭招人力車, 益鉉曰: "吾有吾轎, 奚汝車爲?" 遂盥而巾, 進酒數酌, 轎而去, 其子永祚隨之. 至明洞司令部, 止餘人門外, 只入益鉉父子. 求禮商人姜某, 有曾謁益鉉者, 適入都, 訪于邸, 目擊被拘狀, 歸向余道.

7. 청년회靑年會 공진회共進會 일진회一進會

◆ 서울에는 청년회와 헌정연구회가 있고, 삼남에는 공진회共進會가 있었다. 청년회는 예수를 구세주로 여기는 종교단체이고, 헌정회는 구미의 입헌정치를 본받으니 모두 서양학문에 물든 사람들이며, 공진회는 일진회를 배척하여 일어난 모임이다.

◆ 전주 부민들이 일진회의 방자함에 분개하다. 하급 관리 【김한수】金漢洙 등이 창의소를 설치하고 군중을 모아 일진회를 습격하니 회원들은 패하여 많은 사상자를 내고 은진恩津의 강경 포구로 물러나 주둔하였고, 의병들이 시내를 엄히 경계하고 여러 고을에 통문을 돌려 의병에 합류할 것을 독려하니 전북이 크게 소란스러웠다.

◆ 충북의 【이승우】李勝宇를 옮겨 전북관찰사 겸 선무사에 임명하다. '승우'가 지략이 뛰어나 일진회 소요 진압에 활용한 것이다. '승우'가 와서 좋은 방도로 통제하고, 의병을 일으킨 백성들 또한 일진회를 졸지에 모두 제거할 수는 없다는 사실을 알기 때문에 서로 화해하게 되었다.

◆ (p.345)京師有靑年會 憲政硏究會, 三南有共進會 靑年會者, 以耶蘇救世主義爲宗敎, 憲政會者, 效歐美立憲政治, 皆剿襲洋學者也. 共進會者, 排一進而起.

◆ 全州府民, 憤一進會之恣橫, 府吏金漢洙等, 設倡義所, 募衆拒擊會人, 敗衄多死者. 退屯恩津之江鏡浦, 府中戒嚴, 通文列邑, 督其赴義, 全北大擾.

◆ 移忠北李勝宇爲全北觀察使兼宣撫使. 以勝宇饒幹略, 藉鎭會擾也. 勝宇至, 馴御有方, 義民亦以會人之不可猝除, 遂相講解.

8. 미국공사 '알렌'

◆ 미국공사 '알렌'이 돌아가고 새로 '모간'이 부임하다. '알렌'은 우리나라에 머물러온 지 십 수년이 되었는데, 떠나면서 이렇게 탄식했다: "한국 국민들이 가련하다. 내 일찍이 천하를 두루 돌아다녔지만 한국의 황제와 같은 사람은 사천 년 동안에 처음 나타난 인물이 아니겠는가!"

◆ (p.345)美國公使安連遞歸, 新任摸杆代之. 連留我國者十數年, 臨歸, 對人歎曰: "韓民可憐. 吾嘗周流九萬里, 上下四千年, 如韓國皇帝者, 其亦初出之人種乎!

9. 승전 축하사절

◆ 의양군 【이재각】李載覺을 대사로 임명하여 일본의 '뤼순'旅順승전을 축하하다. 지난해 겨울은 수십 년 이래 처음 맞는 따뜻한 겨울이어서 '랴오둥'에서 싸운 왜인들은 추위의 고통을 몰랐다 한다. '펑톈'의 전투에서는 러시아가 '훈허'渾河를 요새로 믿고 방비를 소홀히 했는데 하룻밤 사이에 얼어붙어 왜인들이 건너게 되었고, 불의의 공격을 퍼부으니 드디어 러시아가 대패하게 되었다 한다. 당시에는 모두 하늘이 러시아를 망쳤다고 말했다.

'이재각'이 가지고 간 국서내용: "짐은 이번에 귀국이 군사를 일으켜 국위를 선양한 일은 오로지 우리 동양의 큰 틀을 유지하기 위한 것으로, 보기 드문 쾌거라 아니할 수 없습니다. 오직 그 출병에 명분이 있었기에 의로운 깃발이 향하는 곳에 파죽지세로 '랴오양'遼陽을 점령하고 '뤼순'旅順을 함락시켰습니다. '펑톈'奉天의 승전에 이르러서는 군의 명예를 더욱 떨쳤으니 장차 폐하의 위엄과 신의는 멀리 미치고 공공의 이익이 두루 퍼짐을 기대하게 되었습니다. 짐은 동맹국의 입장에서 무엇으로 축하 인사를 다해야 할지 모르겠습니다. 이에 황족인 '의양군 이재각'을 대사로 특파하여 친서를 휴대 축하하고 아울러 몇 가지 토산품으로 우의와 친목의 정성을 표하오니 가납하시기를 바라마지 않습니다."

◆ (p.346)以義陽君李載覺爲大使, 入日本, 賀倭人旅順之捷. 去年冬

煖, 爲數十年初有, 倭之戰遼東者, 不知寒苦. 及奉天之戰, 俄人恃渾河
爲固, 不設備, 忽一夜凍合, 倭飛渡, 出不意, 席捲而進, 俄遂大敗. 時謂
天亡俄. 載覺行賫國書, 曰: '朕惟, 此次貴國之興師揚武, 寔出維持我東
洋大局, 乃罕古快擧也. 惟其兵出有名, 故義旗所指, 勢同破竹, 遼陽之
占領, 旅順之陷落尙矣. 至於奉天之捷, 而軍聲益振, 將見陛下威信遠
布, 公利普洽, 朕誼在同盟, 曷任攢祝? 兹特派皇族義陽君李載覺爲大
使, 賫往親書祝賀, 幷將土儀數品, 聊表朕友睦之忱, 倘蒙鑑納, 寔有厚
望焉.'

10. 정토종교회

◆ 왜국의 승려가 서울 명동에 정토종교회淨土宗敎會를 창건하다.
왜국은 원래 석씨(불교)를 존숭하여 왕실과 귀족 이하 모두가 동등
한 교제를 하는데 저들의 승려가 서울에 와서 단에 올라 설법을 하
니 장군과 무관 할 것 없이 듣는 자들 모두가 숙연하게 듣고 거역
하지 못했다. 우리 백성들은 바야흐로 왜인의 횡포를 근심하던 시
기였으며, 그들이 승려를 공경하는 것을 보고 정토회에 의탁하면
왜인에게 대항할 수 있을 것이라 생각하여, 후일을 위해 추종하는
자들이 성안에 가득하였으며 곳곳마다 교회를 만들어 간사한 자들
이 달라붙었다. 심지어는 호신용으로 정토종교 패를 만들어 이것을
팔아서 재물을 갈취하기도 했다.

◆ (p.346)倭僧創淨土宗敎會于京師明洞. 倭素尊釋氏, 王公已下, 皆抗禮, 其游僧至我京, 登壇說經, 將官 兵弁聽講者, 肅然無敢忤. 我民方患倭橫, 而見其敬僧, 謂一托淨土, 則可以抗倭, 遂奔趨恐後, 彌滿城中, 處處設會, 猾民依附. 至有賣淨土宗敎牌, 以護身而賺財者.

11. 유민의 출국을 금지하다

◆ 각 항구에 유민流民의 출항을 금지하는 조서를 내리다. 근래에 '하와이'로 흘러들어간 우리 백성의 수가 만 여 명이 넘어, 누차 외무부에 전문으로 다른 나라와 같이 본국 영사의 보호를 받을 수 있도록 청원해 왔으나, 조정에서는 재정이 부족하여 영사를 파견하지 못하고 일본의 '하와이'영사 '사이도'齊藤幹에게 부탁하여 겸임 관리토록 하였는데, 유민들이 이를 거절하고 우리 관리의 파견을 청원한 사실을 주미공사가 외무부에 전문으로 알려오니 듣는 이마다 이를 슬퍼했다.

또 왜인 【다이테이】大庭覺一는 궁핍한 우리 백성들을 속여 남녀 수 천 인을 싣고 '멕시코'에 들어가 노예로 팔았다. 멕시코인 들이 농노로 부리면서 가축처럼 학대하니 이리 저리 끌려 다니다가 거의가 죽어나갔다. 유학생 【신태규, 황용성, 안정수. 박화중】申泰圭 黃溶性 安鼎洙 朴和重등이 미국 '샌프란시스코'桑港에 머물며 정부에 서신을 보내 조속 송환을 청원하니, 정부도 이를 민망히 여겼으나 방도가 없어 이번 명령을 내리게 된 것이다. 얼마 있다가 【윤치호】尹致昊에게 명하여 일본으로부터 그곳에 가보도록 하였고, 그는 6월에 '하와이'에 도착했으나 또한 노자가 없어 돌아오고 말았다. 혹자는 '멕시코'에서 품팔이 하는 중국인들이 우리 백성들의 근면함 때문에 밀려나게 되니 헛소문을 만들어 계속 건너오는 것을 막았다고 말하기도 한다.

◆ (p.347)勅各港口, 禁流民出洋. 近來, 我民流入布蛙者萬餘人, 屢電外部, 願得本國領事, 以保護之, 如各國例. 朝廷以財絀, 不能特派領事, 轉託倭之布蛙領事齊藤幹, 使之兼管, 流民拒之. 願派我官. 駐美公使, 電于外部, 聞者悲之.

又倭人大庭覺一, 瞞誘我民窮丐, 搭載男婦數千, 入墨西哥, 販賣爲奴婢, 墨人驅之農役, 虐使類牛馬, 轉徙死亡略盡. 游學生申泰圭 黃溶性 安鼎洙 朴和重等, 在美國桑港, 貽書政府, 願早刷還. 政府憫之, 而計無所出, 故有是命. 久之, 命尹致昊, 自倭往視之,, 致昊以六月至布蛙, 亦坐無資而還. 或言, '淸人之雇役於墨者, 緣我民勤敏, 以致見擠, 遂動浮訛, 沮其續渡云.

12. 우리 군대의 정원을 감축하다

◆ <u>서울과 지방의 병력 인원수를 감축하다.</u> 서울에 시위대侍衛隊 3
개 부대를 두니, 1개 부대의 인원이 800인이오. 외도外道에는 지방 8
개 부대를 두니, 1개 부대의 인원은 600인이다. 제1연합부대는 수
원·강화·개성·북한·안성. 제2대는 청주·공주·황간·제천·충주.
제3대는 광주·전주·남원·강진. 제4대는 대구·진남·진주·울산·경
주·안동·상주. 제5대는 황주·해주. 제6대는 평양·의주·강계. 제7
대는 원주·고성·여주·춘천에 설치하고 함경도는 지역이 시끄러워
아직 설치하지 않았다. 각 도의 나머지 병력 2천 여 명을 불러 모아
헌병·기병·병 3개 부대를 편성하니 부대마다 각 600인씩이었다.

◆ (p.347)減京鄕兵額, 京城置侍衛三大隊, 每隊八百人, 外道設地方八
大隊, 每隊六百人. 第一聯隊, 水原, 江華, 開城, 北漢, 安城. 第二, 淸
州, 公州, 黃澗, 堤川, 忠州. 第三, 光州, 全州, 南原, 康津, 第四, 大邱,
鎭南, 晉州, 蔚山, 慶州, 安東, 尙州. 第五, 黃州, 海州. 第六, 平壤, 義
州, 江界. 第七, 原州, 高城, 驪州, 春川. 咸鏡道以地方尙擾, 姑未設置,
徵上各道餘兵二千餘, 編成憲兵, 騎兵, 工兵三大隊, 每隊亦各六百人.

13. 서울 거리의 명칭을 바꾸다 (1905년)

◆ 왜인들은 서울에 거류지를 만들어 동洞을 정町으로 바꾸어 불렀다. 이현泥峴은 본정本町이라 부르고, 남산동, 회동, 주동은 남산정南山町 또는 수정壽町이라 하고, 명동은 명치정明治町, 죽동은 영락정永樂町이라 불렀다. 또 각도에 영을 내려 민간이 보유한 말과 당나귀를 찾아 장부를 만들어 보고하게 하고 토산마필土産馬匹의 통계표를 만들었다.

◆ 왜인들이 강압으로 요청해 온 내륙 하천의 자유 운행을 허가하다. (p.348) 진황지 개간 요청을 철회하고 나서 그들은 자못 속이 편치 않았다. 그러나 건너와 거주하는 왜인들은 전처럼 가는 곳마다 태연히 개간했다. 또 금년 봄에 하천의 제방을 쌓는 일에 대하여 참정 '민영환'은 이를 힘써 반대하고 상하가 모두 그를 의지하였으나, 그러나 '영환'은 계속저항이 어렵다고 보고 여러 번 사직상소를 올려서 윤허를 얻고 물러나버리니, '심상훈'沈相薰이 후임을 맡아 결국 허가하고 말았다.

◆ (p.348 乙巳年)倭人就京城居留地, 改洞曰町. 泥峴則曰本町, 南山洞 會洞 鑄洞, 則曰南山町, 又壽町, 明洞則曰明治町, 竹洞則曰永樂町. 又 令各道, 搜括民間馬驢, 籍記以聞, 撰土産馬匹統計表.

◆ 倭人勒請, 內地河川自由航行, 許之. 自陳荒撤回以後, 倭頗怏怏, 然其民移渡者, 到處懇拓, 固自如也. 是春, 又提河川一案, 參政閔泳煥力拒之, 上下倚之, 然泳煥料其難抗, 屢辭獲免, 及沈相薰代之, 竟至認許.

14. 러·일 해전

◆ 러시아가 '쓰시마'해협에 들어와 왜군을 습격하니 왜군이 이들
을 맞아 싸워 대파하다. 러시아가 '뤼순'旅順을 잃은 다음에는 황해
의 바닷길이 끊겼으므로 제2함대를 동원하여 '발틱해'를 출발 인도
양을 돌고 태평양을 지나며 구불구불 십만 리 길을 8·9개월 힘든
고생 끝에 '쓰시마' 입구에 나타났으나 왜인들이 미리 알고 준비하
여 요격 차단했다. 주인과 객이 형세가 다름은 편히 휴식하며 수고
로운 적을 맞아 싸우기 때문이니 러시아는 드디어 대패하고 격침
당한 군함이 23척, 장교 이하 전사자가 수만 인에 달했다. 거제와
동래에서 동쪽으로 울릉도 해면에 이르기까지 연일 천둥소리가 그
치지 않았으며 왜국은 우리나라에 공문을 보내 상선의 출항을 금지
했다. 이 전투에서 왜의 해군대장 '도고'東鄕平八郞의 전공이 커서 왜국
은 기념등대를 '오기'섬沖島에 세우고 '도고'등대라 불렀다.

◆ (p.350 乙巳年)俄人襲倭, 入對馬島海峽, 倭拒擊大破之. 俄自失旅順
以來, 黃海路絶, 乃發第二艦隊, 出波羅的海,繞印度洋, 過大南洋, 逶
迤十萬里, 間關八九朔. 突至對馬島口, 倭偵知之, 準備邀截. 客主勢
殊, 以逸待勞, 俄遂大敗, 兵艦被轟沈捕者, 二十三隻, 將校以下死者數

萬人. 自巨濟東萊·東至鬱島洋面, 崩雷之聲, 連日不絶, 倭移照我國, 禁商船下海者. 是役也, 倭海軍大將東鄕平八郞, 戰功最著, 倭立記念燈臺于沖島地方, 名曰東鄕燈臺.

15. 주영공관駐英公館의 외교관 자살

◆ 주영 공관의 참서관 【이한응】李漢膺이 자살하다. 왜국은 지난 해부터 스스로 우리나라의 보호를 담당한다는 거짓 문서를 만들어 구미 각국에 전파하니 그곳 사람들이 그것을 믿게 되었으며, 런던에서 어떤 자가 '이한응'을 망국의 백성이라 놀렸다. 본국의 정세를 살펴보면 영영 회생할 가망이 없었으니, 그렇다면 그들의 놀림이 당연한 것임을 생각할 때 분한 마음을 이길 길 없어 그 실정을 편지에 적어 집에 부치고 약을 마시고 자결하였다. 영국 사람들이 그를 의롭게 여겨 영구와 유물을 본국으로 송환해 주었다.

◆ (p.350 乙巳年)駐英公館參書官李漢膺自殺. 倭自去年以來, 以保護我國自擔, 瞞出報章, 謄播歐美, 歐美人姑認之. 漢膺在倫敦, 或戲語以亡國之人, 漢膺揣本國情形, 永無回蘇之望, 或人之戲, 固其當責, 不勝悲憤, 裁家書, 陳其情, 仰藥自裁. 英人義之, 還其柩, 并其遺物于本國.

16. 드러나는 마각

◆ 왜인이 서북 지방 통치를 관장하며 강제로 제정한 3가지 규약 (p. 350)

1. 지방관의 임면은 반드시 사령부에 통지하여야 한다.
2. 각 군수의 부임에는 반드시 사령부의 문서 증빙을 휴대하여야 한다.
3. 서북광산과 삼림은 사령부의 인가 없이 채굴함을 불허한다.

◆ 왜인이 고문관과 각부 경시관警視官을 13부에 배치하고 '매가타' 目賀田는 탁지부의 재정을 관리했는데 상감이 필요하여 요청하는 것 마저도 불응하고 지급하지 않으니 상감은 가슴을 칠 따름이었으며, 날마다 비서승이나 참봉 등의 임시 직함을 팔아 군색함을 면했다.

◆ (p.350)倭人自管西北地方事務, 勒定三條新例. 一, 地方官任免, 必 通知其司令部. 二, 各郡守赴任, 必帶其司令部文憑. 三, 西北礦山 森 林, 無司令部認准, 不許採掘.

◆ 倭置顧問官各部, 警視官于十三部, 目賀田管度支財政. 上有宣索, 而亦不應, 上拊膺而已, 乃日輪賣秘書丞 參奉等假啣, 以紓窘.

17. 각 도에 지금고를 설립하다

◆ <u>왜인이 각 도에 지금고支金庫를 새우다.</u> 이때 기호경기충청, 관동강원, 양서황해평안에서는 동전을 사용하고, 관북함경과 영호남은 엽전을 사용하였으며, 엽전과 동전의 교환비율이, 엽전 하나에 동전 둘이었음으로, 관리들은 앉아서 배의 이익을 챙겨서 나라와 백성을 병들게 했다. 또한 화폐를 몰래 주조하는 폐단도 날로 늘어나 동전은 태반이 조악했다. 왜인들은 이것을 싫어하여 동전 엽전 할 것 없이 모두를 녹여 폐기하고 신 화폐로 교환하기로 했다.

서울과 각 항구에 교환소를 설치하고 자기 나라에서 신 화폐를 가져와서 구화 2원을 신화 1원으로 교환하되, 7월 초순을 기한으로 한다고 공고했다. 그러나 그들도 화폐가 모자라서 널리 퍼뜨리지 못하고 다만 빈 문서로 우리의 구화를 모아서 녹여, 동일한 중량으로 그 겉모양을 바꾸어 하나를 가지고 둘을 만드니, 용광로 하나에 수만의 이익을 챙겼으며, 교환하면서 불법주조를 가려내어 폐기 시키니, 이에 새 화폐가 풀리기도 전에 구 화폐가 고갈되어 버리고, 민심은 오직 위를 바라보며 큰 난리를 만난 듯 허둥댔다. 영호남은 세금을 엽전으로 내도록 독촉하였으므로 한번 금고에 들어가면 모두 녹여 버리기 때문에 한번 나온 엽전은 돌아갈 일이 없었고 한 해가 끝날 무렵에는 영호남이 크게 어려워졌다.

◆ (p.351. 乙巳年)倭建支金庫于各道, 是時, 畿湖 關東 兩西, 用銅錢, 關北及嶺湖, 用葉錢, 以葉換銅率有加, 計葉錢一當銅錢二. 官吏商估, 坐籠倍息之利, 而病歸民國. 且盜鑄日興, 銅錢太半劣惡, 倭人病之, 毋論銅錢, 欲一切鎖廢, 出新貨以易之.

設交換所于京師及港, 聲言'自其國運新貨', 以新一元易舊二元, 限以七月初旬. 然倭亦貨竭, 無以廣布, 但以空劵聚我舊貨, 融而範之, 斤兩無差, 而新其匡郭. 以一獲二, 每一爐, 輒收數萬之利, 其換舊也, 揀別盜鑄, 不準換, 歸之廢葉. 於是, 新未敷而舊已竭, 民情喁喁, 如逢大侵. 其兩南, 則稅戶錢, 幷督以葉錢, 一入支金庫, 便銷之. 故葉錢一出, 無返期. 至歲終, 兩南亦大困.

18. 얕은꾀 부리는 관리

◆ 왜국의 공사 '하야시'林權助가 한국 내륙 하천의 자유항행 권리를 얻기 위해 한국 정부와 장기간 대치하다. 【이하영】李夏榮등은 요청이 있자마자 바로 승낙하는 것이 부끄러워 겉치레로라도 동등권을 얻어 정당한 일임을 변명하고자, '우리 국민도 일본의 하천을 항행하도록' '하야시'와 협약을 맺으니 그들은 입을 떡 벌리고 즐거워하며 승낙했다. 우리백성은 힘이 약해 가라고 강요해도 가지 못할 것이 '상호어업협정'의 경우와 같을 것이니 이름뿐인 협정이 될 것이

뻔했다. '이하영'李夏榮은 '이지용'李址鎔과 함께 어전회의에서 조인하여 협정체결을 마쳤다.

◆ (p.353 乙巳年)倭使林權助, 請得韓內地河川自由航行之權, 久與政府相持. 李夏榮等, 羞其有請輒諾, 欲貌取同等權以得當, 以謝國人,乃約權助, '我民亦向日本河川航行'. 權助滿口承應. 然我民劣弱, 倭雖强之, 必不行, 如互漁之約, 名焉而已. 夏榮與李址鎔, 陛見會議, 調印取決.

19. 황당한 일들

◆ 30만 원을 상업회의소에 하사하여 상품 유통을 돕고 화폐 부족을 구원코자 하다. 그러나 왜인이 관할하는 '미쓰이물산과 다이이치은행'三井物産及第一銀行이 '매가타'目賀田의 지휘가 없다는 핑계로 지급을 불허하고 여러 상점들도 함께 철시해 버리니, 칼자루를 도둑에게 주어 우리를 해치게 함이 이와 같았다.

◆ 일진회一進會 【윤시병·송병준】尹始炳宋秉畯등이 선언서를 게시 반포하다. 그 요지는 '우리나라는 망국으로 치닫는 형세가 이미 굳어졌으니 공사간의 대소사를 모두 일본에게 명령받기를 원한다.' 운운하는 것이며, 이는 10월에 있을 을사늑약의 연장선인 것이다. 문서 내용은 유실하여 싣지 못한다.

◆ (p.354. 乙巳年)下三十萬元于商業會議所, 以資流通, 而救錢荒. 倭人所管, 三井物産及第一銀行, 以無目賀田指揮, 不許支撥. 諸商店幷撤市, 泰阿之倒如此.

◆ 一進會尹始炳·宋秉畯等, 揭布宣言書, 大意言, '我國危亡已形, 公私大小, 胥願擧國聽命於日本'云云. 蓋爲十月勒約之引線也. 文逸不錄.

20. 러·일의 평화협정

◆ <u>러시아와 일본의 평화협정이 이루어지다.</u> 미국 신문에 의하면 양국이 전쟁을 시작한 이후 러시아군의 사망자는 40만 전비는 19만 불이며, 왜인은 사망이 17만 전비가 15만 불 이였으나, 왜인들은 나라가 적어 더욱 곤란을 느끼고 몰래 미국인에게 뇌물을 주어 화의를 주장하게 하고, 러시아도 전쟁에 염증을 느껴 억지로 승낙하여 드디어 화의가 성립되었다. '뉴욕'에서 회의를 열고 서로 대표를 파견하니 러시아는 '우익덕'禹益德 왜국은 '고무라'小村壽太郎를 보냈다. 이 회의는 러시아가 힘이 꿀리어 하는 일이 아니기 때문에 배상을 논의하지 않고 다만 동부 삼성의 철도를 양도하고, '랴오둥'에서 철군하며, '사할린'樺太島섬의 절반을 왜국에 귀속시키는 것으로 끝냈다. 이에 왜국의 백성들이 떼지어 정부를 비난하니 군대를 보내 진압하기에 이르렀다. 당시에 【서재필】徐載弼은 미국에 머물면서 일본

이 한국을 배신한 일에 한을 품고 반대운동을 일으키어 회담을 제지하려 노력했다. 러시아 대표 '우익덕'은 외쳤다: '일본은 갑오년부터 한국의 독립을 앞장서서 주장하다가 지금은 갑자기 배신하여 집어삼킬 형세를 취하고 있으니 국재법이 어디에 있단 말인가. 우리 러시아가 장차 열강들 앞에서 이를 밝힐 것이다.' 하니 '고무라'는 할 말이 없어 회담에서 따지는 일이 없이 서둘러 끝냈다.

◆ 이때에 지방의 군현郡縣을 통합하는 논의가 있어 각 군의 관민이 옛 것의 보전을 호소하려고 분주히 오가다가 달포 만에 수그러들었다.

◆ 각 도의 유생들이 만인소를 올려 상감이 천자의 위에 오를 것을 청하다.

◆ 【이지용·이재극·민영환·민영철·민상호·이하영】 등 수십 인이 그들의 처에게 부인회 설립을 요청하였으며, 왜인 '하기하라와 구니와께'萩原守一 國分象太郞의 처도 참여했다. '이지용'의 처 홍 씨와 '민영철'의 처 유 씨가 더욱 총명하고 요염하여 '하세가와'와 악수하고 입맞춤하며 무시로 출입하니 추문으로 나라 안이 떠들썩했다.

◆ (p.355. 乙巳年)俄倭和約成. 兩國開戰以來, 據美國新聞, 俄兵死者四十萬, 費用十八億弗, 倭人物故十七萬, 費至十五億弗. 而國小尤困, 陰賂美人, 唱和議, 俄亦厭兵强諾, 遂設媾和. 會于美京紐育府, 互差委員赴之, 俄則禹益德, 倭則小村壽太郎. 是議也, 非俄力屈求成, 故不論賠償, 但讓東三省鐵道, 而遼撤兵, 割樺太島半部以屬倭而已. 於是, 倭民群譁訴政府, 至派兵鎭之僅定. 時徐載弼在美, 恨倭之負韓, 綢繆運動, 欲有以抵制之. 俄員禹益德, 倡言:'日本自甲午, 首訂韓國獨立, 而今忽背之, 現呑噬之形, 公法安在, 我俄將與列邦辨之.'小村無以應, 故於和事, 不能索言, 草草彌縫云.

◆ 時有合郡之議, 各郡吏民, 胥欲保舊, 奔走呼訴, 月餘乃寢.

◆ 各道儒生上萬人疏, 請上擧舟梁之禮.

◆ 李址鎔, 李載克, 閔泳煥, 閔泳喆, 閔商鎬, 李夏榮等 數十人, 請其妻設夫人會, 倭婦萩原守一, 國分象太郎之妻, 亦預焉. 址鎔妻洪氏, 泳喆妻柳氏, 尤慧而艷, 與長谷川, 握手接吻, 出入無時, 醜聲喧國中.

21. 일왕에게 조약준수와 한국의 독립 보장을 요구

◆ 전 주사 【이기, 오기호, 나인영,】李沂·吳基鎬·羅寅永이 왜국에 건너가 왜왕에게 글을 보내 조약을 지켜 한국의 독립을 보장해 줄 것을 요구하다.

교전국 간의 평화협정 체결과 개선군의 축하행렬은 먼 나라의 소원한 백성도 모두 찬송해 마지않을 일이니 하물며 외신外臣 등과 같이 우방국에서 태어나, 이와 입술처럼 서로 의지해야하는 처지인 사람이야 말해 무얼 하겠습니까? 한·일 양국은 함께 동양에 위치하며 사는 곳은 이웃 마을 같고 사람들은 형제와 같으니, 근세에 동아시아에 줄지어 밀려드는 백인의 세력을 막아낼 수 없는 정세 하에서도 한국과 같은 약소국이 의지하고 두려워하지 않을 수 있음은 다만 귀국이 존재하기 때문입니다. 때문에 갑오년에 한국의 독립을 제창한 나라도 귀국이며, 갑진년에 한국의 독립을 주장한 것 또한 귀국입니다. 만주에서 전쟁이 일어나자 천하가 모두 의로운 전쟁이라 일컫고 처음 '뤼순'에서 이기고 다시 '펑톈'奉天에서 승전하니 깃발과 북소리 향하는 곳마다 용기가 백배하여 이 일이 전쟁을 이기는 까닭이 되었다 하겠습니다. 금년 8월에 평화협의가 시작되자 외신 등은 싸움에 이기면 태만하기 쉽고 공을 이루면 교만하기 쉬운 일이 우리 한국과는 심대한 관계가 있음을 생각하고 의리상 좌시하고 있을 수가 없었습니다. 그 때문에 바다를 건너 동쪽으로 건너와서 일찍이 정부에 글을 올려 이를 상세히 진술하고 이곳에서 명을 기다린 지 수 개월이 되었습니다.

공포된 협약서를 보면 거기에는 정치상, 군사상, 경제상, 매우 뛰어난 이익 등의 어구가 있어 독립의 뜻과 위배되는 바가 많아 보입니다. 그러나 이것이 만일 적의 희망을 끊으려는 계책에서 나온 것이라면 오히려 풀어나갈 수 있는 일이지만, 이 일이 근일의 신문이 전하는 보호국설保護國說에 이르게 된다면, 그것은 우리 한국인으로 하여금 울분이 끓어, 덕을 원망으로 은혜를 원수로 여기게 만들 것이기에, 외신 등은 이를 폐하의 뜻이 아닐 것이라 여기고 있습니다. 외냐하면 갑오년 8월 1일의 칙서에는: '조선은 본래 내가 유시한 바와 같이 구라파와 아세아의 열국의 대열에 들었으니 자주국임이 명백함에도, 청국이 속국으로 여기고 안으로 유인하며 겉으로 위협하여 내정을 간섭하니, 이에 짐은 명치 15년의 조약에 의거 군대를 보내 변란에 대비하고 또한 조선으로 하여금 영원히 화란을 면하고 장래의 치안을 보호하게 하여 동양 전체의 평화를 보전하려 한다.' 운운하였고, 갑진년 2월 10일 칙서에는: '제국이 한국에 대하여 그 위치를 보전하게 함은 하루아침의 일 때문이 아니니, 한국의 존망이 실로 제국의 안위에 관계됨에도, 러시아는 맹약에 불구하고 만주를 점거하니, 만일 만주가 러시아에 귀속된다면 한국의 보전은 지지할 길이 없고, 극동평화 또한 바랄 수가 없다. 고로 짐은 이를 헤아려 시국에 타협하려 한다.' 운운하였으니, 이 두 가지 칙서가 동일한 뜻으로 귀결됨은 해와 별처럼 뚜렷하고 금석처럼 확실하며 이미 천하에 널리 전해진 일입니다.

  옛사람의 말에: '필부도 오히려 식언을 하지 않는 법인데 하물며 만승이겠습니까?' 말하였으니, 이 때문에 외신 등은 이번에 일어난 일이 폐하의 뜻이 아니라고 하는 것입니다. 고금을 두루 살피건대 덕과 힘은 서로 갈마들며 융성과 쇠퇴를 거듭했습니다. 덕이 힘을 이기면 천하는 다스려지고 힘이 덕을 이기면 천하가 어지러웠으니 이것은 천하의 떳떳한 이치인 것입니다. 생각하면 폐하는 문무를 겸비한 제왕으로 38년을 통치하는 동안 나라의 부강을 이루어 성대하게 동양의 패자覇者가 되었으니 이것이 어찌 다른 방책이 있어서이겠습니까? 그것은 바로 일찍이 천하의 신의를 잃은 일이 없기 때문일 것입니다. 엎드려 바라건대 폐하는 반드시 전쟁에 이기고 공업을 성취한 것을 경계로 삼고, 반드시 동아세아의 황인종을 염두에 두어, 우리 한국이 독립을 지켜 삼국이 함께 번영할 수 있게 하신다면 비단 한국의 행복이 아니고 또한 귀국의 행복이 될 것이며 비단 귀국의 행복이 아니고 실로 천하의 행복이 될 것입니다.

  ◆ (p.356 乙巳年)前主事李沂·吳基鎬·羅寅永入倭, 上書于倭皇, 論日本宜守舊約, 保韓獨立者.

  伏以交戰國之和約已成, 凱旋軍之禮式又擧, 疎人遠民, 猶皆贊誦, 而況外臣等, 生在友邦, 脣齒輔車, 勢必相須者乎? 夫韓日兩國, 俱處東洋, 其居則猶隣里也. 其人則猶兄弟也, 近世白人之流涎東亞, 其勢之來, 莫可沮遏, 雖以我韓之弱小, 其所有恃而無恐者, 徒以貴國在焉. 故甲午之倡我獨立者, 貴國也, 甲辰之訂我韓獨立者, 亦貴國也. 滿洲開仗之日, 天下稱爲義戰, 一克于旅順, 再捷于奉川, 旗鼓所向, 勇氣百倍, 此所以獲全勝也. 本年八月, 媾和之始, 外臣等自以爲, 戰勝則易怠, 功成則易驕, 其爲我韓關係者甚大, 義不敢坐視. 故駕海東赴, 亦嘗以一書備陳於政府諸人, 而待命于玆, 已數月矣.

及見約書所公布者, 則其曰, 政事上·軍事上·經濟上, 卓絶利益等句語, 似與獨立之義, 多少違背. 然此或出於使敵人斷望之計, 則猶有可以自解者, 而至若近日保護國之說, 謄傳報紙, 遂使我韓人沸鬱憤懣, 反德而爲怨, 翻恩而作仇, 則外臣等獨以爲, 此非陛下之意, 何也? 謹按甲午八月一日, 勅書有曰: '朝鮮本我所啓諭, 以伍歐亞列國, 則其爲自主之國, 明矣. 乃淸國屬邦視之, 陰誘陽嚇, 干涉內政, 玆朕據明治十五年條約, 出兵備變, 更欲使朝鮮, 免禍亂於永遠, 保治安於將來, 維持東洋全局之和平'云云. 甲辰二月十日勅書有曰: '帝國之於韓國, 保全其位置者, 非一日之故, 韓國存亡, 實係於帝國安危, 而俄國不拘盟約, 占據滿洲, 若滿洲歸俄, 韓國保全, 末由支持, 極東平和, 亦不可希望, 故朕揆此機, 妥協時局'云云. 蓋此兩勅, 同歸一義, 昭如日星, 信如金石, 旣已傳布於天下者也.

昔人有曰: '匹夫猶不食言, 況萬乘乎?' 故外臣等, 則近日事, 有非陛下之意者也. 歷觀古今, 德與力迭相消長, 德勝力則治, 力勝德則亂, 此天地之常理也. 第念陛下, 聖神文武, 臨御三十有八年, 致國於富强, 蔚然爲東洋之覇主者, 豈有他術哉? 直以其未嘗失信義於天下故爾. 伏乞陛下, 必以戰勝功成爲戒, 必以東亞黃種爲念, 而使我韓獨立, 餘之鼎足而居, 則非徒我韓之幸, 亦貴國之幸, 非徒貴國之幸, 實天下之幸也.

22. 의복제도의 개혁 (1905년)

◆ 복을 입고 집에 머물던 【한규설】韓圭卨을 불러 참정參政에 임명하다. '한규설'이 복색을 개정하여 관민의 공복公服과 사복私服의 상하의는 청·흑·감·자靑黑紺紫색을 사용할 것을 상주하고, 광무 10년 1월 1일부터 시행하여 일체의 담색과 백색을 금할 것을 주청했으나 지금까지 완전 시행을 못하고 있는 실정이었다. 근년에 들어 서울의 천박한 무리들이 머리를 깎고 양복을 입어보고 싶어 미친 듯이 날뛰는 가운데 이 명령이 마침 순명왕후의 복이 끝나는 시점에 있게 되었다. 이에 다투어 청·황·자·흑색을 물들여 입으니 눈이 어지러워 세탁하는 관청에 들어간 느낌이 되었다.

◆ (p.358.1905년)起復韓圭卨爲參政. 圭卨奏改服色, 官民公私服上下衣袴, 用靑黑紺紫, 請自光武十年一月一日爲始, 禁一切淡色白色, 然訖不能禁也. 近年以來, 京中刁雜之徒, 欲薙髮洋服, 躁鶩若狂. 及是令, 適在純明妃服闋之際. 於是, 爭穿新染靑黃紫黑, 眩晃奪目, 如入浣染局.

23. 청국으로 건너간 '김택영'

◆ 전 참서 【김택영】參書金澤榮이 바다를 건너 청국으로 들어가다. '택영'澤榮의 자는 우림于霖이요 호는 창강滄江이니 본관이 진양晉陽이다. 고려 때부터 대대로 서울에 살았으며 젊어서 문장으로 이름이 났고 신묘년에 진사가 되니 갑오년에 정부가 주사로 등용했다. 부지런히 관직생활을 하였으나 즐거워서 하는 일은 아니었고, 또한 그를 오활하다 여겨 번잡한 직무가 아닌 학부에 보내 보좌원을 두고 편찬 업무를 담당하게 하였다. 박봉으로 근근이 살아가며 늙도록 아들 하나 없이 지내야 하는 서울의 셋집 생활에 마음은 허탈하고 즐겁지 아니하였다. 이해 봄에 벗인 '황현'에게 서신을 보내: '세상 돌아가는 꼴을 알만 하니, 섬놈들의 종으로 늙어가기 보다는 차라리 중국에 건너가서 망명생활을 하며 생을 마치고자 하니 그대도 나를 따라나서겠는가?' 하더니, 이제 보니 과연 그의 말이 맞았다. 얼마 아니 되어 나라에는 변란이 일어났고, 온 세상은 그를 창공에 우뚝 솟은 높은 소나무처럼 우러러 존경하게 되었다.

이에 앞서 '상하이'사람 '장지엔'張騫이 '우장칭'吳長慶을 따라 우리나라에 와서 '영택'과 서로 사귀게 되었고 그 뒤 자주 소식을 주고받았는데, '장지엔'은 이미 과거에 급제하여 지방에서 관직생활을 하고 있었기에 '택영'은 그를 찾아 간 것이다. 그는 마침 남 통주의 전매 관서에 근무하고 있어서 관청으로 데리고 가서 한림묵관翰林墨館에 거처하게 하였다. '택영'이 떠날 때는 부인과 딸 두 식구를 데리고

떠났는데 통주에서 아들을 얻어 이름을 '광호'라 하고 아명을 '희랑'
이라 부른다고, 정미년 여름에 다시 '황현'에게 서신을 보내 이 사실
을 알려왔다.

◆ (p.358, 乙巳年)前參書金澤榮, 浮海入淸國. 澤榮, 字于霖, 號滄江, 晉
陽人. 自乘國, 世居中京, 早以文詞名, 辛卯進士, 甲午政府辟主事, 黽
勉從仕, 非其好也. 時議, 亦以其疎迂, 不處以劇職, 就學部, 特置輔佐
員, 使管編纂之役. 而藉薄俸, 苟活朝夕, 年老無子, 僦居京師, 意忽忽
不樂. 是春, 貽其友黃玹書曰:'時事可知, 與其老作島兒之奴, 毋寧作蘇
浙寓民, 以終老. 子能從我遊乎?' 至是, 果如其言. 未幾, 國變作, 擧世
高之, 如霄漢之喬松云. 先是, 上海人張謇, 隨吳長慶東來, 澤榮與之
相識, 其後數相聞, 而謇已登第, 官州縣, 故澤榮向謇而往. 謇適官南
通州榷關, 携之至署, 處于翰林墨館. 澤榮去時, 帶妻女只二口, 及至通
州, 得一男, 名光虎, 小名喜郞, 以丁未夏, 復寄玹書,道之.

24. 청국의 마지막 간섭

◆ 13일 왜국 대사 '이토 히로부미'伊藤博文가 오다. 러·일 평화협정
체결 이후 러시아가 동북 삼성의 철도관할권을 왜국에 내어주자 '위
안스카이'는, 마관조약에서 일본은 조선의 독립을 앞장서서 주장하
다가 이제는 보호를 한다 하니 이는 조약에 없는 말이다. 조선은

우리의 속국으로 300년을 내려왔으니 하루아침에 왜국에 귀속시키기 보다는 마땅히 종전대로 대청국에 속해야 할 것이다. 또한 동삼성은 우리의 발상지이니 어찌 러시아가 맘대로 할 수 있다는 말인가? 하고 큰소리로 떠들었다. 이에 일본은 '히로부미'를 우리에게 파견하여 정권을 박탈함으로써 영원히 청국의 희망을 끊어버릴 계책을 세웠고, 한편으로는 '고무라小村壽太郎'를 청국에 보내 '위안스카이'와 담판하도록 동시에 출발하게 했다.

◆ 미국령 하와이에 사는 우리 백성들이 돈을 모아 신문사를 설립하고 우리 글로 발행하여 이름을 '신조신문新朝新聞'이라 했다.

◆ (p.359) 十三日, 倭大使伊藤博文來. 自俄倭媾盟, 俄歸東三省鐵道倭, 許其管轄, 袁世凱揚言, 馬關條約, 日本首證朝鮮獨立, 今欲認作保護, 是不有盟約也. 朝鮮爲吾屬藩, 垂三百年, 與其一朝屬倭, 當依舊屬之大淸. 且東三省, 是我發祥重地, 豈用俄所擅許? 於是, 倭送博文于我, 爲迫奪政權計, 永斷淸人之望, 一邊送小村壽太郎于淸, 與世凱談判, 同時俱發.

◆ 我民之在美領布蛙者, 醵金設新聞社, 以我國文刊行, 名曰新朝新聞.

25. 을사늑약 (1905년)

◆ 21일 밤에 왜인이 범궐하여 강제로 조약을 체결하고 참정【한규설】韓圭卨을 면직 유배시키다. '히로부미'가 도착하였을 때 서울에서는 변란이 올 것을 두려워하면서, 내부 '이지용'李址鎔·외부 '박제순'朴齊純·군부 '이근택'李根澤·학부 '이완용'李完用·농부 '권중현'權重顯 등이 몰래 관망하며 숨어서 계략을 꾸민다고 지목하고 있었다. 이날 밤 【구완희 박용화】具完喜 朴鏞和 등이 왜인을 인도하여 궁궐 담장에 빙 둘러 대포를 매설하고, '히로부미와 하야시·하세가와' 등이 어전에 들어와 다섯 조항으로 된 신 조약을 들이밀며 서명날인을 요구했다. 상감이 윤허하지 않자 '구완희'는: "이처럼 벼락이 치고 있습니다." 협박하고, 상감은 두려워 떨며 결정을 못하고 있었다.

이때에 '이지용' 등이 함께 입시하니 참정 '한규설'은 분개하여: "나라가 망하더라도 이 조약을 허락할 수는 없다."하고 크게 소리치고, '히로부미'는 온갖 협박과 회유를 다 했다. 상감이: "이는 외무부의 일이니 대신에게 물으라."는 말을 하자, '제순'이 주사를 불러 직인을 가져오게 하여 날인했으나 상감은 끝내 서명날인을 거부하고 '규설' 또한 날인하지 아니하였으며 날인한 자는 오직 외무부 이하 각 대신들 뿐 이었다.

'한규설'은 강제조약 체결에 굽히지 않고 한결같이 분개하여 울부짖으니, '히로부미'는 왕명을 사칭하여 '한규설'에게 3년 유배형을 내렸다. 이로부터 온 장안은 기가 꺾이고 방방곡곡에는 수많은 사람들이 떼로 모여, 나라가 망해 버렸으니 우리는 어떻게 살 것인가? 울부짖고, 미칠 듯이 흐느끼기도 하며, 두려움에 마음이 위축되어, 밥 짓는 연기조차 볼 수 없게 되니, 정경의 참담함이 큰 난리를 겪는 것과 흡사했다. 왜인들은 군대를 파견하여 비상사태에 대비했으나, 마주앉아 저주하고 욕하는 일은 끝내 금할 수 없었으니 달포가 이렇게 흘러갔다.

◆ 【이근택】의 아들은 '한규설'의 사위다. 한 씨의 딸이 시집갈 때 계집종을 데려갔는데 이른바 교전비轎前婢라 하는 것이다. 이날 '이근택'이 궐에서 돌아와 땀을 흘리고 숨을 헐떡이며 가족에게 늑약이 체결된 사실을 말하는데: "내가 요행히 죽음을 면했다."하니, 부엌에 있던 계집종이 이를 듣고 칼을 들고 뛰쳐나와 소리쳤다. "이근택 당신은 대신 된 몸으로 나라의 은혜는 어찌하고 국가가 위급할 때에 죽지도 못하고 한다는 말이 '내가 요행히 죽음을 면했다'하니 당신은 참으로 개돼지만도 못한 사람입니다. 내 비록 천인이나 어찌 즐거이 개돼지의 종노릇을 하겠습니까. 내 힘으로 당신을 죽이지 못하는 것이 한이 되어 옛 주인에게 돌아갑니다!"하고 드디어 한 씨 집으로 돌아갔다 한다. 이름은 잊어서 기록하지 못한다.

◆ (p.360. 1905년)二十一日庚申夜, 倭人犯闕, 勒成新條約, 免參政韓圭卨流之. 博文旣至, 都下洶洶, 疑有變, 內部李址鎔 外部朴齊純 軍部李根澤 學部李完用 農部權重顯等, 或沮暗觀望, 或潛相綢繆, 都人以

目. 至是夜, 具完喜, 朴鏞和等, 導倭環宮垣, 埋大砲. 博文與林權助·長
谷川, 直入上前, 出五條新約, 請上署押. 上不允, 完喜怵之曰:"如此霹
靂降矣."上戰栗, 不能決.

時址鎔等, 俱入侍, 參政韓圭卨奮曰:"國可亡, 此約不可許!"博文嚇
誘萬端, 上曰:"此外部事, 可問大臣."齊純呼主事, 持外部印來, 印至捺
之, 蓋上終不署押, 圭卨亦不捺印. 捺印者, 惟外部以下各部大臣而已.

圭卨見勒案已勘, 一直奮叫, 博文矯制, 流三年, 自是, 都下喪氣, 坊曲
千百成群, 大呼國已亡矣, 我曺何以生爲? 狂醉悲吒, 踽踽如靡容, 烟火
不擧, 景色慘沮, 如經兵燹. 倭人派兵巡綽, 以備非常, 而偶語詆詛, 終
不能禁, 如是者旬月.

◆ 李根澤之子, 爲韓圭卨女壻. 韓女之嫁也, 携一婢來, 俗所謂轎前
婢也. 至是, 根澤自闕歸, 汗喘對家人, 話勒約事曰:"吾幸而免死."婢在
廚下聞之, 提鸞刀出叫曰:"李根澤, 汝身爲大臣, 國恩云何, 而國危不能
死, 乃曰:'吾幸而免'汝眞狗彘不若. 吾雖賤人, 豈甘作狗彘之奴乎? 恨
吾力不能斬汝萬端, 寧還舊主也!"遂走歸韓家. 婢失其名.

26. 황성신문의 폐간과 을사늑약의 체결 전말 기사

◆ 황성신문이 폐간되다. 왜국이 러시아와의 전쟁에서 패전 할 경우에 신문이 이를 그대로 실어 대중을 선동할까 두려운 나머지, 사장 【장지연】에게 먼저 공사관의 허가를 얻은 다음에 발행 반포할 것을 강요했다. 이에 이르러 '지연'이 분개하여 늑약의 시말을 그대로 실어 서둘러 발행해 버리니 '히로부미'가 대노하여 '지연'을 구속하고 신문사를 폐간시켰다. 여기 그 신문기사 내용을 싣는다.

◆ 10월 14일 7시 '이토 히로부미'가 입성하여 손탁 호텔에 묵다. 15일 폐하를 알현하고 일왕의 친서를 증정하니 친서 내용은: '짐이 동양평화를 유지하기 위하여 대사를 특파하니 한결같이 대사의 지휘를 받아야 될 것임.' 또 말하기를: '국제간의 방어 문제는 짐이 반드시 공고히 할 것이며 황실의 안녕은 짐이 필히 보증할 것임 운운.'

18일에 '히로부미'가 인천에 갔다가 19일에 서울로 돌아와 오후 3시에 서기관 '구니와케'國分象太郎와 제실심사국장 '박용화'와 함께 폐하를 알현하고 오조약五條約을 상주하니 그 내용은:

다음과 같다.

■ 외무부를 폐지하고 일본 동경에 외교국을 설치하며,

■ 서울에 있는 주일공사를 통감으로 개칭하고,

■ 서울과 각 항구의 영사관을 이사理事로 개칭하되, 이상 세 가지의 인허를 강력히 청원함.

◆ 상감이 말했다: "짐은 근일에 보호조약에 관하여 각 신문이 시끄럽게 전하는 말을 들었다. 그러나 짐은 작년의 귀국 황제의 선전조서에 한국의 독립을 확고하게 한다는 어구가 있었고 아울러 한일의정서에 독립을 보증한다는 말이 뚜렷하게 들어있기 때문에 이러한 뜬소문을 믿지 않았으며, 또한 이번에 후작이 친히 사명을 띠고 왕림했기 때문에 이를 크게 환영하였다. 그러나 이번 요구는 실로 뜻밖이니 어찌 이를 상상이라도 했겠는가?"

'히로부미'의 강력한 요청은 그치지 않았다: "이것은 외신만의 뜻이 아니고 실로 본국 정부의 명령을 받들어 온 것입니다. 이 일이 인준된다면 비단 양국의 행복이 아니고 동양평화를 영원히 유지할 수 있을 것이니 조속 인준을 청합니다."하니, 상감이 말했다: "조종 이래로 나라의 본보기를 세워오면서 무릇 나라의 큰일을 당하면 반드시 정부의 대소 관리와 시임 원임 대신 그리고 재야의 학자와 선비 등에게 널리 의견을 물어 그들의 의견을 들어 결정하는 것이지 짐이 혼자서 맘대로 결단할 수 있는 것이 아니다."하니, '히로부미'는 다시 상주하기를: "백성들의 빗나간 논의는 마땅히 병력으로 진압할 것이니 폐하는 양국의 우의를 생각하시어 즉시 처분을 내려 주십시오."하니, 상감은: "만약 이 조약을 인허한다면 이는 바로 나라가 망하는 것이니 짐은 차라리 사직을 위해 순국할망정 결코 허가

할 수는 없다."하고, 서로 버티며 4·5시간이 지나서야 물러갔다.

　20일 하오 3시에 '히로부미'가 참정 이하 각 대신과 경리원경 【심
상훈】經理院卿 沈相薰을 대사관으로 불러 또다시 오조약五條約을 내놓
고 한 사람씩 개별로 간청을 하니 각 대신은 힘써 불가함을 주장하
며 시간을 보내다가 밤중이 되어서야 파해 돌아와서 함께 대궐에
나아가 결말을 상주하였으며, 또 '히로부미'는 '박제순'을 공관에 불
러 조약에 관한 논의를 하였다.

　21일 하오 2시에 '하야시'공사로 하여금 각 대신을 공관에 불러
간절한 요청을 하게 하였으나 각 대신은 역시 반대했다. '하야시'가
어전회의 개최를 요청하니 각 대신들이 돌아와 입궐하고 '하야시'
는 맨 끝에 도착했다. 여러 대신들은 드디어 어전회의를 개의하고
모두 부자否字를 써냈고, '하야시'는 옆에서 이를 지켜보았다. 이윽고
일본군이 입궐하여 수옥헌漱玉軒을 철통같이 에워싸고 총검을 빽빽
이 늘어세운 다음에 '하세가와'와 '이토'가 동시에 따라 들어와 다시
개의할 것을 요청했다.

　한 참정參政이 불가를 고집하니 '히로부미'가 그의 손을 붙들고
백방으로 간청하였다. 또한 궁내부대신을 통해 폐하의 알현을 요청
했는데 그때 폐하는 목에 통증이 있어 알현 요청을 거절하고, '히로
부미'의 강력한 요청에 대하여 상감은: "반드시 알현할 필요가 없는
일이니 정부에 가서 대신들과 협의하라."했다. '히로부미'는 물러 나

와서: "폐하가 이미 협약을 허가했으니 즉시 다시 개의하자."말하고 드디어 스스로 정부의 주사를 불러 초안 작성을 명하니, '한규설'은 한결같이 반대하고 법무대신 '이하영'과 탁지대신 '민영기'가 부자否字를 쓰고, 외부대신 '박제순' 역시 부자를 썼으나, 부자 밑에 주석을 달아 다시 쓰기: '본건은 자구를 약간 수정한다면 당연히 인준한 것이 된다,' 운운했다. '히로부미'는: "어려울 것이 무엇이냐?"하고 붓을 들어 두 세 곳을 덧칠해 고치고 다시 개의하도록 하니, 한 참정과 법무 탁지 양 대신은 또 부자否字를 쓰고 나머지는 일제히 가자可字를 썼다.

'한규설'은 몸을 일으켜 상감을 알현하려 했으나 이루지 못하고 협실로 들어갔다. 이윽고 '하기하라'萩原守一가 일본 순병을 인솔하여 '한규설'을 수옥헌 협실에 구치하고 좌우에서 파수하게 하였다. '히로부미'가 들어와 온갖 위협과 유혹을 다했으나, '규설'은 정색을 하고: "이 몸은 이미 순국을 결심했으니 다시 무슨 말이 있겠는가?" 대답했다. '히로부미'가 화를 내며: "칙령이 있으면 어찌 하겠는가?" 물으니, '규설'은: "사직은 중하고 군왕은 가벼운 것이니 비록 칙령이 있다하더라도 결코 받들 수 없다."답했다. '히로부미'는 크게 화를 내며: "그렇다면 불충한 신하이다."하고 물러나와 궁내부 대신 【이재극】을 시켜 상주하되: "한규설이 칙령을 받지 않겠다고 하니 이는 크나큰 불충입니다 그의 면직을 청하나이다."하고 또 '박제순'을 시켜 외무부 인장을 가져오게 하고: "참정이 비록 날인을 하지 않았으나 이제부터는 무관하니 나머지 여러 대신들이 날인하면 된다."

고 하니, 이에 일제히 날인을 하고 '하세가와, 사이토' 등이 드디어 물러갔다.

그동안에 이미 하룻밤이 지나 22일 상오 2시가 되어 있었다. '한규설'은 '히로부미' 등이 물러감을 보고 혼자 정부에 돌아 왔다. 잠시 후에 각 대신들도 모두 모여서 각기 날인한 사실을 비로소 알게 되어 일장통곡을 하니 【박재순】 또한 따라 통곡했다. '규설'이 '재순'을 꾸짖어 말하기를: "오늘 아침 만났을 때는 공은 반대한다는 뜻으로 강제로 날인하게 될 경우에는 인장을 연못에 던져버리겠다 하더니 결국 이와 같이 되었습니까?"하고 바로 담당관을 불러 상주할 차자를 정서하게 하여 법무와 탁지 이외의 여러 대신들과 조약을 초안한 주사 3인의 면직을 상주하고 모두 미결로 보류해 두게 하였다. (신문기사가 여기에서 그쳤다.)

◆ (p.363. 乙巳年)廢皇城新聞社. 倭自戰俄以來, 時有敗衄, 而患新聞直裁動衆, 勒社長張志淵, 每當刊行, 必先經其公館, 憑其許可, 始頒行之. 至是, 志淵奮憤, 直載劫約始末, 徑自謄傳. 博文大怒, 拘志淵囚之, 毀其社, 今錄其稿于左.

◆ 十月十四日七時, 伊藤博文入城, 館于孫澤娘邸. 十五日陛見, 呈日皇帝親書, 略曰: '朕爲維持東洋之平和, 特派大使, 一從大使指揮可也.' 又曰: '國際防禦, 則朕必鞏固, 皇室安寧, 則朕必保證云云.' 十八日, 博文往仁港 十九日還京, 下午三時, 與書記官國分象太郞, 帝室審查局長朴鏞和陛見, 博文提五大條上奏, 略曰:'一, 廢外部, 設外交局于日本東京內, 外交權, 幷委托日本. 二, 京城所駐日公使, 以統監改稱. 三, 漢城及各港場領事官, 以理事改稱, 右三件固請認許.'

◆ 上曰:"朕聞, 近日以保護條約等說, 喧傳于各新聞. 然朕以昨年貴國皇帝宣戰詔, 有扶植韓國獨立等句語, 及韓日議定書獨立保證之說, 不翅的確, 故不信此等浮言. 且今番侯爵親唧使命以來, 故大段歡幸矣. 今此要求, 實是望外, 豈平日所意到也?"

博文固請不已, 曰:"此非外臣自意, 實奉本政府命令以來, 此事若經認准, 則非但兩國幸福, 東洋平和可以永遠維持, 請速認許."上曰:"祖宗以來, 立國規模, 凡有大事, 則政府大小官吏, 及時原任大臣, 及在野儒賢, 與夫紳士人民, 必須博採廣詢, 以決之, 非朕一人所可擅斷."博文又奏曰:"人民橫議, 則當以兵力鎭定, 陛下特念兩國交誼, 卽賜處分."上曰:"若許此約, 便是亡國, 朕寧殉社, 決不可許."遂互相持難, 歷四五時罷退.

二十日下午三時, 博文招參政以下, 各大臣及經理院卿沈相薰于大使館, 又提出五條, 面面懇請. 各大臣力言不可, 移時詰辨, 夜深罷歸, 卽幷詣闕上奏. 博文, 又招朴齊純于公館, 議及右約.

二十一日下午二時, 使公使林勸助, 招各大臣于公館, 切懇要求, 各大臣亦反對. 勸助, 請開御前會議, 各大臣辭歸入闕, 勸助尾而至. 諸大臣, 遂開御前會議. 皆書否字. 勸助在傍熟視, 而已, 日兵入闕, 圍漱玉軒,如鐵桶, 銃刀森列. 長谷川 伊藤, 一時隨入, 更請開議.

韓參政牢執不可, 博文卽執圭卨手, 百端懇請. 又使李宮大請陛見, 適上患咽喉辭之, 博文力請, 上曰: "不必要見, 可至政府, 與大臣協議." 博文退出曰: "陛下旣許協約, 卽更開議." 遂自招政府主事, 命草該件, 韓圭卨一直反對, 法大李夏榮, 度支閔泳綺, 書否字, 外大朴齊純亦書否字, 否字下縣註, 更書曰: '右件字句, 若稍變改, 則當爲認准'云云. 博文曰: "何難之有?" 援筆塗改二三處, 又使更議. 韓參政及法 度兩大臣, 又書否, 餘外一齊書可.

圭卨起身, 欲謁上而不得入, 遂投夾室. 已而, 萩原守一, 率日巡兵, 擁圭卨, 拘置漱玉軒夾房, 左右把守. 博文入見圭卨, 威嚇利誘, 無所不至. 圭卨正色對曰: "我以此身, 已許殉國. 更有何言?" 博文怒曰: "有勅令則如之何?" 圭卨曰: "社稷爲重, 君爲輕, 雖有勅令, 斷不可奉承." 博文大怒曰: "然則不忠之臣也." 遂退去. 使宮大李載克奏, 曰: "韓圭卨稱不受勅令云, 此大不忠, 請免其官." 又使朴齊純, 持入外部印曰: "參政雖不捺印, 此自無關, 餘外諸大臣 捺章則可." 於是, 一齊捺印. 長谷川 伊藤等, 遂退.

其間已經一夜, 至二十二日上午二點矣. 圭卨, 見博文等退, 獨至內政府. 少焉, 各大臣齊會, 始知已各捺印, 痛哭一場. 齊純亦隨哭, 圭卨責齊純曰: "今朝相見也, 公以反對之意, 恐被劫捺, 將投印于蓮池云矣, 乃竟如此耶?" 直召政府官, 繕箚上奏, 請免法 · 度以外諸大臣及草約主事三人官, 幷留中.(新聞止此)

27. 전 참판 홍만식洪萬植의 자결

◆ 전 참판 【홍만식】이 을사늑약 소식을 듣고 자결하다. 그는 당시 여주의 제각에 묵으면서 손님과 바둑을 두다가 늑약 소식을 들었다. 그는 안색도 변하는 일 없이 대국이 끝나기를 기다려 바둑 알을 통에 쓸어 담고 손님에게 물러가기를 청하며: "내가 할 일이 있으니 그대는 물러갔으면 하오."말했다. 의관을 갖추고 집 뒤에 가서 부친의 묘소에 하직인사를 하고 가묘家廟,(사당)를 참배한 다음 약을 타서 마시려는데 아들 '표杓'가 통곡하며 약을 쏟아버렸다. '만식'은 꾸짖어 물리치며: "부자의 정리 상 너는 마땅히 그러할 것이다. 그러나 나라형편이 이 지경이 되었는데 죽지 않고 무엇을 한단 말이냐? 우리 가문이 갑오경장의 일을 신원 받은 것이 바로 나라가 망할 징조이다. 법망이 이와 같고 어찌 오늘 같은 변란이 없겠느냐?

내가 죽거든 흰 관에 염을 하여 처사處士라 쓰되 선영에 장사하지 말라. 너 또한 평생을 죄인으로 자처하고 내 뜻을 저버리지 말라." 했다. 다시 아들이 '상소를 올려 고쳐지기를 기다려보고 윤허하지 않으면 그때 결행하셔도 늦지 않을 것입니다.' 청하니 '만식'이 탄식하며: "세상사는 알다시피 충성스런 말이 소용없게 되었다. 말을 많이 해서 무엇 한단 말이냐?"하고 약을 마시고 목숨을 끊었다. '만식'은 '홍순목'의 아들로 백부 '홍순경'에게 입양되었으니 '홍영식'과는 사촌형제가 된다. 그리하여 그의 역모를 매우 부끄러워하며 전후 수십 년을 삼베옷과 거적을 깔고 죄인으로 자처했다. 이에 이르러

태연히 자결하기를 또 이같이 하니 사람들이 더욱 그를 어질다 하고 슬퍼했다.

◆ (p.363. 乙巳年)前參判洪萬植, 聞變自殺. 萬植, 時居驪州丙舍, 方與客棋, 而勒約報至. 萬植, 容色不變, 待了局, 徐斂子納匳畢, 麾客退曰: "我有事, 君其去." 卽肅衣冠, 往屋後, 辭父墓, 還謁家廟, 命和藥將飮, 其子杓, 號哭而覆之. 萬植叱退曰: "情理, 固當爾也. 然國勢至此, 不死何爲? 甲午之吾家伸寃, 乃國亡之徵也. 法網如此, 安得無今日之變乎? 死後斂白棺, 題以處士, 勿葬先隴. 汝亦畢生罪廢, 毋負吾志." 杓又請上一疏, 冀或改悟, 如不允, 則死亦未晩, 萬植歎曰: "時事可知, 忠言無益. 喋喋者竟何爲?" 遂仰藥而絶. 萬植以淳穆子, 出後伯父淳敬, 與英植爲從父兄弟. 然痛恥其逆謀, 前後數十年, 麻衣藁薦, 以罪廢自處. 至是, 從容引決, 又如此, 人益賢而悲之.

28. 특진관 조병세特進官 趙秉世

◆ 특진관 【조병세】가 양근군陽根郡에서 서울로 들어와 각국 공관에 서신을 보내서 위협으로 조약을 강요한 일을 밝히다. 우리나라가 세계에서 자주독립국임은 천하가 다 아는 일이며, 일본은 우리나라에 대하여 '시모노세키'조약에서부터 오늘날 일로전쟁의 개전에 이르기까지 선전조칙과 한일의정서 등에서 우리의 독립과 영

토 보전을 각국에 공언하지 않은 적이 없는 것 또한 천하가 다 알고 귀 공사도 아는 일입니다. 지금 일본대사 및 공사가 조약초안을 가지고와서 체결을 강요하는 내용은, 우리나라에 일본 통감을 두고 외교권을 일본에 넘기는 것입니다. 그렇게 되면 독립은 속국으로 바뀌고 속국은 망국으로 끝맺게 될 것입니다. 우리 황제는 인준하지 않았고 참정대신도 굳게 지켜 따르지 않았으나, 일본대사는 위력으로 협박하며 군대를 동원하여 대궐을 포위해서 여러 소인배들을 겁주고 가부를 다그쳐 물었습니다. 그리고 당초에 절차를 거치지 않고 강제로 외무부 인장을 가져다 찍고 조약이 체결되었다 말하고 있습니다. 지금의 천하대세를 보건데 약소국이 열강들 사이에서 온전할 수 있는 것은 다른 이유가 있어서가 아닙니다. 믿는 것은 이웃나라의 우의이며 의지하는 바는 국제공법일 것입니다.

공법회통의 제4·5장을 보면 '조약의 체결은 반드시 국가원수의 윤허를 얻어야 시행된다.'하였고, 제409장을 보면 '조약을 논의하는 자가 핍박을 받으면 그 조약은 폐기할 수 있다.'했습니다. 그렇다면 조약의 확정은 위에서 윤허하고 아래서 협력 논의하여 평화롭게 타결되어야 바야흐로 조약이라 말할 수 있으며, 위력으로 협박해도 무효가 되는 것이니, 어찌 입을 막고 압박하여 마음대로 할 수 있는 일이라 하겠습니까? 일본이 우리나라에 대하여 힘을 믿고 능멸함은 이미 법을 어긴 일입니다. 하물며 우리나라와 귀 공사는 우호를 맺어온 지 여러 해가 됨에도 마음대로 외교권을 탈취해가니 이는 비단 우리나라를 능멸하는 것이 아니고 바로 귀 공사를 능멸하는 일이 됩니다.

　귀 공사는 사절을 우리나라에 주재시키고 있으니 의리는 동포와 같은데, 남에게 떠밀리어 바르지 않은 외교를 행한다면 비단 우리나라의 아픔이 아니고 실로 귀 공사의 체면과 권한에 손실을 주는 일일 것입니다. 지금 소인배들이 그들의 억압을 피하느라 사리를 밝히지 못하고 있으니, '병세'는 원로대신의 몸으로 우리나라의 선례에 합당한지를 살피고 나라 사정을 알려 국권 회복을 꾀하고자 합니다. 이에 감히 봉서를 보내 귀 공사께서 각국 공관에, 국제법상 이웃 나라의 의리로 좌시할 수 없다는 뜻을 통보해 주시기 천만번 바라오며, 즉시 회동 담판하여 이 늑약을 부인함으로써, 우리나라로 하여금 국권을 잃지 않아 망국에 이르지 않게 하신다면 실로 이 나라는 대은을 입고, 천하가 함께 의로운 처사를 칭송할 것입니다. 글로 뜻을 다하지 못했으니 살펴주시기 바랍니다.

　◆ 또한 일본공사 '하야시'에게 글을 보내 그들의 정부에 조약 취소 품의를 요청하고, 다시 백관을 거느리고 상소를 올려 '박제순' 등 오적五賊의 죄를 논박했다.

　◆ (p.363. 乙巳年)特進官趙秉世, 自楊根入城, 貽書于各國公館, 以辨藤勒約之事. 敝國之於世界, 各自主獨立, 天下所知也. 日本之於敝國, 自馬關條約, 至今日露開戰時, 宣戰詔勅與韓日議定書, 無不以保全我獨立與領土爲言, 聲明於各國, 亦天下之所知也, 亦貴公使之所知也. 今者,日本大使與公使, 以一約稿, 特入敝國國中, 勒要鈐約, 而約章辭意, 則置日本統監於敝國, 移敝國外交於日本也. 如此則獨立變爲屬地, 屬地終於淪亡. 敝國皇上, 未賜准許, 參政大臣堅執不從, 日本大使, 威凌脅迫, 率兵圍闕, 恐動群小, 逼問可否. 初不具例備式, 而强使取外部之印, 擦之而去, 謂之約定. 今夫天下之大局, 以弱小處於列强之間, 得以自全者, 無他, 所恃者, 隣誼也; 所憑者, 公法也.

謹按公法會通, 第四五章曰: '立約必俟國主兪允, 方可遵行.' 第四百九章曰: '議約者或被逼, 其約亦可廢之.' 然則訂約之法, 上蒙允許, 下協詢謀, 兩和妥決, 方謂之約也. 威嚇脅制, 雖約無效, 其何可噤被壓制, 任其所爲乎? 日本之於敝國, 恃强凌弱, 已是法外. 況敝國與貴公使, 締好有年, 乃擅欲奪移外交, 此非獨恃凌敝國, 乃是恃凌貴公使也.

貴公使駐節敝國, 義均同胞, 而被人攘移無直, 行交好之道, 則非但爲敝國之危迫痛憫, 實有損於貴公使之體面與權限. 今群小避其抑壓, 不知申理, 秉世身爲元老大臣, 揆以敝國先例事合, 與聞國務, 務回邦權. 玆敢緘辭仰佈, 萬祈貴公使査照知會于各公館, 以隣誼公法, 義不該坐視之意, 刻卽會同談判, 否認其勒約, 俾敝國勿失舊權, 不至淪亡, 則敝國實荷大惠, 天下咸頌義擧矣 辭不盡意, 乞垂鑑諒.

◆ 又餘倭公使林權助書, 請稟其政府, 繳消其約. 又率百官上疏, 論朴齊純等五賊之罪.

29. 민영환閔泳煥의 자결

◆ 초 4일 계유癸酉에 【민영환】이 스스로 목을 찔러 자결하다. '영환'이 상소를 올리고 대표자로 궁내부에 들어가니, 【이지용과 이근택】이: "상소의 대표자를 불문에 부치고 그대로 둔다면 일본 군대가 다시 들어올 것입니다."상주하고, "너희는 칙령을 따르지 않으니 이는 역신이다."하며 성난 목소리로 꾸짖어 순검을 불러 포박을 명했다. 순검들이 서로 돌아보며: "비록 법이 없는 세상이지만 저분들은 모두 충신이니 무슨 말로 포박한다는 말입니까?"했다. '지용'등이 법률에 의거 심판하라는 명령을 조작하여 하달하고, '영환'과 여러 대신들을 무두 평리원平理院에 보냈다가 이윽고 가려서 석방하니 그때가 초 2일이다. 여러 대신들은 각기 집으로 돌아가고, '영환'은: "하필 집이란 말인가?" 탄식하고 옛 청지기 '이완식'李完植의 집에 가서 머물렀다. 하룻밤을 묵고 나서 어머니 서 씨를 가뵙고는 어린애처럼 볼을 만지니 서 씨는 즐거워하며: "애가 마음이 약해졌나보구나 이젠 되었으니 나가서 자려무나."했다. 그리고 부인 박 씨의 침실에 들르니 임신 중인 부인은 등불을 켜고 앉아있고 세 아이는 이불 밑에서 코를 골며 자고 있었다. '영환'은 웃는 얼굴로: "관상 보는 사람이 나는 아들이 다섯이라 했으니 틀림없이 부인은 쌍둥이를 가졌을 것이오."하니 박 씨는 그 말을 이해 못하고 웃기만 했다. '영환'은 계단을 내려오며 홀연히 크게 통곡하고 다시 '완식'의 집으로 돌아왔다.

밤이 되어 시종을 물리고 일어나 화장실에 가며 '완식'을 불렀다: "내가 용변을 하려하니 더운 물로 손을 씻게 해다오." '완식'이 자신이 씻겠다며 씻기를 마치고 문밖으로 나오는데 심히 고통스러워 외치는 소리가 들렸다: "내가 무슨 큰 죄가 있기에 죽지도 못한단 말이냐." 하기에, 크게 놀라 문을 부수고 들어가 보니 선혈이 발목까지 흘러내려있고 벽에 기대어 반쯤 누어있는'영환'을 보고 부축해 자리에 눕혀보았으나 이미 절명해 있었다. 벽에는 혈흔이 있고 손가락으로 만진 흔적이 완연하니 아마도 가진 칼이 짧아 한 번 찔러 죽지 못하고 칼자루에 피가 묻어 잡기가 미끄러우니 벽에 손을 문지르고 다시 분발하여 찔러서 성대가 모두 잘려서 사망했다. '완식'이 크게 소리쳐 통곡하니 온 집안이 따라 울고 곡소리는 순식간에 온 장안에 전해져 산이 무너지는 것 같았다. 때마침 큰 별이 서쪽으로 사라지고 까치 수백 마리가 집을 에워싸고 지저귀며 흩어지지 않았다.

각 공관에서도 소식을 듣고 매우 애통해 하였으며 왜인들도 크게 놀라고 고라니 떼가 모여들어 슬피 울었다. 동서양의 여러 사절들과 서울에 와있는 상인들도 와서 조문을 하고 나라의 앞날을 걱정하며, 다투어 비단으로 피를 닦아 품에 간직하고: "이는 충신의 흔적이다."했다. 부음을 들은 상감은 매우 애통하여 비서승 '조남승' 趙南升을 보내 위로의 말을 전하니, 서 씨는: "신첩의 못난 자식이 국가의 위급을 구하지 못했으니 어찌 한번 죽음으로 속죄를 했다 하겠습니까? 바라옵건대 폐하께서는 힘써 중흥을 도모하시어 위로는 종사를 편안케 하시고 아래로는 '영환'의 한을 풀어 주십시오." 하고 답했다. '조남승'이 돌아가니 궁문에서 멈추고 들어오지 말라는 명이 내렸는데, 이유는 마침 영친왕 '은'이 몸이 아파 푸닥거리를 하고 상가를 다녀오는 사람을 꺼렸기 때문이었다 한다.

'영환'의 자는 문약文若이오, 호는 계정桂庭이니, '겸호'의 아들로 백부 '태호'泰鎬 앞으로 입양되었다. 아이를 가질 때 서 씨는, 세 구슬을 얻었고, 여러 어른들이 관복을 입고 사랑에 들어와서 '겸호'와 같이 빙 둘러서서 절하는 꿈을 꾸었다 한다. 철종 신유년 출생으로 지금 나이는 45세이다. 큰 키에 마른 체격으로 얼굴은 희고 수염이 없으며 오직 아래턱 사마귀에 몇 가닥이 있을 뿐이고 두 눈이 빛나고 눈빛이 예리했다. '영환'은 외척의 가문에서 귀하게 태어나 반생을 후한 관직에 있었으며, 말과 풍채는 다른 사람보다 나을 것이 없었으나 오직 스스로 다소간 자숙하여 다른 민씨들과는 같지 않았다. 구미歐美에서 돌아온 다음부터 자못 천하대세를 연구하여 나랏일이 날로 잘못되어가는 것을 마음 아파하며 상감 앞에 나아갈 때마다 눈물을 흘리며 극력 간쟁을 하고 물러나서는 단정히 앉아 깊은 생각에 잠기곤 했다. 담박하여 세상의 이끗에 마음 쓰지 않으니 사람들이 특이하게 보고 전날의 그가 아니라고 여기더니, 이에 이르러 과연 큰 절개를 이루게 되니 늠름하게 옛 열사의 풍모를 지니게 되었다.

자결한 후에 글 상자에는 두 장의 글이 있었다. 하나는 국민에게 고하는 글이니: '슬프다! 나라와 백성의 치욕이 이 지경에 이르렀으니 우리 인민은 장차 생존경쟁에서 멸망하는 길을 가게 되었다. 아!
살고자하는 자는 반드시 죽고, 죽기를 기약하는 자는 살아남는 다
는 사실을 제공들은 어찌 알지 못하는가? 영환은 다만 한 번 죽어
황은에 보답하고 우리 이천만 동포형제에게 사죄하노니, 영환은 죽
어도 죽지 않는 것이요 구천에서 제군 돕기를 기약하는 바이다. 다
행히 우리 동포들이 천만번 분발하여 의지를 굳히고 학문에 힘써
마음을 모으고 힘을 합해 우리의 자유와 독립을 회복한다면 죽은
자도 마땅히 황천에서 웃음 짓게 될 것이니, 슬프다! 조금도 실망하
지 말라. 우리 대한제국 이천만 동포에게 영결을 고하노라.' 하는 내
용이다.

◆ (p.366. 乙巳年)初四日癸酉, 泳煥自刎死, 泳煥以疏首, 進入宮內府, 李
址鎔, 李根澤奏曰: "彼疏首者, 若置之不問, 日兵必復入矣." 乃厲聲叱
曰: "汝等不從勅令, 是逆臣也." 呼巡檢縛之, 巡檢等, 相顧曰: "雖無法
之世, 彼皆忠臣, 何辭捕縛?" 址鎔等, 乃矯下照律懲判之命, 泳煥與諸
宰, 胥命平理院, 已而分揀, 時初二日也. 諸宰各還其家, 泳煥歎曰: "何
必家也?" 入舊傔李完植家止焉. 經宿, 往謁其母徐氏, 對頰挼摩, 類嬰
孩狀. 徐氏嘻曰: "兒心弱耶, 可出睡." 遂歷入妻寢, 妻朴氏方娠, 張燈
坐, 三兒鼾被底, 泳煥笑曰: "相者證吾五男, 夫人今定孿矣." 朴氏不解
其謂, 但微哂. 泳煥下堦, 忽大慟, 復還完植家.

入夜屛侍者, 起如厠, 呼完植曰: "吾適流矢. 可具湯水來, 供吾手澣."
完植請自澣, 澣畢, 至戶外, 聞痛楚聲曰: "我胡大罪, 不死乃爾." 大驚破

戶入, 鮮血濺踝, 見泳煥, 倚壁半倒, 扶而就席, 已絕矣. 壁有血跡, 觸指痕宛然. 蓋佩刀短小, 一刺不殊, 而血漬刀柄, 津滑拒握, 故拭于壁, 復以抖擻刺, 嗓管割盡而死. 完植大呼而慟, 全家隨哭, 哭聲相傳, 頃刻滿城, 如山崩然. 時有大星隕于西, 鵲數百環其第, 嗓吠不散. 各公館聞之, 皆失聲擧哀, 倭人亦大驚, 麕集哭甚悲. 東西洋使客商民在城中者, 來弔恐後, 爭以錦緞拭血, 懷之曰: "此忠臣也." 訃聞, 上大慟, 命秘書丞趙南升往唁, 徐氏對曰: "臣妾有子無狀, 不能扶國家之急, 一死何能贖罪? 願陛下勵圖中興, 上以安宗社, 下以洩泳煥之恨." 南升返, 則止于宮門, 命勿入, 以英王坰適微恙祈醮, 忌人從喪次來也.

泳煥, 字文若, 賜號桂庭, 以謙鎬子, 出後伯父泰鎬. 始娠也, 徐氏夢獲三珠, 又見諸長老公服, 至外舍, 謙鎬羅拜. 以哲宗辛酉生, 至是年四十五. 身長踈瘦, 面白皙, 無鬚髯, 惟頤痣飄數莖, 兩眼炯然. 泳煥, 戚畹生貴, 半世膴仕, 言議風采, 無過人者. 惟稍自修戢, 不與他閔等而已. 及自歐美還, 頗究天下大勢, 痛國事日非, 每至上前, 泣涕極諫, 退則端居深念. 泊然不以世利爲念, 人異之, 以爲非復前日人. 至是, 果能辦大節, 凜然有古烈士之風焉.

死後檢書囊, 有書二, 一告國民曰: '國恥民辱, 乃至於此, 我人民, 行將殄滅於生存競爭之中. 夫要生者必死, 期死者得生, 諸公豈不諒只? 泳煥徒以一死, 仰報皇恩, 以謝我二千萬同胞兄弟, 泳煥死而不死, 期助諸君於九泉之下, 幸我同胞千萬倍加奮勵, 堅乃志氣, 勉其學問, 結心戮力, 以復我自由獨立, 則死者, 當含笑於冥冥之中矣. 嗚呼! 少勿失望, 訣告我大韓帝國二千萬同胞.'

30. 줄을 잇는 순국선열

◆ 특진관 【조병세】趙秉世의 음독 자결. 왜인이 '병세'를 구속하였다가 하룻밤이 지나서 석방했다. '병세'는 '민영환'의 순국 소식을 전해 듣고: "나도 죽어야 한다." 탄식하니, 말리는 사람이: "헛된 죽음은 무익합니다. 어찌하여 조금도 기다리지 않으십니까?"하고 만류했으나, '병세'는: "내가 지금 죽지 않는다면 죽은 후에 '민영환'을 무슨 면목으로 대면한단 말이냐?"하고 소매 속에서 아편을 꺼내 삼켜버렸다. 그의 사위 '이용직'이 때마침 옆에 있다가 수레에 싣고 집으로 달려갔으나 조금 지나서 절명했다. 왜인들이 소식을 듣고 의사를 대동하고 와서 조사하려 하자 '용직'은 크게 꾸짖었다: "우리 대한의 대신이 나라 위해 자결한 일이 너희와 무슨 상관이 있기에, 멋대로 사후에 까지 모욕을 가하려 한단 말이냐?" 하니, 왜인들이 놀라서 물러갔다. '병세'는 죽으면서 상소와 각국 공관에 보내는 문서를 남겼다.

◆ 평양에서 올라온 부대의 상등병 【김봉학】金奉學이 칼을 물고 자결한 날은 초 6일이다. '봉학'은 강제조약 이후 분함을 이기지 못하고 죽고 싶다는 절규를 계속하다가 민영환·조병세 두 분의 순국 소식을 접하고 더욱 비분함을 이기지 못해 술을 마시고 노래를 부르며 미친 사람처럼 거리를 헤매다가, 이 날 영내에 들어와 통곡하며 여러 장졸들에게: "우리들이 군인이라 불리면서도 나라가 망하는 자리에 한 번의 결사 항전도 없이 녹봉만 축내는 것이 옳은

일이란 말인가? 어찌하여 왜놈 하나 끌어안고 물어뜯어 죽이지 못한다는 말인가?"하니 모두가 비웃었다. '봉학'이 꾸짖기를: "너희는 참으로 개돼지 무리다. 사람이 태어나면 한 번은 죽는 법인데 어찌 죽음이 무섭다는 말이냐 죽음이 무섭다면 나를 보아라."하고 영문 앞으로 달려 나가 칼을 물고 한 번 뛰어 엎드리니 칼이 등을 뚫고 나와 절명했다. 이에 모두가 크게 놀라고 온 나라 사람들이: "민영환은 죽음이라고 할 수도 없다."고 쑤군댔다. 왜인들은 강제조약 하루 전에 각 부대의 양총을 모두 거두어 격발장치를 제거하고 돌려 주었기 때문에 '봉학'은 방도가 없었던 것이다.

참령 '홍창길'洪昌吉과 정위 '전면조'全冕朝 등이 글을 지어 봉학의 영전에 곡하며:
"아 슬프다!
그대 나이 서른다섯 성품은 굳고 바르며,
입대한 지 육년 만에 서울에 불려 와서.
같은 마을 생활하며 고락을 같이 하고,
성실한 마음가짐 힘을 다해 봉사했다.
나라가 어려우니 눈물 흘려 슬퍼하고,
뜻을 지켜 보답하되 의를 취해 목숨 바치니,
황제가 들으시면 포상이 마땅하고,
온 세상 흠모하며 병영 안은 비통 하네
영험하고 씩씩한 혼령이여 한 잔 술을 흠향 하오!"

소식을 듣고 상감이 가엾이 여겨, 정삼품 법부 참서관을 증직하고 4등 훈공을 내려 정문旌門을 세우도록 명하고, 궁내부에서 포목 30필, 돈 200원, 백미 5석과 장례비용을 보조하고 관리를 파견하여 치제하였다.

"유 광무 9년 세차 을사년 11월 경오 삭, 9일 무오에 황제는 예식 원장례 이창선을 보내 증 법부참서관 김봉학의 묘에 잔을 올리노니, 나라가 위급할 때 충성으로 격분하여, 다른 것 돌볼 틈 없이 목숨 바쳐 절개 지키니, 나라위한 의리가 해와 달과 같이 밝았도다. 군대에 몸담아온 한결같은 마음과, 높고 큰 정성은 만고에 없던 일이로다. 죽어서 떠나는 길 가상하고 가상하다. 어떻게 찬미 할고 정문 세워 표창하며 잔을 올려 예를 표하노니 혼령이여 이르소서!"

◆ 학부 주사 【이상철】李相哲이 자살하다. '이상철은 격한 충성심으로 강개하여 목숨을 버리니 그 뜻이 가엾고 절개가 가상하다.'하여 조서를 내려 장례용 관판 한 벌과 학부 협판을 증직하고 정문 건립을 명하였으며 예관을 보내 치제하고, 궁내부로 하여금 장례비를 넉넉히 지급하게 하였다. '상철'의 순국 본말은 고증할 길이 없으나 당시 서울 북서北署의 관리가 검사할 일이 있다고 그의 의형 '한재경'을 구금한 사실이 있다. 당시 '상철'은 나이가 30이고 노모가 있었다 한다.

◆ 계동의 인력거꾼이 목매어 자결하다.(그 이름을 잊었다.) 그는 전에

‘민영환’의 사랑에 살다가 계동桂洞으로 물러나 생업으로 인력거를 끌며 살았다. 이에 이르러 ‘민영환’의 순국 소식을 듣고 통곡하며 집에 돌아와 하루 종일 울었으며, 인력거를 주인 김 참령金參領 집에 돌려주려고 나가서 돌아오지 않으므로 아침이 되어서 가족이 혼적을 따라 찾아보았더니 경우궁 뒤 소나무에 목을 매어 자살해 있고 시채는 이미 얼어있었다 한다.

◆ (p.368. 乙巳年)特進官趙秉世, 仰藥卒. 倭拘秉世, 經宿釋之. 秉世, 聞閔泳煥死, 歎曰: “吾可以死矣.” 客有止之者, 曰: “徒死無益, 盍少待?” 秉世曰: “吾不死, 死日何以對文若?” 袖出鴉片, 吞之. 李容稙, 其胥也, 時在側, 卽載之歸其家, 有頃絶. 倭人聞之, 帶醫欲行審査, 容稙大罵曰: “我大韓大臣, 爲國自死, 何預汝輩事, 而又欲逞侮辱於身後乎?” 群倭愕眙而退.

◆ 平壤徵上隊上等兵金奉學, 伏刀死, 初六日也. 奉學, 自劫約後, 奮叫欲死, 及聞閔·趙諸公死, 尤悲憤不自勝, 沈醉行謳, 類狂魔. 是日, 入營伍, 痛哭謂諸將卒曰: “吾等號稱兵士, 國亡不一死鬪, 徒竊國祿可乎? 盍各奮拳抱一倭哐殺也?” 衆皆笑之. 奉學罵曰: “若曹眞狗彘耳. 人生會有一死, 死何足怕? 如怕死, 其視吾.” 遂奔出營門, 含刀一躍而伏, 刀出背而死. 於是, 大驚, 國中人咸嘖嘖曰: “閔泳煥, 不足死也.” 蓋倭於劫約前一日, 悉收各隊洋銃, 潛去機釘而還之, 故奉學欲有爲而無奈云.

參領洪昌吉·正尉全冕朝等, 操文哭之曰: ‘噫嘻, 痛哉! 君年三十五, 勁直其性, 入隊六載, 徵上駐京, 居我部曲, 甘苦與同, 實心使役, 竭力奉公. 國家多難, 涕泣悲傷, 守志圖報, 取義捐生, 聽聞天陛, 當有褒獎, 擧世欽嗟, 一營盡悵, 神其靈壯, 庶歆薄觴.'

事聞, 上憫之, 贈正三品法部參書官勳四等, 命旌其門, 令宮內部題給木布各三十疋·錢二百元·白米五石, 俾助葬需, 遣官致祭, '維光武九年歲次乙巳年十一月庚午朔, 九日戊寅, 皇帝遣臣禮式院掌禮李昌善, 致酹于贈法部參書官金學奉之墓曰, '國事危迫, 忠憤激烈, 未遑他顧, 輕命定節, 爲國大義, 爭光日月. 身在軍位, 一念則大, 輪困丹忱, 亘古未有. 乃卒乃逝, 曰尙曰嘉, 云何贊美? 綽楔典禮, 致酹爲儀, 神其格止.'

◆ 學部主事李相哲自殺. 詔曰: '李相哲忠憤攸激, 慷慨捐生, 其意可憫, 其節可尙.' 棺板一部題給, 特贈學部協辦之職, 施以綽楔之典, 遣禮郎致侑, 葬需令宮內部從優劃給. 相哲殉義本末, 無所考. 是時, 京師北署官吏, 稱有檢査之事, 拘囚其義兄韓在敬. 相哲時年三十, 有老母.

◆ (p.370)桂洞車傭某(失其姓名)自經死. 傭舊居閔泳煥廊廡, 旣退居桂洞, 業曳人力車. 至是, 聞閔泳煥死, 痛哭歸家, 終日呼泣, 歸人力車于車主金參領家, 不返, 家人朝起跡之, 雉經于景祐宮後松枝, 尸已凍矣.

31. 이준 열사 (1907년)

◆ 전 검사 【이준】李儁이 '헤이그 평화회의'에 나라의 변란을 호소하고 스스로 배를 찔러 자결하다. 이에 앞서 유럽인들은 만국평화회의를 창설하였으니, 춘추시대春秋時代에 있었던 예복을 갖추어 입고 회담을 하던 평화회의 같은 종류의 모임이다. 지금까지 총 다섯 번의 회의가 있었다고 하고 혹은 두 번째 회의라고도 한다. 회의 장소는 회의 전에 결정하니 일정하지 않은데 이번에는 네덜란드의 '헤이그'에서 개최되었다. 상감이 듣고 '이준'을 은밀히 파견하니, 어보가 찍힌 문건을 소지하고 '블라디보스토크'에 가서 【이상설】李相卨과 함께 러시아를 경유하여 '헤이그'에 이르렀다. 이범진李範晉의 아들 【이위종】李瑋鍾의 나이는 21살이데, 7살 때부터 아버지를 따라 구미를 두루 옮겨 다니며 살았으므로 외국어에 능통하여 같이 합류하게 되었다. '헤이그'에 이르러 '위종'을 통하여 한국과 일본 간의 변란의 전말을 낱낱이 진술하였으나, 만나는 사람마다 한국은 외교권이 없다는 이유로 거절하고 들어주지 않았다.

'이준'은 분함을 이기지 못하고 스스로 배를 갈라 뜨거운 피를 회의장에 뿌리며 외쳤다: "이렇게 해도 믿을 수 없겠습니까?" 피를 뚝뚝 흘리며 몸은 이미 쓰러지고 말았다. 모두가 크게 놀라 서로 돌아보며 "천하의 열사로다. 일본은 참으로 형편없는 짓을 하고 있다!" 말하게 되었다. 왜인들은 한국이 부속되기를 원한다고 여러 나라들을 기만하여 왔기 때문에 유럽인들은 반신반의 하다가 이에 이르러 간악한 실정이 모두 드러나게 되었다. 왜인들은 변명할 말이 없음이 부끄럽고 화가 나서 '상설' 등을 해치려 하니 미국대사가 보호하여 자리를 떠났다. '이준'은 왕실과 같은 성씨요 함경도 사람으로 작은 키에 뚱뚱하며 성격이 강하고 격렬했다. 술이 얼큰할 때마다 주먹을 불끈 쥐고: "죽어도 거저 죽어서야 되겠는가?"하더니 지금에 이르러 그 증험이 드러났다. '상설'은 구미 여러 나라를 두루 돌아다니다가 블라디보스토크에 이르게 되면 집과 연락하여 전답을 팔아 몰래 여비를 공급 받았다. 그는 평소에 재물이 넉넉했으나 몇 해 안 되어 탕진되었고 처자는 거처를 옮겨 다니게 되었다. 왜인들은 헤이그 소식을 듣고 '상설'을 교수형에 처하고 이를 내외에 반포했다.

◆ (p.429 1907년)前檢事李儁, 訴國變于海牙平和會, 自刺死之. 先是, 歐洲人刱萬國平和會, 類春秋衣裳之會也. 今凡五會, 或云再會, 會地臨期先定, 故無一定. 是時, 會于荷蘭之海牙州. 上聞之, 密遣儁, 持御押文憑, 往海參威, 與李相卨同至俄國, 由俄以至海牙焉. 李範晉子瑋鍾, 年方二十一, 自七歲隨父, 游易歐美, 能操洋語, 故亦從焉. 旣至海牙, 瑋鍾, 歷陳我韓倭變首尾數萬言, 會者以韓人無外交權, 麾之不諦聽.

儁不勝憤寃, 自割其腹, 掬熱血, 灑于座曰: "如是而猶不足信乎?"血瀝瀝飛墜, 而身已倒矣. 衆大驚, 相顧嘖嘖稱曰: "天下烈丈夫! 日本儘無狀哉!" 蓋倭以我韓情願附屬, 誑萬國, 故歐人疑信相半. 至是, 姦情畢露, 倭無辭以明, 遂慚怒, 欲害相卨等, 美使挾之以去. 儁宗姓, 北關人

也, 體短而胖, 性剛烈, 每酒酣, 奮拳曰: "死耳, 豈徒死?"至是, 驗焉. 相
卨, 自是周流歐美, 或至海參威, 通于其家, 賣田産, 密輸以供資斧. 相卨
素饒於貲, 未數年而蕩然, 妻子轉徙. 倭聞海牙事, 處相卨絞刑, 頒示中外.

32. 기유己酉년의 기록

◆ 강화 전등사의 사초史草와 열성조의 어진을 경복궁으로 옮기다.

◆ 나인영·오기호 羅寅永,吳基鎬등이 서울에 단군교檀君教를(후일의 大
倧教) 창시하다.

◆ 서울 사람들은 때때로 민가의 화장실에, 이완용과 박제순의 성
을 따서, 이곳은 '이·박 요리점'이다 하고 크게 써 붙이니, 개와 같은
종족이라고 야유하는 것이다.

◆ 이용직李容稙,(親日官僚)이 고려사 이색열전李穡列傳의 개정을 청원
하는 상소를 올렸다. 그는 이색의 후손이며, 당초 '정인지'가 고려사
를 편찬하면서 '이색'이 불교에 기울었던 일을 모두 열전에 기재하였
기 때문에, 최근에 '김택영'이 '숭양기구전'崧陽耆舊傳을 편찬하면서 그
내용을 인용하였는데 '용직'이 크게 화를 내어, 함께 질의하여 판가
름할 것을 상소하니, '영택'은 그의 세력이 두려워 개정을 청원하였

고 스스로 책임을 지고, 그가 맡았던 편집 책임을 사퇴했다. 그리하
여 '용직'은 '정인지'가 쓴 역사를 다시 개정하였으니 듣는 이마다 이
를 비웃었다.

◆ 음력 중양절(9월 9일)에 용산의 한강물이 얼다.

◆ (1909년)移江華傳燈寺史草及列聖御眞于景福宮. (p.506)

◆ 羅寅永 吳基鎬等, 創檀君敎于京師. (p.513)

◆ 京師人, 往往於人家廁閣, 題貼李完用·朴齊純姓, 大署此李 朴料理店, 言與
狗一類云. (p.516)

◆ 李容稙上疏, 請改撰高麗史中李穡列傳. 容稙穡之后也, 初鄭麟
趾撰高麗史時, 凡穡佞佛之事, 皆載于其傳. 故近日金澤榮, 撰崧陽耆
舊傳, 因用其文, 容稙大怒, 欲上疏與之質判. 澤榮畏其勢焰, 乞改定,
因自劾, 以免其所帶編輯局之任. 至是, 容稙又追改鄭史, 聞者笑之.
(p.520)

◆ 陰重陽, 龍山江水氷. (p.523)

10장

의
병
활
동

1. 의병활동의 시작 (1906년)

◆ 경기 강원 충청 경상 등 각 도에서 크게 의병이 봉기하다. 겁박으로 강제조약이 체결되자 전국이 들끓고, 장대에 깃발을 내걸고 모두가 왜놈을 죽이자 외치는 함성이 관동지방을 시작으로 온 나라 안에 울려 퍼지면서 차차 인심이 떨쳐 일어나기 시작했으나, 그러나 무기도 없고 규율도 없으니 비록 수천 수백이 모인다 해도 왜인 십여 명을 만나면 바로 패전하여 흩어지게 되었다. 더러는 지형지물을 이용하고 허점을 공격하여 적을 죽이는 경우도 있었으나 왜인들이 저들의 패전은 깊이 감추었기 때문에 군사에 관한 소식은 멀리 퍼져나가지 못했다. 경북관찰사 〖신태휴〗申泰休가 민간의 서당을 금지하고 학교를 개설하여, 어기는 사람을 처벌하니 백성들은 성인의 학문을 버리고 사교에 물들어가는 것을 분하게 여겨서 의병에 들어가는 사람이 날로 늘어나게 되었으나, 오직 전남북은 거리가 멀고 소식이 서로 전해지지 못하는 탓으로 깃발을 들고 군중을 모으는 일이 아직은 시작되지 않았다.

◆ 울릉도 바다 동쪽 백 리가 되는 거리에 섬 하나가 있는데 독도라 부른다. 예부터 울릉도에 소속된 섬인데 왜인들이 강제로 저희 영토라 주장하며 조사해 갔다.

◆ 【민영규】閔泳奎가 의정대신이 된 일로 '이토 히로부미'가 항의 전문을 보내 왔다: "내가 모르는데 정승을 임명하는 일은 무엇입니

까?" 정부는 황태자의 가례가 있는데 대신의 자리를 비워둘 수 없어 권도로 수를 채운 것에 불과하다고 답했다.

◆ (p.383. 1906년)京畿 江原 忠淸 慶尙諸道, 義兵大起. 劫約以來, 擧國鼎沸, 斬竿揭旗, 皆以殺倭爲辭. 首倡自關東, 處處響合, 人心稍自奮, 然無機仗, 無紀律, 雖千百成群, 遇倭十數人, 輒奔敗潰散, 或一二據險擣許, 有所斬獲, 倭深諱其敗, 故軍聲不遠及. 慶北觀察使申泰休, 禁民書塾, 改設新學敎, 違者有罰, 士民憤怨, 以廢聖學, 而入邪敎, 附義兵者日衆. 惟全南北稍隔遠, 聲氣不相接, 無建旗誓衆者.

◆ 距鬱陵島洋東百里, 有一島, 曰獨島. 舊屬鬱陵島, 倭人勒稱其領地, 審查以去.

◆ 以閔泳奎爲議政大臣, 博文電詰之曰: "吾不知而卜相, 何也.?" 政府, 答以皇太子嘉禮將行, 大臣不可闕, 故權且備數.

2. 의병장 민종식 (1906년)

◆ 전 참판 【민종식】閔宗植이 의병을 일으켜 홍주洪州에 입성하다. '종식'은 판서 '영상'泳商의 아들로, 나라의 변란을 마음 아파하며 가재를 흩어 장정들을 모집하고 무기를 구입하니 그를 따르는 호서지방의 사대부와 백성이 날로 늘어났다. 람포藍浦와 보령保寧 등 여러 고을을 습격하여 무기를 노획하고 왜인 순사를 잡아 죽이며 4월 28일에 홍주에 입성했다. 이에 앞서 왜인들은 홍주의 성곽이 믿을만하다 생각하고 포병 약간 명을 주둔시키고 대포 십여 문을 매설하였는데 이것이 모두 '종식'의 소유가 되었고, 이에 힘입어 부대를 편성하고 방어하게 되니 그 기세가 매우 왕성하였다.

◆ 왜인이 【김승문】金升文을 사령부에 구금하다. '승문'은 함흥 출신이며 '강석호'姜錫鎬가 신기한 방술이 있다 추천하니, 상감이 바로 불러서 열흘 만에 비서승이 된 사람이다. 어떤 자가: "의병과 통하는 사람이다."라고 고발하여 왜인이 구금 수색해 보니 과연 의병과 연락한 어보가 찍힌 문서가 나와 장기간 구금당했다. '승문'이 출세한 경위는 '곽종석'과 비슷하나 왜인에게 불의의 화를 당한 일은 그보다 훌륭했다 하겠다.

◆ 윤달에 홍주에서 의병이 패전하고 '민종식'이 패주하다. 왜인은 '종식'의 군세가 왕성함을 알고 왜군 2개 중대와 한국 시위대 150인을 합하여 남으로 진군하였고, 처음 도착한 예리한 기세로 함성

을 지르며 홍주성을 포위했다. 왜병들이 공격해오자 '종식'은 대포를 쏘아 50여 인을 사살해버리니 그들은 군대를 거두어 물러설 수밖에 없었다. '종식'은 부대를 요소에 고루 배치하여 성곽을 방어했는데 한 아전이 남문 지키기를 자청했다. 모두가: "일을 시작하고 앞장서서 입성한 것은 사대부들이다. 아전을 참여시킨다면 이는 또한 인재 없음이니, 부끄러운 일이 되지 않겠는가?" 하고 허락하지 않았다. 이에 아전은 의병이 반드시 패전할 것으로 판단하고, 9일 밤 몰래 동문을 열어 왜병을 불러들였다. 칠흑같이 어두운 밤에 의병들은 대오가 크게 어지러워 항전을 못하고 사방으로 달아나며 60여 인이 죽고 100여 인이 사로잡히니, '종식'은 정예병을 골라 포위망을 뚫고 달아났다. 홍주 십리 안의 보리밭은 말과 군사들이 짓밟아 모두 망가지고 말았다.

◆ 전 승지 【이설】이 졸하다. '이설'李偰은 지난해 겨울 입경하여 을사오적의 제거를 상소하였으나 전달되지 않자 귀향했고 가슴이 답답하여 방황하며 지냈다. '민종식'과는 서로 소식을 주고받으며 성공을 간절히 바라고 있었으나 패전소식이 전해지자 크게 통곡하고 마지막 상소를 남긴 다음 십여 일을 단식하여 죽고 말았다.

◆ (p.386 1906년.)前參判閔宗植, 起義兵, 入洪州. 宗植, 判書泳商子也. 痛念國變, 散家財, 募士購械, 湖西士民從者日衆. 襲藍浦 保寧諸郡, 收其兵仗, 擒斬巡倭, 以二十日入洪州. 先是, 倭以洪州城池足恃, 宿砲兵若干, 埋大砲十餘尊, 并爲宗植所有, 分門列守, 聲勢甚盛.

◆ 倭人囚金升文于司令部. 升文, 咸興人也. 姜錫鎬薦其有神術, 上敦召入對, 旬日除秘書丞. 或搆于倭曰: "是通義兵者也." 倭拘而檢其橐, 果有御寶文字, 與義兵相聞, 遂長繫之. 升文發跡, 類郭鍾錫, 而得奇禍, 過之.

◆ 閏月, 洪州義兵敗績, 閔宗植走. 倭聞宗植兵盛, 發其二中隊, 幷我兵一百五十南下. 因其始至之銳, 猝圍洪州, 倭列于前, 宗植發大砲, 斃倭五十餘, 倭收兵退次. 宗植, 分汛守城, 有一吏, 自請守南門. 衆曰: "首事入城者士夫也, 參以吏胥, 不亦無人可羞乎?" 不許. 吏以義兵必敗, 以九日夜, 潛開東門納倭. 時夜黑, 義兵部伍大亂, 不能据戰, 四散走, 死六十餘, 擒者百餘. 宗植抽精銳, 潰圍而跳. 洪州十里內, 二麥俱盡, 爲兵馬所蹂碎也.

◆ 前承旨李偰卒. 偰上年冬入京, 上疏討五賊, 不報, 還鄉鬱鬱徊皇, 與閔宗植相聞, 幸其有成, 及敗報至, 大慟, 治遺疏, 因不食十餘日死.

3. 최익현이 호남에서 봉기하다 (1906년)

◆ 전 판서 【최익현】이 호남에서 의병을 일으키다. '익현'은 지난 겨울 상소를 올린 다음 정산定山에 돌아와 의병을 일으키려 했지만, 왜인들이 그 기색을 살펴서 미리 알고 군사를 보내 지키고 있었다. '익현'은 병이 위독하다는 핑계로 낮에는 누어 지내다가 왜인들이 해이해진 틈을 타서 변복을 하고 빠져나와 태인泰仁에서 '임병찬'林秉瓚을 만났다.

【임병찬】은 고을의 관리로 을유·병술년 사이에 재물을 상납하여 낙안 군수를 역임했고 귀향하여 산속에 초막을 짓고 살다가, '익현'의 충성과 의리에 감복하여 서로 왕래하고 지냈다. 수년 전부터 나라 망할 조짐이 굳어지자 재물을 흩어 빈객을 모으고 병기를 구입 비축하여 변란에 대비해 오던 중에, 이에 이르러 홍주마저 무너지고 보니, 백성들의 의기는 크게 꺾이고 발붙일 곳이 없게 되었다. 오직 호남만이 아직 온전하고 또 '익현'의 제자들이 많아 불러 모을 사람이 많았으므로 태인泰仁에서부터 군사를 모을 것을 권유하였다.

'익현'이 이에 동의하고 13일에 무성서원武城書院에 들어가 단에 올라 대중을 설득하니 따르는 유생이 80여 인이 되었다. 이보다 하루 전에 군사를 일으키는 정황을 적어 상소하고, 일본 정부에도 그들의 죄상을 열거 성토하는 문서를 보냈다. (내용이 매우 상세하며 유명한 문장이다.)

'익현'은 사람을 모집하여 왜국 영사관에 문서를 전달했는데 전달 책임을 맡은 사람이 두려운 나머지 왜군 사령부 정문에 붙여 놓고 도주해 버렸다. 그러나 얼마 지나지 않아서 왜인들 사이에 이 문서 내용이 전파 되었으니 그들이 돌려가며 읽어 보았음을 알 수 있겠다.

◆ (p.387. 1906년)前判書崔益鉉, 起兵于湖南. 益鉉, 自昨冬, 上疏後, 歸定山, 欲擧義. 倭人詗其氣色, 派兵看守. 益鉉稱以病篤, 晝臥于內, 乘倭少懈, 微服出門, 會林炳瓚于泰仁.

炳瓚者, 郡吏也, 乙酉 丙戌納貲, 爲樂安郡守, 歸而結廬深山, 感益鉉忠義, 素相往來. 數年來, 見亂亡已形, 散財結客, 蓄買軍械, 以待變, 至是, 以洪州旣敗, 人心大沮, 無着足地. 惟湖南尙完, 且多益鉉門徒, 可資號召, 遂勸益鉉, 從泰仁聚兵,

益鉉從之, 以十三日, 入武城書院, 登壇誓衆, 儒生從者, 八十餘人, 以前一日, 拜疏以聞, 陳起兵之情曰:... 又數倭前後罪狀, 騰書其政府.

益鉉募人傳書于倭領事館, 其人懼, 站付司令部門而走. 未幾, 播之倭中報章, 可知其遞相傳看也.

4. 순창의 패전

◆ 20일 순창에서 의병이 패전하고 '최익현'은 붙잡혀 서울로 호송되다. 처음은 전주를 점거하려 하였으나, 소수의 인원으로 많은 적을 당할 수 없다 판단하고 진로를 바꾸어 정읍과 태인에 들어가 모병을 하고 두 고을의 무기를 노획한 다음 징수된 세금으로 군비를 충당하며 구불구불 곡성谷城을 돌아 순창淳昌에 입성했다. 군수 【이건용】李建鎔이 왜인과 내응하고 있다는 첩보를 입수했으나 차마 처형하지 못하고, 19일 밤을 순창군 청사에서 묵는데 황혼 무렵에 전주와 남원의 지방대가 삼면을 포위하고 탄환을 비 오듯이 퍼부으니 휘하 수백의 군사는 삽시간에 흩어지고 서기 【정시해】鄭時海가 총에 맞아 쓰러졌다.

오직 【임병찬·고석진·김기술·문달환·양재해·나기덕·이용길·임현주·최제학·조영선·조우식·유해용】 12인이 죽음으로 서로 지켰으나 더 이상 저항할 길이 없어 잡히기를 기다리는 형세가 되었다. 오래 가물던 하늘에서는 큰 바람이 일어 뇌성벽력과 함께 쏟아 붙듯이 비를 퍼부으니 두 부대 모두 군사를 거두었다. 21일이 되어 전주대가 접근하여 '익현'과 12인을 함께 끌고 올라가 사령부에 가두었다.

'익현'은 평소에 큰 신망을 얻었고 충성과 의리는 일세의 의표가 되었으나 군사에 익숙하지 못하고 나이도 많으니 기발한 계책이 없었으며 수백의 오합지중을 모았으니 어지럽고 규율이 없었다. 종군한 유생들은 과거 보러가는 사람처럼 도포와 갓을 쓰고 총과 탄환이 무슨 물건인지 조차 몰랐으며, 심지어는 시중에서 일 없는 백성을 사들여 군대에 충원하였으니 보는 사람들이 이미 패전할 것을 알았다하지만, 패전을 하자, 창부나 걸인도 목이 쉬도록 소리쳐 한탄하고 백정이나 무당까지 수레를 가로막고 절하며 최충신崔忠臣을 살려 달라고 하늘에 호소하는 소리가 그치지 않았다.

◆ 당시 서울의 군부는 전남북의 지방대를 뽑아 순창을 포위했는데 전남관찰사 【이도재】李道宰는 광주대에 당부하기를 경계선까지 진군하여 주둔하되, 만약 접전을 하는 자가 있으면 승전을 하더라도 처형한다 하니 그 때문에 광주부대는 발포하지 않았으며, 남원부대가 출발할 때는 나이 많은 관리 【양한규】梁漢奎등이 접전하지 말 것을 당부했기에 남원부대도 공포를 쏠 뿐 실탄을 발사하지 않았다. 오직 전주대장 김○○이 힘을 다해 싸웠기 때문에 서기 '정시해'도 끝내 죽음을 면하지 못하게 된 것이다.

'익현'은 의병을 일으키면서 서신을 보내 【곽종석】郭鍾錫을 영입하려 했으나, 그는 임금에게 화를 재촉하고 백성에게 해독을 끼칠 뿐이라 회답하고 불응했으며, 또 【기우만】奇宇萬과도 담양의 산사에서 만나 동참할 것을 요청했으나 사절하였으니, 이들은 스스로 기치를 세우고자 함 이오, 남의 휘하가 되는 것을 원치 않아서 그렇게 된 것이다. 당시 '익현'의 계책은, 하나는 전라 우도를 점령하여 장성의 기씨奇氏들과 합세하여 나주에 들어가 그곳을 근거지로 삼는 것이고, 하나는 남원을 습격하여 운봉으로 옮겨가서 【박봉양】朴鳳陽을 봉기시키고 추풍령 오른쪽 지방을 불러들이면 사방이 호응하리라 보았다. 그러나 그들은 다만 관망을 하고 있는 사람들임을 몰랐던 것이며 설사 그들이 호응했다 하더라도 그 일대의 초토화를 가중시키는데 불과했을 것이다. '익현'의 패전 이후로 호서 호남의 사대부들은 더욱 기가 꺾이고 다시는 의병을 일으키자는 말을 못하고 말았다.

◆ 창평昌平의 【고광순】高光洵은 '익현'이 순창에 입성했다는 말을 듣고 칼을 차고 동참하고자 달려갔으나 도착해 보니 이미 패전하여 잡혀간 다음이라 통곡하고 돌아갈 수밖에 없었다.

◆ 거창居昌의 【이완발】李完發은 의병에 합류하려 했으나 '익현'이 잡혔다는 소식을 듣고 길에서라도 뵙고 인사하려다가 왜인 순사에게 죽도록 매질을 당했다. 그래도 그를 쫓아 서울까지 따라갔다.

◆ (p.392. 1906년)二十日, 淳昌兵潰, 崔益鉉被執, 上京師. 益鉉欲據全州, 以衆寡不敵, 改路, 入井邑 泰仁, 行且募兵, 收二郡軍火, 引稅錢, 支用, 逶迤自谷城入淳昌, 諜獲郡守李建容招倭內應狀, 欲斬建容, 不果. 十九日 宿于橡廳, 黃昏, 全州 南原地方隊兵, 圍三面而合, 鉛丸如雨. 麾下數百, 霎時散盡, 書記鄭時海, 中丸死.

惟林炳瓚·高石鎭·金箕述·文達煥·梁在海·羅基德·李容吉·林顯周·崔濟學·趙泳善·趙愚植·柳海瑢十二人, 以死相守, 束手待縛. 時久旱, 天忽大風震雷, 雨下如注, 兩隊皆斂兵. 二十一日, 全州隊逼益鉉幷十二人北去, 囚于司令部.

　益鉉素有重望, 忠義仗一世, 然不閑軍旅, 年又衰耄, 未嘗有奇謀定算, 數百烏合之衆, 蕩無紀律. 儒生從軍者, 大冠廣袖, 如赴場屋, 不知銃丸爲何物, 至購募市井間氓, 僅充隊伍, . 觀者已卜必敗, 然及其敗也, 店娼行丐, 莫不失聲歎惋, 屠丁 巫戶, 望轎遮拜, 呼天活崔忠臣者相屬.

　◆ 時京部, 調全南北地方隊, 圍淳昌. 南察李道宰, 飭光州隊, 但進屯境上而已. 若搏戰者, 雖捷當斬, 故光州兵, 不放丸. 南原隊之發也, 老吏梁漢奎等, 戒勿接仗. 故南原兵, 亦響虛砲, 不放丸. 惟全州隊長金○○, 務盡兵力, 鄭時海竟不免焉.

　◆ (p.393)益鉉之起也, 貽書, 邀郭鍾錫. 種錫, 報以促禍君父 貽毒生靈, 不應. 又與奇宇萬, 會于潭陽山寺, 要以共事, 宇萬辭之. 蓋欲自建一幟, 不願爲其麾下也. 是時, 爲益鉉計者, 或欲徇右道, 合長城諸奇, 入羅州爲根據地, 或欲襲南原, 轉入雲峰, 起朴鳳陽, 以號召嶺右, 四方必響應. 然不知宇萬 鳳陽, 實皆觀望也. 雖得使相首尾, 只添地方糜爛而已. 然自益鉉敗, 兩湖士大夫益喪氣, 不敢復言義擧矣.

　◆ 昌平高光洵, 聞益鉉入淳昌, 杖劍赴之, 至則已敗執矣, 痛哭而歸.

◆ 居昌李完發, 將赴軍前聞益鉉已執. 中道上謁, 爲巡倭所捶, 幾死, 猶從之, 至京師而去.

5. 의병장 '민종식'이 구금되다 (1906년)

◆ 겨울 10월에 의병장 【민종식】閔宗植과 전 참판 '이남규'李南珪를 '김가진'金嘉鎭이 붙잡아 서울로 송치하다. '종식'은 홍주의 패전 이래로 숨어 떠돌면서도 다시 의병봉기를 도모하려 '남규'의 집을 내왕했는데, 충남관찰사 '김가진'이 뒤를 밟아 붙잡아서 사령부에 송치하였다. 부하인 【김덕진·박윤식·곽한일·황영수·정재호·이용규】金德鎭·朴潤植·郭漢一·黃英秀·鄭在鎬·李容圭 등은 같이 잡히고 '남규'는 공모한 흔적이 없다고 석방되었다.

종식'의 수감생활이 길어지자 부인 이 씨가 걸어서 서울에 올라가서 계집종을 데리고 걸식하며 옥바라지를 했는데, 민씨 문중에서는 한 사람도 돌보아 주는 사람이 없었고 찾아가 문을 두드려도 거절하고 집에 들이지 않았다 한다.

◆ (p.407. 1906년)冬十月, 義兵將閔宗植 前參判李南珪, 爲金嘉鎭所獲, 致于京師. 宗植, 自洪州敗後, 流離竄伏, 以謀再擧, 往來南珪家, 嘉鎭以忠南觀察使密跟之. 縛送于司令部, 宗植部下金德鎭·朴潤植·郭漢

一·黃英秀·鄭在鎬·李容圭等幷拘, 南珪以無見跡和應, 見釋.

宗植在囚, 稍久, 妻李氏徒步上京, 携一婢, 乞食供獄, 諸閔無一人顧恤者, 呼其門, 輒拒之

6. 의병장 '양한규'梁漢奎 (1906년)

◆ 11월 남원 【양한규】의 의병이 봉기했으나 '한규'가 바로 죽으니 뿔뿔이 흩어지고 말았다. '한규'는 대대로 하급 관리를 지낸 집안 출신으로 일찍이 초계고을의 차함借啣을 받은 일이 있어 사람들이 양초계梁草溪라 부르고, 나이는 61세가 되었다. 늙약 이래로 은밀히 의병 일으킬 계획을 세우고 재물을 흩어 빈객을 모으며 때를 기다리고 있었다. 이에 지방대 병사들이 모두 설을 쇠러 귀가하고 왜인 몇 명이 남아 지키는 틈을 이용하여, 섣달 그믐날 밤 이 경에 군내의 용사 백여 명을 인솔하고 지방대를 습격하니 지키던 왜인은 사방으로 숨고 도망쳤다. 무기를 모두 노획하고 사대문을 수비하게 되니 피 흘리지 않고 쉽게 일이 성공하게 되었다.

'한규'는 너무 기뻐서 뒷짐을 지고 부대를 순찰하면서 대청마루를 백 번이나 오르내리던 중에 갑자기 유탄에 맞아 쓰러지고 말았다. 늦은 밤에 어중이떠중이 모였으니 규율이 없었고 어지럽게 양

총洋銃을 시험 발사해도 금지 하지 못했으니 결국 어디에서 총알이 날아와 맞았는지도 모르게 된 것이다. 모두 '한규'가 죽어 일이 실패한 것을 알고는 뿔뿔이 흩어지기 시작했고, 날이 밝아오자 지방대 병력이 모여들어 사방에서 체포 작전을 시작하니 횡액을 입은 사람이 옥사에 가득하게 되었다. '한규'의 가족들은 시신을 거적에 싸서 장사 했는데 서울에서 온 왜인들이 파서 검시하니 시신이 살아있는 것처럼 펄펄하여 왜인들이 놀라 자빠지며 혀를 내둘렀다 한다. '한규'의 부인은 운봉 '박봉양'의 누님이며, 그는 '봉양'과 약속하고 남원에서 병력과 무기를 모으고 운봉雲峰에 들어가 그곳을 거점으로 추풍령 우측지방을 불러 모으려했으니 일이 자못 차례가 있었으나 불의의 사고로 죽고 말았다.

◆ (p.414. 1906년)十一月, 南原梁漢奎兵起. 漢奎旋死, 兵散. 漢奎, 世吏也, 嘗借草溪卿, 人稱梁草溪, 年今六十一. 自劫約以來, 潛謀擧義, 散財結客, 蓄銳待時. 至是, 瞰隊兵皆歸家守歲, 倭衛單虛, 遂以晦夜二更, 率部治遊勇百餘人襲之, 巡倭四竄, 乃收軍械, 把四門, 不血刃而事將集.

漢奎喜甚, 負手巡隊廳上下百回, 忽中丸倒. 蓋暮夜倉卒, 烏合無紀, 麾下亂試洋銃. 而不能禁, 竟不知銃丸何自而中也, 衆見漢奎死, 知事不濟, 各四散. 平明, 隊兵稍集, 跟捕四出, 橫罹盈獄. 漢奎家人, 藁葬漢奎, 及京倭至, 掘而檢之. 尸勃勃類生, 倭驚倒, 談之吐舌. 漢奎妻, 朴鳳陽之姊也. 漢奎約鳳陽, 募南原兵械, 入據雲峰, 以號召嶺右, 事頗有緒, 而不意身殲云.

7. 시위대 해산명령 (1907년)

◆ 근년의 군사제도는 서울에 제1연대의 3개 대대와 제2연대의 3 개 대대 및 포병 공병 기병중대와 그리고 혼성대대가 그 전부이고, 각 지방에도 진위대가 있었다. 지금에 이르러 시위 제1연대의 2개 대대를 남기고 나머지는 모두 해산하였다.

◆ 칠적七賊등이 군부의 정세가 격변할 것을 두려워하여 왜인을 사주하여 한층 더 경계를 엄히 하고, 23일에 각 대장이 소속부대를 인솔하여 훈련원에 모이도록 불렀다. 먼저 맨손으로 연습하게 하여 무기 소지를 불허하고 한편으로는 병사들이 진영을 떠나는 틈을 엿보아 왜인들이 난입하여 총포를 거두어갔다. 모든 병사가 훈련원 에서 연습을 마치니 조서를 반포하고 은사금을 주었다.(하사, 80원. 병졸, 50원. 그 다음은 25원.) 모두가 분노를 이기지 못하고 지전을 찢고 통곡하며 진영에 돌아오니 무기는 하나도 없고 모두 빈방이었 다. 드디어 모두 흩어져 돌아가게 되고 말았다.

◆ 박성환朴星煥은 수상한 기색을 계속 살피며 총포를 별도의 창고 에 은밀히 보관하고 훈련원에도 가지 않았다. 해산조서 반포를 듣 고 통곡하며 소속 부대원에게: "내가 국은을 입어온 지 지금까지 몇 해가 되었는가. 나라가 망하는데 왜놈 한 명 죽일 수 없으니 죽 어도 죄가 남는다. 나는 차마 그대들처럼 맘대로 떠나갈 수 없으니 차라리 죽겠다." 말하고, 드디어 의자에 앉아 칼을 뽑아 옆으로 찔

러 목줄을 끊으니 몸과 의자가 함께 넘어졌다. '성환'은 십 여 일을 입직하며 귀가하지 않고 문을 닫아걸고 흐느끼다가 마침내 죽고 말았다. 부위副尉 '구의선'도 '성환'과 같은 날 자결하고, 정교正校 한 사람과 수행하는 병졸 한 사람도 따라서 자결했다(그들의 성명을 잊었다).

◆ 부위 '남상덕'南相惪이 왜인과 힘껏 싸우다 죽었다. '상덕'이 '성환'의 죽음을 보고: '박공과 함께 죽을 자 누구냐?'하고 크게 부르짖으니 전원이 일제히 "죽자."하고 응답했다. '상덕'이 이들을 지휘하여 군영을 출발하니 이미 왜군이 포위하고 있었으며, 용감하게 이들을 싸우고 세 번의 고전을 치렀다. 양쪽의 시체가 겹겹이 쌓이고, 우리 군대의 전사자는 98인, 장교 7인이며, 왜장 '가지하라'梶原 또한 죽었다. 왜인들이 숭례문을 근거로 기관포를 쏘아대니 날마다 천둥소리가 요란하고 성 안팎의 수백호가 불에 탔다. '상덕'은 총에 맞아 전사하고 대관 '권기홍' 또한 죽으니, 모두가 '상덕'이 이미 죽은 것을 보고 탄환 또한 떨어져 사방으로 달아나서 목숨을 구했다. 관전자들은 탄약이 떨어지지 않았더라면 왜인들이 크게 패했을 것이라 말했다. '가지하라'는 용감한 장수이며 갑진년의 러·일 전쟁에서 큰 공을 세웠으나 '상덕'에게 죽임을 당하니 왜인들이 모든 군영에서 통곡했다. 흩어진 병사들이 여염집으로 달아나 대청마루와 헛간에 숨으니 왜인들은 집집마다 수색하고, 왜녀들을 앞세워 내실까지 샅샅이 뒤지니 도망친 사람이 거의 없었고, 바로 성 밖으로 달려간 사람만 의병과 합세할 수 있었다. 왜녀들이 수색병과 짜고 재물을 약탈함이 도둑보다 심하여 백성들은 거듭 난리를 겪었다.

◆ 참위 '이충순'李忠淳은 시위병 해산 소식을 듣고 그의 서모와 영결하며: "내 관직이 비록 낮으나 국난을 당하여 죽지 않을 수 없습니다." 말하고, 달려 나가더니 싸움터에 돌진하여 죽고 말았다.

◆ 싸움이 한창일 때 여학교 간호부 몇 명이 탄환을 무릅쓰고 인력거에 쓰러진 우리 병사를 싣고 병원에 후송하였으며, 미국 의사 '어비신'과 목사 '조원시' 등도 우리의 부상자를 싣고 제중원에 입원시켜 힘써 치료하였다.

◆ 서울 사는 '김명철, 기인홍, 김창기, 이원선' 등이 성금을 모아 싸우다 죽은 우리 장졸들을 장사하며 곡하고 잔을 올려 극진한 애도를 표하고 돌아갔다.

◆ (p.435. 1907년)近年軍制, 京師有第一聯隊第二第三各大隊, 第二聯隊第二第三各大隊及砲兵·工兵·騎兵各中隊, 又有混成大隊, 此其總額也. 各地方, 又有鎭衛隊. 至是, 只留侍衛第一聯隊第二大隊, 餘皆散之.

◆ 七賊等, 恐軍情激變, 喙倭倍加戒嚴. 二十三日, 招各隊長, 率所部, 會訓鍊院, 先以空手習藝, 不許帶仗. 倭人一邊, 伺隊兵離營, 乘隙闌入, 收其銃砲. 諸隊兵至訓鍊院, 試藝畢, 見有恩賜金, 隨詔而頒.(下士八十元, 兵卒五十元, 其次二十五元.) 衆不勝憤怒, 裂破紙錢, 慟哭歸營, 則軍火一空矣, 遂各散歸.

◆ 星煥連察氣色殊常, 密鎖銃砲于別庫, 拒倭不納, 亦不赴訓練院. 及聞散兵詔, 痛哭謂所部曰: "吾爹養國恩, 今幾年, 國家亡矣. 不能斬一倭, 死有餘罪, 吾不忍縱若等去, 寧吾死耳." 遂據椅抽刀, 橫刺決噪, 身與椅俱倒. 星煥入直十餘日, 不歸家, 但閉戶飮泣, 至是竟死. 副尉具義善, 與星煥同日自刎死. 其正校一人 從卒一人(幷失姓名), 皆自刎以從.

◆ 副尉南相憙, 與倭力戰死之. 相憙見星煥死, 大呼, '與朴公同死者誰?' 全隊齊應曰: "死." 相憙指揮出營, 倭圍已合, 奮勇格鬪二日頃, 苦戰者三, 兩邊積尸相枕. 我兵死者, 据調查爲九十八, 將校七, 倭將梶原亦死. 倭據崇禮門, 發機關砲, 連日雷震, 城內外數百家俱燼. 相憙竟中丸死, 隊官權基泓亦死. 衆見相憙已死, 彈藥又絶, 遂四竄逃命. 觀戰者, 謂彈藥不絶, 則倭必大衄. 梶原者驍將也, 甲辰, 戰俄有奇功. 至是, 爲相憙所殺, 倭連營痛哭. 散兵奔入閭閻, 伏廳廡間, 倭逐戶搜覓. 先之以倭婦, 窮探內室, 得脫者無幾. 其直走城外者, 皆全與義兵合. 倭婦藉搜兵, 因以奪掠財貨, 甚於劇盜, 民間熠然, 重逢亂離.

◆ 參尉李忠淳聞解兵, 訣其庶母曰: "吾職雖微, 國亂不可不死." 遂馳往突陣而死.

◆ 方戰時, 女學校看護婦數人, 冒丸以人力車舁我兵覆者, 送病院. 美國醫人魚飛信 牧師趙元時等, 亦舁我兵負傷者, 入濟衆, 療治甚力.

◆ 都民金命哲 奇仁洪 金昌基 李元善等, 斂錢葬陣亡將卒, 哭奠盡哀而歸.

8. 호남과 호서의 의병봉기 (1907년)

◆ 호남湖南과 호서湖西에서도 크게 의병이 일어나다. 의병을 일으킨 사람들은 가진 무기가 없었으므로 민간의 소를 징발하여 군산항에서 소 한 마리와 양총 한 자루를 맞바꾸었다. 이에 연산, 노성, 진산, 금산의 들판에는 소가 없어지게 되었으며 소 한 마리의 값은 엽전 삼백 냥이었다.

◆ 경북의 의병장 【임성기】任性基와 【하덕근】河德根이 구금당하여 해를 넘기다가 지방 진위대에서 처형 되었는데 '성기'는 임종에 낭랑한 목소리로 시를 읊으며 떠나고, '덕근'은 소리 없이 미소 지으며 죽음을 맞으니 보는 이들이 비통해 마지않았다.

◆ 호남의 의병장 【백낙구】白樂九가 태인泰仁에서 왜병과 싸워 전사하다. '낙구'는 지난 섣달 광주에서 석방되었으나 집에 돌아가지 않고 전북의 의병부대에 뛰어들었다. 왜병이 태인을 공격하여 전세가 심히 불리해짐을 보고 따르는 사람이 부축하여 도피하고자 하니 그는 탄식하며: "그대는 마음 내키는 곳으로 떠나가거라. 이곳이 내가 죽을 자리다."말한 다음, "백낙구가 여기 있다." 소리치며 뛰쳐나가 총에 맞아 죽었다.

◆ 【고광순】高光洵이 화순 동복同福에서 왜병과의 싸움에 패전하다. 이보다 앞서 그는 '최익현'을 따르려다가 미치지 못하였고, 또 '양한규'

와 모의하여 남원을 점령하려다 실패했다. 오랜 준비 끝에 백여 인을 취합하여 동복에 입성하니 그곳 관리들이 화가 미칠 것이 두려워 왜군을 끌어들여 공격하니 '광순'은 패전했고 달아나 죽음을 면할 수밖에 없었다.

◆ 또 이씨 성을 가진 사람이 있었는데 그의 이름은 잊었다. 정언 正言 벼슬을 지냈고 황해도 출신이며 힘이 장사다. 여러 성을 두루 돌며 충성과 의리를 맹세하고, 처음은 '민종식'을 따라 싸우다 패하고, 또 '최익현'을 따라 싸우다 패전하고, 또 '양한규'를 따르다 실패하고, 이에 '광순'을 따르다가 또 패했으니 끝내는 간 곳을 알 길이 없다.

◆ 전라남북도의 의병봉기. 6월 이래로 관서 지방과 영남 지방에는 의병활동이 치열했으나 호남에는 의병이 없었으므로 사람들은 이것을 호남의 수치로 여겼다. 이에 【이석용】李錫庸은 임실에서, 【김태원】金泰元은 함평에서, 【기삼연】奇參衍은 장성에서, 【문태수】文泰洙는 무주에서, 【고광순】高光洵은 동복에서, 일제히 봉기하였다. 그러나 장비도 없고 기강이 없으니 왜놈과 맞붙어 혈전을 해보지 못하고 오직 형세를 지어 소란을 일으킬 뿐 이었다. 오직 '김태원'은 지략이 풍부하여 많은 적의 수급을 배었고, '문태수'는 민심을 잘 어루만져 호남과 영남을 오가며 매우 인심을 얻었으므로 백성들이 서로 숨겨주었으며, '이용석'은 바람처럼 출몰하였음으로 왜인들이 용모를 그려 붙이고 현상금을 내걸어 잡으려 했으나 끝내 잡지 못하였고, '고광순'은 지리산으로 들어갔으나 패전하여 죽었다.

◆ **【유인석】**柳麟錫이 순천군順川郡에서 의병을 일으키다. 관서(황해도) 사람들이 평소에 '인석'을 존경하였기 때문에 찾아와 배우는 사람이 천 명을 넘었으며, 순천 사람 **【김여석】**金呂錫은 가정이 부유하여 '인석'을 집에 묵게 하고 자금을 뒷받침해주었으니 깃발을 새우고 한번 크게 외치자 호응하는 사람이 구름처럼 모여들었다.

◆ (p.419. 1907년)兩湖之間, 義兵大起. 起義者患無軍火, 掠民牛入群山港, 牛一頭換一洋銃. 於是, 連·魯·珍·錦之野, 牛犢群空, 一頭價, 至緡錢三百兩.

◆ 慶北義兵將任性基 河德根, 被拘經年, 見殺于地方鎭衛隊. 性基臨死, 朗聲吟詩, 德根微笑無言, 觀者悲之.

◆ (p.422)湖南義兵將白樂九, 與倭戰于泰仁敗死. 樂九以客臘, 被釋于光州, 不還家, 投全北義兵. 倭襲于泰仁之野, 從者見不利, 欲掖之跳. 樂九歎曰:"任君去! 此吾死所也." 挺出呼曰: "白樂九在此." 遂中丸而絶.

◆ 高光洵襲倭于同福郡, 敗走. 先是,光洵追崔益鉉,不及. 又與梁漢奎謀, 據南原不成. 久之, 聚百餘人, 入同福郡, 吏畏禍及, 導倭襲之, 光洵走免.

◆ 有李忘其名, 嘗官正言, 關西人也, 膂力絶倫, 周行城中, 潛結忠義. 始隨閔宗植而敗, 又隨崔益鉉而敗, 又隨梁漢奎而敗. 至是, 隨光洵又敗, 竟不知去處.

◆ ^(p.448 1907년)全羅南北道義兵起. 六月以來, 關嶺義兵日熾, 獨湖南無之, 人爲湖南羞之. 至是, 李錫庸起任實, 金泰元起咸平, 奇參衍起長城, 文泰洙起茂朱, 高光洵起同福, 一時風動. 然無資裝, 無紀律, 不敢搏倭血戰, 惟作形勢擾之而已. 泰元多奇略, 前後斬馘甚多, 泰洙善拊循, 往來湖嶺間, 甚得人心, 民相與匿之, 錫庸往來飄忽, 倭懸像購之, 而終不獲, 光洵入智異山, 敗死.

◆ ^(p.451)柳麟錫, 起義兵于順川郡. 關西人素重麟錫, 從學以千數, 順川人金呂錫家殷富, 館麟錫而資之, 建旗一呼, 投者雲集.

9. 무신 융희 2년 (1908, 戊申 隆熙二年)

≪義報 (1908년 1월)≫

(1908년 1월부터 1909년 안중근의사가 '이토 히로부미'를 처단한 9월까지 월별로 의병 전투일지인 의보를 실었는데 그 첫 번째 달의 의보와 마지막 의보를 소개한다.)

- 홍원洪原의 용연사龍淵社 에서 힘껏 싸우다.
- 장진長津의 의병이 일진회 80인을 처단하다. 이천伊川에 들러 일진회 9인, 왜인 13인을 처 단하고, 양덕과 서흥陽德 瑞興 사이에서 전투하다. 16일 곡산谷山에서 전투하고, 17일 해주海州 산 속으로 퇴각하다. 20일 문화文化와 송화松禾 경계에서 전투하다.
- 10일 왜군이 대포 2문을 끌고 동대문을 출발하다. 8일 장흥長興에서 전투하다. 21일에 충 주 장호원長湖院에서 전투하다.
- 왜병이 광주에서 생포한 의병장 기삼연奇參衍을 의병이 구출하다.
- 왜병 삼백 여 명이 북청北靑의병에게 섬멸되다.
- 12일 장성에서 전투하다. 8일【김약유】金若有의 의병이 지평砥平에서 전투하고, 삼수三水의 순사주재소를 습격하다. 10일 갑산甲山에 들어간 왜병들의 사상자가 매우 많았다.
- 장흥 유치에서 전투가 있었다.
- 15일 인재 산 속에서 전투하다.
- 10일 장진에서 전투하고 삼수로 퇴각하다.

- 12일 영변寧邊에서 전투하다.
- 14일 【변기우】邊起羽의 의병이 양주 고곡高谷에서 전투하다.
- 북청의 의병이 일진회원 20인을 사로잡다.
- 18일 【서상열과 이종협】등 천여 명의 병력이 토산兎山과 신계新溪를 통과하다. 19일에 왜병이 이천伊川을 습격하다.
- 18일 강도가 김해에서 왜인 3인을 살해하고, 같은 날 연산連山에서 전투가 있었다.
- 15일 흥해興海에서 전투하다.
- 18일 고양 주교高陽舟橋에서 전투하다.
- 16일 제천堤川과 재령載寧에서 전투하고, 삼천 여 명이 청주 미장米場에 집결하다.
- 17일 용담과 장성에서 전투하다.
- 21일 갑산에서 전투하다.
- 25일 영동에서 전투하다.
- 19일 남원에서 전투하다.
- 10일 혜산에 들어가 왜인 9명을 처단하다.
- 15일에서 19일까지 순창의 복흥復興 산 속에서 전투가 계속되다
- 【김시동】金時同의 의병이 군산에 입성하여, 광주에서 전투하고, 3일에 갑산에 들어가 일진회원 50여인을 처단하다.
- 21일 영흥에서 전투하다.
- 23일 장단에서 전투하다.
- 21일 남양에서 전투하다.
- 20일 왜병이 충주 입장立場에서 패전하고 행인 30여인을 살해하다.

- 26일 나주에서 전투하다.

- 18일 무장에서 전투하다.

- 23일 정읍에서 전투하다.

- 20일 영양에서 전투하다.

- 13일 단천端川에서 전투하다.

- 초6일 양주에서 전투하다.

- 10일 연천에 들어가 왜인 2인을 처단하고, 11일에 다시 전투하다.

- 13일 철원에 들어가 왜인 2인을 처단하고, 충주에 들어가 광부 30여 인을 살해하다.

- 10일 왜병의 추격이 무장 선운사까지 미치다.

- 6일 평창 금당산琴堂山에서 전투하다.

- 22일 이천伊川에서 전투하다.

- 18일 【문태수】文泰洙의 의병이 무주에서 전투하다.

≪義報≫ : (p.458. 戊申年 1908年 1月)

- 力戰于洪原龍淵社.

- 長津兵斬一進會八十餘級, 入伊川斬一進會九 倭十三, 戰于陽德瑞興之間. 十六日戰于谷山, 十七日退入海州山中. 二十日戰于文化, 松禾之境.

- 十日倭馱大砲二門, 出東大門. 八日戰于長興, 二十一日戰于忠州長湖院,

- 倭獲光州奇參衍, 義兵簒去.

- 倭三百餘爲北靑兵所殲.

- 十二日戰于長城. 八日金若有兵, 戰于砥平, 襲三水巡査所. 十日入 甲山, 倭人死傷 甚多,

- 戰于長興柳峙.

- 十五日戰于麟蹄山中.

- 十日戰于長津, 退入三水.

- 十二日戰于寧邊.

- 十四日邊起羽兵, 戰于陽州高谷,

- 北靑兵虜會員二十人.

- 十八日徐相烈 李鍾俠等千餘人, 過兎山 新溪. 十九日倭襲于伊川.

- 十八日强盜殺三倭于金海, 同日戰于連山.

- 十五日戰于興海.

- 十八日戰于高陽舟橋.

- 十六日戰于堤川 戰于載寧, 三千餘人會于淸州米場.

- 十七日戰于龍潭, 戰于長城.

- 二十一日戰于甲山.

- 二十五日戰于永同.

- 十九日戰于南原.

- 十日入惠山, 斬九倭.

- 十五至十九日, 連戰于淳昌卜興山中.

- 金時同兵入群山, 戰于光州. 三日入甲山, 斬一進會五十餘級.

- 二十一日戰于永興.

- 二十三日戰于長湍.

- 二十一日戰于南陽.

- 二十日倭敗于忠州立場, 殺行人三十餘.

- 二十六日戰于羅州.

- 十八日戰于茂長.

- 二十三日戰于井邑.

- 二十日戰于英陽.

- 十三日戰于端川.

- 初六日戰于楊州.

- 十日入漣川, 斬二倭. 十一日又戰.

- 十三日入鐵原, 又斬二倭, 入忠州殺礦軍三十餘人.

- 十日倭追至茂長禪雲寺.

- 六日戰于平昌琴堂山.

- 二十二日戰于伊川,

- 十八日文泰洙兵, 戰于茂朱.

10. 의병장의 최후 (1908년)

◆ 의병장 【민긍호】閔肯鎬가 패전하여 전사하다. 혹자는 항복한 병사가 돈에 팔려 고발했다 하고 혹은 전염병에 걸려 붙잡혔다고도 하는데 왜인들이 포박해 연행하다가 의병들에게 탈취 당할 것이 두려워 살해하고 말았다. 그러나 매우 의롭게 여겨 관을 갖추어 염을 하고 후하게 장사하였고 묘에는 '의병대장 민긍호의 묘'라고 표시했다. '긍호'는 동부 지방 산악을 왕래하며 백성들에게 끼니를 얻어먹을 뿐이고 다른 물품을 요구하는 일은 없었으며 부하들은 겨울에 솜옷이 없어 손가락 발가락이 떨어져나가는 형편이었다. 그가 죽자 백성들은 그를 추모하며 가련하게 여겼다.

【송지헌】宋之憲이라는 사람은 '송우암'宋尤庵의 후손으로 당시 내무부 서기관으로 있으면서 왜인 '쓰루오카'鶴岡에게 '긍호'의 죽음을 축하한다는 말을 했다. 그러자 '쓰루오카'가 정색을 하며 "긍호는 옳은 사람이다. 그대는 의병의 근본 원인을 아는가?" 말하니 '지헌'은 몹시 부끄러워 얼굴을 들 수 없었다. '지헌'은 솔선하여 삭발을 하고 개화를 하였다고 자처했는데 집에 돌아가자 부인이 거절하여 서로 대면을 못하고 지낸 사람이다.

◆ 호남 의병장 【김태원】金泰元이 패전하여 전사하다. '태원'은 나주의 박산博山마을에서 병을 요양하던 중 왜인들이 뒤를 밟아오니 싸워보지 못하고 죽임을 당했다. '태원'은 군사를 일으킨 지 일 년

만에 왜인 수백 인의 수급을 배었으며, 소속부대를 엄히 통제하여 백성을 괴롭히지 못하게 했다. 일찍이 말하기를 "군대는 정병을 귀히 여기며 수가 많음을 귀히 여기는 것이 아니니, 하물며 오늘의 의병에 있어서이겠는가! 수만 많고 정예병이 되지 못한다면 다만 득과 실이 생겨날 뿐이다." 했다. 이 때문에 시종 거느린 수가 3~40인에 불과했으나 가려 뽑고 연마하여 모두가 죽음이 두렵지 않는 구성원이었다. 점을 잘치고 경험도 많아 기이하게도 잘 들어맞았으므로 백성들이 자못 이에 의지했다. 그의 죽음을 듣고 놀라지 않는 이가 없었으며 장례에 참여하는 사람이 매우 많았으나 왜인들도 이를 금하지 않았다. '태원'에게는 당시에 어린 아들 하나가 있었으며, 부인은 그가 죽었다는 소식을 듣고 바로 왜군들 진영으로 들어가 시신을 싣고 돌아와 매장했다. 몇 해 동안 아이를 양육하여 아이가 조금은 갈 길을 알게 되었을 무렵, 태황제의 장례가 있었는데, 어떤 이가 이 소식을 알리자, 친척을 찾아가 말하기를 "이 아이가 이제는 가문을 이어갈 수 있을 것입니다. 국상이 있다고 들었으니 나는 이때를 당하여 죽어야 하겠습니다." 하고 그날 밤에 자결하여 버렸다 한다.

◆【허위·이인영의 부하 조수연·김규식·홍인관·이병채·장순원·오수영·김연상· 황재호·이명기·연기우·고재석·박종옥·윤인선·황순일·김운이·이동섭】 총16인을 역사라 호칭했다.

◆【여영조·박대원】 呂永祖,朴大遠은 허위許蔿의 죽마고우였다. 하루

는 이들이 '허위'의 뒤를 밟아 은신처를 찾아 왔다. '허위'가 의아하게 생각하고 "나를 잡아가려는가?" 하고 물으니, 두 사람이 눈물을 흘리며 속을 털어 놓는데 갑작이 왜인들이 달려들어 잡혀가게 되었다. 두 사람은 왜인들의 많은 현상금에 침을 흘리고 속임수를 쓴 것이지만 막상 잡히고 나니 25원을 지급할 뿐이었다.

'허위'는 사령부에 구금되어 있으면서 한 더위에도 무명옷을 걸쳤으며 의젓하고 거리낌이 없었다. 심문하면서 누가 앞장서서 창도했으며 대장이 누구인가 물으니, "창도한 자는 '이토 히로부미'이고 대장은 나다." 대답했다. 왜인이 "어찌 '이토'공을 지목하는가?" 하니, 답하기를 "'히로부미'가 우리나라를 뒤엎지 않았다면 의병이 일어나지 않았을 것이니, '히로부미'가 창도하지 않고 누가 했다는 말인가?"하고 맞서 꾸짖으며 조금도 굴하지 않았다.

◆ 28일, 의병장 【허위】가 살해되다. 교수형을 집행하기 전에 왜인 승려가 불경을 읽어 명복을 빌고자 하니, '허위'가 꾸짖었다. "충성과 절의를 지킨 혼백은 저절로 신선이 되는 것이다. 설사 지옥에 떨어진다 하더라도 어찌 원수 놈들의 승려에게 도움을 받겠느냐?" 말하고, 왜인 관리가 묻기를 "남길 말이 있는가?" 하니, "대의를 펴지 못했으니 무슨 말을 남기겠는가?" 했으며, 또 묻기를 "시신을 수습할 사람은 있는가?" 하니, "어찌 시신을 수습한단 말인가? 이 감옥에서 썩어 없어지는 것이 옳다." 대답하고, 당당한 얼굴빛으로 "어서 나를 죽여라."하고 크게 소리쳤다. 신문사에서는 이 사실을 목도

하고 '하늘의 해도 빛을 잃었다.' 기록하였으며, 이 기사를 읽는 사람은 눈물을 흘리지 않는 사람이 없었고, 옥졸 두 사람은 【허위·이강년】 許蔿 李康秊의 사형집행 광경을 보고 비분함을 이기지 못해 모자를 찢어 던지고 자리에서 물러나 버렸다.

◆ (p.459)義兵將閔肯鎬, 兵敗死之. 或言爲降兵所賺, 或傳病創被禽, 倭縛之行, 恐爲義兵所簒, 遂殺之. 然甚義之, 具棺斂之, 厚葬之, 表其墓曰'義兵大將閔肯鎬之墓'. 肯鎬往來東峽, 令民饋食而已, 無他需索, 部下經冬不緜, 多墮指. 及其死, 民間追思憐之. 宋之憲者, 時烈后也, 時以內部書記官, 對倭人鶴岡, 賀肯鎬死, 鶴岡正色曰:"閔肯鎬可人, 且君知義兵之根因乎?"之憲甚慙, 無以爲容. 之憲首先削髮, 以開化者名, 及歸其家, 妻拒之, 不相見.

◆ (p.461)湖南義兵將金泰元, 敗死. 泰元療病于羅州博山村, 倭躡之, 泰元不能戰, 遂見殺. 泰元起兵期年, 斬倭前後數百級, 嚴勒所部, 毋得擾民. 嘗曰:"兵本貴精不貴多, 況今日所謂義兵乎! 多而不精, 只生得失耳." 是以終始所將, 不過三四十人, 汰之鍊之, 皆敢死之卒也. 習占驗多奇中, 故民頗倚之. 聞其死, 莫不驚動, 會葬者甚盛, 然倭亦不之禁. 泰元, 時有一子而幼, 妻某氏聞泰元死, 直入倭中, 戴尸歸埋, 育子數年, 稍知方向. 而時有太皇之喪, 某氏聞之, 會泰元族曰:"此兒可以立家, 聞有國喪, 吾當因此而死." 卽夕決命.

◆ (p.462)許蔿 李麟榮部下趙壽淵 金奎植 洪仁觀 李秉采 張珣遠 吳

壽榮 金演相 黃在浩 李明起 延基羽 高在石 朴宗沃 尹仁先 黃順一 金雲伊 李東燮, 凡十六人, 號稱力士.

◆ (p.474) 呂永祖 朴大遠者, 許蔿葱竹舊交也. 一日, 踵許蔿, 訪于隱處, 蔿訝曰: "君欲博我乎?" 二人墮淚話裏, 忽倭弁突入被擒. 蓋二人涎倭重購, 行詭詐也. 旣獲, 只給二十五元.

蔿囚司令部, 盛夏穿綿衣, 嘯傲自若. 及其訊問也, 倭人問倡之者誰, 大將爲誰, 蔿笑曰: "倡之者伊藤博文也, 大將則我也." 倭曰: "何以指伊藤公?" 蔿曰: "博文不覆我邦, 則義兵必不起, 然則非博文之倡而誰也?" 抗罵不屈.

◆ (p.484) 二十八日, 義將許蔿見殺. 蔿之將絞也, 倭僧欲誦經, 薦其冥福. 蔿喝曰: "忠義之鬼, 自應升仙. 縱墮地獄, 豈籍汝輩䰡虜蠻髡所導佑乎!" 倭官問: "有遺言乎?" 曰: "大義未伸, 遺言安用?" 又問: "有收尸者乎?" 曰: "尸何足收? 腐爛此獄可也." 顏色揚揚, 大呼: "速殺我!" 申報社目以錄之曰: '天日無光.' 覽者無不流涕, 獄卒二人見許·李(康季)之死, 不勝悲憤, 裂帽而退.

11. 안중근 의사 (1909년)

◆ 26일(음력 9월 13일), 【안중근】이 '하얼빈'에서 '이토 히로부미'를 처단하다. '중근'은 갑산에서 출생하였고 여러 곳으로 주소를 옮겨 다녔다. 지금의 주소지는 평양이며 나이는 31세이다. '히로부미'를 죽여 나라의 치욕을 씻으려고 남몰래 계획을 세워온 지 이미 여러 해가 되었으며, 금년 봄에는 동지에게 맹세하기를: "금년에도 이 도적을 죽이지 못한다면 맹세코 자결하겠다."고 말하였다. 여름과 가을 사이에 '히로부미'가 만주를 순회하려 한다는 소식을 듣고 '블라디보스토크'에서부터 뒤따르다가, 마침 그가 '하얼빈'에서 러시아 관리를 만나려 차에서 내리는 기회를 만났다. 러시아 군대 틈에 끼어들어 권총을 쏘아 세 발을 모두 명중시키니 '히로부미'는 차에서 떨어졌고 병원으로 실려 갔지만 30분 만에 사망했다. 6연발총이었으므로 나머지 3발은 호위하는 왜인들이 맞았는데 모두 죽지는 않았고, '히로부미'는 오른쪽 복부와 등에 총을 맞고 죽었다.

하루가 지나기 전에 동서양 각국에 전보가 날아가니 모든 나라가 다 놀라고 아직 조선에도 사람이 있다고 여기게 되었다. '중근'과 함께 모의한 10인이 모두 붙잡혔으나 웃으면서: "우리는 이미 일을 이루었으니 죽는 일이야 누가 알겠는가?"했다. 이 소식이 서울에 전해지자 사람마다 들어 내놓고 통쾌하다 말은 못하지만 모두가 어깨를 으쓱대며 방안에서 술을 들고 축하했다. 【이완용·윤덕영·조민희·유길준】 등은 황명을 빙자하여 바로 '다롄'大連에 조문가고, 상감은 통감부에 친히 조문하였으며, '히로부미'에게 문충공의 시호를 내리고 제사비용 3만 원과, 유족에게 10만 원을 증여했다. 【이학재】 등은 송덕비 건립을 건의하고, 【민영우】는 동상 건립을 건의하며 분주히 미쳐 날뛰니 왜인이 영을 내려 금지시켰다.

◆ 상감은 민병석을 차출하고 태황제는 박제빈을 조문사로 차출하였으며, 김윤식을 원로 대표로 삼아 함께 일본으로 보냈다. 당시의 일본 조정과 백성들은 크게 놀라고 애통하여 '히로부미'를 국장으로 장사했고, 대중의 분노가 아직 풀리지 않아 요동치고 있었다. '병석' 등이 도착하니 백성들이 다투어 그들에게 해를 가하여 분풀이를 하려 들자 일본 관원이 엄히 경호해주어 해를 면했다. 황태자는 일찍이 '히로부미'를 태사太師로 삼았기 때문에 3개월의 복을 입었고, '중근'은 뤼순旅順에 있는 왜인의 감옥에 구금 되었다. '히로부미'가 수일 전에 그의 무리 '고야마'에게 말하기를: "암살을 당하는 것이 내 소망이다!" 했다 하니, 조짐을 알고 한 말이라 여기는 사람이 있었다.

◆ '안중근'의 의거에 연루되어 구금당한 사람이 총 9인이니, 홍원의 【조도선】洪原曹道先·경기의 【우연준】京禹連俊·명천의 【김여생】明川金麗生 풍기의 【유강로】豊基柳江露 경기의 【정대전】(鄭大鎬)京丁大鎬 【김성옥】金成玉 경북의 【김구담】慶北金九潭 하얼빈의 【김형재】金衡在 함남의 【정공경】(卓公主)咸南貞公瓊 이며 모두 나이는 30여 세이고, 오직 김성옥은 49세, 유강로는 18세라 한다. '중근'의 아우 【정근】

335

定根은 28세로 서울의 양정의숙에서 수학했고, 【태(恭)근】泰根은 24세로 진남포 보통학교 부 훈도이며, '중근'의 소식을 듣고 모두 학교를 그만두었다.

◆ 안중근의 아우 '정근과 공근'이 '뤼순'에서 서울의 변호사회에 '중근'을 도와줄 한국인 변호사를 한 명을 원한다는 서신을 보내왔다. 그러나 서울 사람들이 서로 쳐다만 볼 뿐 아무도 나서지 않자, 평양의 변호사 【안병찬】安秉瓚이 분연히 자천하고 나서 10일에 길을 떠나 '뤼순'으로 향했다.

'중근'의 어머니가 변호사를 방문하려 평양에 도착했는데, 말씀과 안색이 의연하며 열사의 풍모를 닮아 사람들은 그 어머니에 그 아들이라 칭송했다.

◆ 안중근의 사형기일이 3월 26일로 정해졌다. '중근'은 그 소식을 듣고도 말씨와 안색 그리고 잠자고 식사하는 일상생활을 평상시와 같이 했다.

가족들은 유언대로 '하얼빈'에 돌아와서 장례를 행하려 했으나 왜인들이 허락하지 않고 '뤼순'의 감옥 안의 장지에 장사하도록 했다. '중근'은 죽음을 맞으면서, 국권이 회복되기 전에는 고국산천에 반장하지 말며 하얼빈에 가매장하여 통분을 기억하게 해 달라 부탁했다. 서울 사람이 '중근'의 화상을 사들여 열흘 만에 천금을 벌어드리니 왜인이 이를 금했다. '안중근'은 유시遺詩 두 구절을 남겼다.

대장부 죽더라도 마음은 철석같고

丈夫雖死心如鐵

의사는 위급한 때에 기개가 왕성하다

義士臨危氣似雲

◆ (p.524 1909년)二十六日(陰九月十三日), 安重根殺伊藤博文于哈爾濱.
重根生於甲山. 流寓無定, 今爲平壤人, 年方三十一. 欲殺博文, 以雪國
恥, 暗自締搆, 已數年. 是春誓同人曰:"今年不能斬此賊, 誓當自殺."夏
秋間, 聞博文將巡滿洲, 自海參威跟至, 適會博文, 至哈爾濱, 約與露官
相見. 方其下車也, 重根混俄兵, 連發拳銃, 三發三中. 博文墜車, 舁入
病院, 三十分鍾, 乃死. 銃凡一連六發, 其三中護倭, 皆不死. 博文中右
腹及背部. 未一日, 電飛東西洋, 萬國皆驚, 以爲朝鮮尙有人. 重根與同
謀十許人, 俱被縛, 笑曰:"吾事已成, 死也誰知?"報至京師, 人不敢頌言
稱快, 而萬肩齊聳, 各自瀝酒奧室, 以相慶賀. 李完用 尹德榮 趙民熙
兪吉濬, 矯兩宮命, 卽赴大連弔慰, 上幸統監府親弔, 諡博文爲文忠公,
賻祭奠費三萬元, 贈其遺族十萬元. 李學宰等, 議建博文頌德碑, 閔泳雨
議建銅像, 奔走若狂, 倭人令止之.

◆ 上差閔丙奭, 太皇差朴齊斌爲弔使, 金允植以元老代表, 幷赴日本.
時日本朝野, 大驚哀慕, 以國葬葬博文. 衆怒未解, 如潮湧火燃, 及見丙
奭等至, 其愚氓爭欲加害, 以洩之, 倭官嚴警獲免. 皇太子, 以博文嘗爲
太師, 爲之師服三月. 重根囚于旅順倭人獄. 博文以前數日, 語其屬小山
曰:"爲人所暗殺, 是吾望也!"人以爲語讖.

◆ 以安重根連累被拘者, 凡九人, 洪原曺道先 京禹連俊 明川金麗生 (水) 豊基柳江露 京丁大鎬(鄭大鎬) 金成玉 慶北金九潭(金衍) 哈爾濱 金衡在(現住) 咸南貞公瓊(卓公主) 年皆三十餘, 而惟金成玉爲四十九, 柳江露爲十八云, 重根弟定根, 年二十八, 修學于京城養正義塾, 泰(恭) 根年二十四, 爲鎭南浦普通學校副訓導, 聞重根事, 皆自免退學.

◆ (p.532)安重根弟定根·恭根, 自旅順貽書京中辯護士會, 願韓人辯護一員, 以援重根. 京中人, 相顧莫敢發, 平壤辯護士安炳瓚, 慨然自薦, 以十日起程, 向旅順. 重根之母, 訪辯護士, 到平壤, 詞色毅然, 類烈丈夫. 人謂之'是母是子'

◆ (p.540)安重根死刑, 定期以本月二十六日. 重根聞其報, 辭色寢食, 如平時.

安重根家人, 欲依重根遺言, 歸葬哈爾濱, 倭人不許, 使葬于旅順監獄內葬地. 蓋重根臨死, 託以國權未復之前, 勿返故山, 可殯于哈爾濱, 以志遺慟云. 京師人買重根畫像, 旬日得千金, 倭人禁之. 重根遺詩二句曰: '丈夫雖死心如鐵, 義士臨危氣似雲.'

12. 마지막 기록한 의보

의보 (기유년 1909년 10월)

- 6일 문의文義에서 싸우다.

- 【이장춘】李長春이 속리산에 거점을 확보하다.

- 22일에 【강기동】姜基東이 포천에 입성하다.

- 7일에 【정기철· 정경대】鄭基哲 鄭景大 등이 봉화에 입성하다.

- 31일 호남의병장 【전해산】全海山이 나주에서 붙잡히고, 그의 부하【모천년· 이강년】牟千年李江年이 붙잡히다.

- 해서의병장 【신준빈】申竣彬이 붙잡히다.

- 11일에 양주에서 싸우다.

- 경기의병장 【윤치장】尹致章이 붙잡히다. 포천 송우시장松隅市에 입성 왜인 4인을 잡고 1인을 참수하고 3인을 방면하다.

義報 (己酉年 1909年 10月)(p.525)

- 六日戰文義

- 李長春據俗離山

- 二十二日姜基東, 入抱川

- 七日鄭基哲· 鄭景大等, 入奉化

- 三十一日湖南義將全海山, 被執于羅州, 其部下牟千年·李江年, 又被執.

- 海西義將申竣彬被執,

- 十一日戰楊州

- 京畿義將尹致章被執. 入抱川松隅市, 獲四倭, 斬一· 放三.

◆絶命詩 절명시

亂離滾到白頭年　난리는 밀려들고 백발이 되어버린 나이
幾合捐生却未然　버려야 하는 목숨을 아직껏 이어오다
今日眞成無可奈　오늘은 다른 길 없어서 끝을 맺는데
輝輝風燭照蒼天　바람에 흔들리는 촛불 하나 하늘 향해 반짝이네

妖氛掩翳帝星移　요망한 기운에 가려 제왕의 별이 사라지고
九闕沈沈晝漏遲　구중궁궐은 적막하여 낮 시간마저 더디 가는데
詔勅從今無復有　이재부터 황제의 조칙도 다시는 볼 수 없다니
琳琅一紙淚千絲　마지막 쓰는 시축에 눈물 자국 천 갈래라

鳥獸哀鳴海岳嚬　새와 짐승 슬피 울고 산과 바다도 얼굴 찌푸리며
槿花世界已沈淪　무궁화 피는 나라는 이제 망해 버렸다
秋燈掩卷懷千古　가을 등잔 밑에 책장 덮고 앉아 천고를 회상하니
難作人間識字人　인간 세상 지식인 노릇이 어려운 일이로다

曾無支廈半椽功　일찍이 나라에 작은 공훈도 없었으니
只是成仁不是忠　살신성인한다 한들 충성했다 이르겠는가
止竟僅能追尹穀　마침내 이제야 송나라 윤곡의 뒤를 따라가지만
當時愧不躡陳東　그때 진동처럼 상소하지 못한 일이 부끄럽다네